HINATA ZAKA 46 STORY

日向坂46

HINATA ZAKA 46

HINATA ZAKA 46 STORY

Character Introduction

data:

1. 生年月日
2. 出身地
3. 身長
4. 血液型
5. ニックネーム
6. 人物メモ

2019年に1stシングル『キュン』をリリース、同年の『NHK紅白歌合戦』にも出場するなど、人気アイドルグループへと成長した「日向坂46」。しかし、彼女たちには「けやき坂46」というグループ名で活動してきた歴史があった——。その波乱に満ちたグループのストーリーを紡いできた、1期生（2016年5月加入）、2期生（2017年8月加入）、3期生（2018年11月加入）の全メンバーを紹介する

1期生

1st generation

photo:

name:

加藤史帆 Kato Shiho

①1998年2月2日 ②東京都 ③160cm ④A型 ⑤かとし、としちゃん ⑥「へにょへにょ」と表現される独特の話し方が特徴。運動神経が抜群で、特技はソフトテニス。乃木坂46の秋元真夏や欅坂46の長沢菜々香を敬愛するアイドル好き。『CanCam』専属モデル

1st generation

photo:

name:

潮 紗理菜 Ushio Sarina

①1997年12月26日 ②神奈川県 ③157cm ④O型 ⑤なっちょ ⑥幼稚園の年中から小学3年生までジャカルタに在住。インドネシア語が話せるほか、英語も得意な国際派。優しい性格でメンバーを支え、ファンからも〝日向坂の聖母〟として親しまれている

1st generation

photo:

name:

佐々木久美 Sasaki Kumi

①1996年1月22日 ②千葉県 ③167cm ④O型 ⑤くみ、きくちゃん ⑥2018年6月にキャプテンに就任。現在、グループ最年長。面倒見がよく、メンバーのモノマネも得意。トランペット、バレエなどの特技を持つほか、韓国語も堪能な才女。『Ray』専属モデル

1st generation

photo:

name:

齊藤京子 Saito Kyoko

①1997年9月5日 ②東京都 ③154cm ④A型 ⑤きょんこ ⑥グループの歌姫。ハキハキしたしゃべり方と〝ド天然〟なキャラクターのギャップでバラエティでも活躍。並外れたラーメン好きで、ラーメンを食べ歩く冠番組が放送されたことも。『ar』レギュラーモデル

1st generation

photo:

name:

高瀬愛奈 Takase Mana

①1998年9月20日 ②大阪府 ③157cm ④A型 ⑤まなふぃ ⑥小学4年生から中学1年生までイギリスに在住し、ネイティブ並みの英語力を誇る。世界遺産にも詳しい。サンリオのシナモンを愛しており、シナモンをモチーフにした独自の〝まなふぃポーズ〟を持つ

1st generation

photo:

name:

佐々木美玲 Sasaki Mirei

①1999年12月17日 ②兵庫県 ③164cm ④O型 ⑤みーぱん ⑥小学1年生から4年間、台湾に住んでいた帰国子女。『イマニミテイロ』や『期待していない自分』でセンターを務める。テレビ番組で超激辛料理を根性で完食して話題に。『non-no』専属モデル

1st generation

photo:

name:

東村芽依 Higashimura Mei

①1998年8月23日 ②奈良県 ③153cm ④O型 ⑤めいめい ⑥特技はカラーガードのライフル回し。身体能力に優れ、持久走・短距離走ともに好成績を誇るほか、バク転もできる。キレのあるダンスはメンバーも絶賛するほど。グループ1の泣き虫だが芯は強い

1st generation

photo:

name:

高本彩花 Takamoto Ayaka

①1998年11月2日 ②神奈川県 ③162cm ④B型 ⑤あや、おたけ ⑥特技は高校の部活動でやっていた弓道。自他共に認めるにおいフェチで、においだけでメンバーを当てる特殊能力を持つ。小顔でスタイル抜群、美意識の高さにも定評がある。『JJ』専属モデル

2nd generation

photo:

name:

河田陽菜 Kawata Hina

①2001年7月23日 ②山口県 ③153cm ④B型 ⑤ひな、KAWADAさん ⑥天性の愛されキャラで、ファンのみならずメンバーからも「妹にしたいNo.1」に選ばれる。見た目や話し方はおっとりとしているが、中身はグループ愛にあふれる熱血少女。宇宙に興味あり

2nd generation

2期生

photo:

name:

金村美玖 Kanemura Miku

①2002年9月10日 ②埼玉県 ③162cm ④O型 ⑤みく、お寿司 ⑥特技は吹奏楽部で担当していたアルトサックス。そのほかにもイラスト、写真撮影などが得意な芸術系少女。無類の寿司好きで、キャッチコピーは「みなさん美玖をお寿司（推すし）かない！」

2nd generation

photo:

name:

富田鈴花 Tomita Suzuka

①2001年1月18日 ②神奈川県 ③164cm ④A型 ⑤すず、すーちゃ ⑥楽器の演奏が得意で、ピアノ、エレクトーン、ギター、ベースと幅広く弾きこなす。ライブではラップを披露することも。〝パリピ〟キャラでグループの盛り上げ役だが、根はまじめな努力家

2nd generation

photo:

name:

小坂菜緒 Kosaka Nao

①2002年9月7日 ②大阪府 ③161cm ④O型 ⑤なお、こさかな ⑥引っ込み思案な自分を変えたくてアイドルになる。日向坂46の多くの楽曲でセンターに立ち、映画『恐怖人形』にも単独主演。好きなものは恐竜とあだち充作品。『Seventeen』専属モデル

2nd generation

photo:

name:

濱岸ひより Hamagishi Hiyori

①2002年9月28日 ②福岡県 ③166cm ④A型 ⑤ひよたん ⑥趣味は宝塚観劇。特技は3歳から習っていたクラシックバレエで、指先まで美しいダンスでファンを魅了する。2019年6月から体調不良により活動休止していたが、2020年1月より活動を再開した

2nd generation

photo:

name:

丹生明里 Nibu Akari

①2001年2月15日 ②埼玉県 ③156cm ④AB型 ⑤にぶちゃん ⑥剣道三段の資格を持つ。お兄ちゃんっ子で好きな漫画は『ドラゴンボール』。メンバーが「人間は生まれたときは丹生ちゃんの心を持っている」と評するほどピュアな心の持ち主

2nd generation

photo:

name:

宮田愛萌 Miyata Manamo

①1998年4月28日 ②東京都 ③158cm ④A型 ⑤まなも ⑥古典文学、神社巡り、御朱印集めなど古風な趣味を持つ。大の読書家で、電子短編小説『最低な出会い、最高の恋』収録の『羨望』で小説家デビューも飾っている。特技は〝ぶりっ子〟

2nd generation

photo:

name:

松田好花 Matsuda Konoka

①1999年4月27日 ②京都府 ③157cm ④A型 ⑤このか、このちゃん ⑥高校時代はバンドでギターを担当。好奇心旺盛で、特技のバレエのほか、和太鼓やタップダンス、インド舞踊も習っていた。好きなものは納豆。大喜利のセンスを生かしてラジオ番組にも投稿

3rd generation

3期生

photo:

name:

上村ひなの Kamimura Hinano

①2004年4月12日 ②東京都 ③161cm ④AB型 ⑤ひなの、ひなのなの ⑥2018年に行なわれた「坂道合同オーディション」に合格し、グループ唯一の3期生として加入。性格は変わり者の心配性で、キャッチフレーズは「いつでもどこでも変化球!ひなのなの!」

2nd generation

photo:

name:

渡邉美穂 Watanabe Miho

①2000年2月24日 ②埼玉県 ③158cm ④A型 ⑤みほ ⑥特技は10年間続けたバスケットボール。高校時代はキャプテンを務め県大会にも出場。いつも明るいムードメーカーで「日向坂46の元気印」と称される。グループ初となるソロ写真集『陽だまり』も発売

卒業
メンバー

長濱ねる Nagahama Neru

①1998年9月4日 ②長崎県 ③159cm ④O型 ⑤ねる、ながる ⑥2015年11月、けやき坂46のたったひとりのメンバーとして活動をスタート。2017年には欅坂46の専任となる。2019年7月、単独卒業公演を行なってアイドルを卒業

柿崎芽実 Kakizaki Memi

①2001年12月2日 ②長野県 ③156cm ④A型 ⑤めみ ⑥1期生として加入。中学では美術部部長も務めていた。好きな言葉は「一番いいのは努力して勝つこと。二番目にいいのは努力して負けること」。2019年8月、個別握手会でのセレモニーをもって活動を終了

井口眞緒 Iguchi Mao

①1995年11月10日 ②新潟県 ③163cm ④AB型 ⑤まお、ばうちゃん ⑥1期生として加入。ダンスと歌が苦手だったが、ひた向きに努力する姿は多くのファンを感動させた。「スナック眞緒」などの自主企画も話題に。2020年2月、グループからの卒業を発表

closed member

休業中

photo:

name:

影山優佳 Kageyama Yuuka

①2001年5月8日 ②東京都 ③156cm ④O型 ⑤影ちゃん ⑥グループきっての頭脳派で、何事も冷静に分析する。サッカー好きで、自身もプレーするだけではなく、より深く競技を知るために審判4級の資格も取得。2018年6月、学業専念のため一時活動を休止

46

HINATA ZAKA 46 STORY

HISTORY of

Hinatazaka 46

2016–2019

1期生

2016

2016.5.8 **合格者11名が決定**

2015年11月、長濱ねるのグループ加入と同時に「けやき坂46 メンバーオーディション」を告知。応募総数は約1万2000人。業界初となる「SHOWROOM」審査も行なわれた

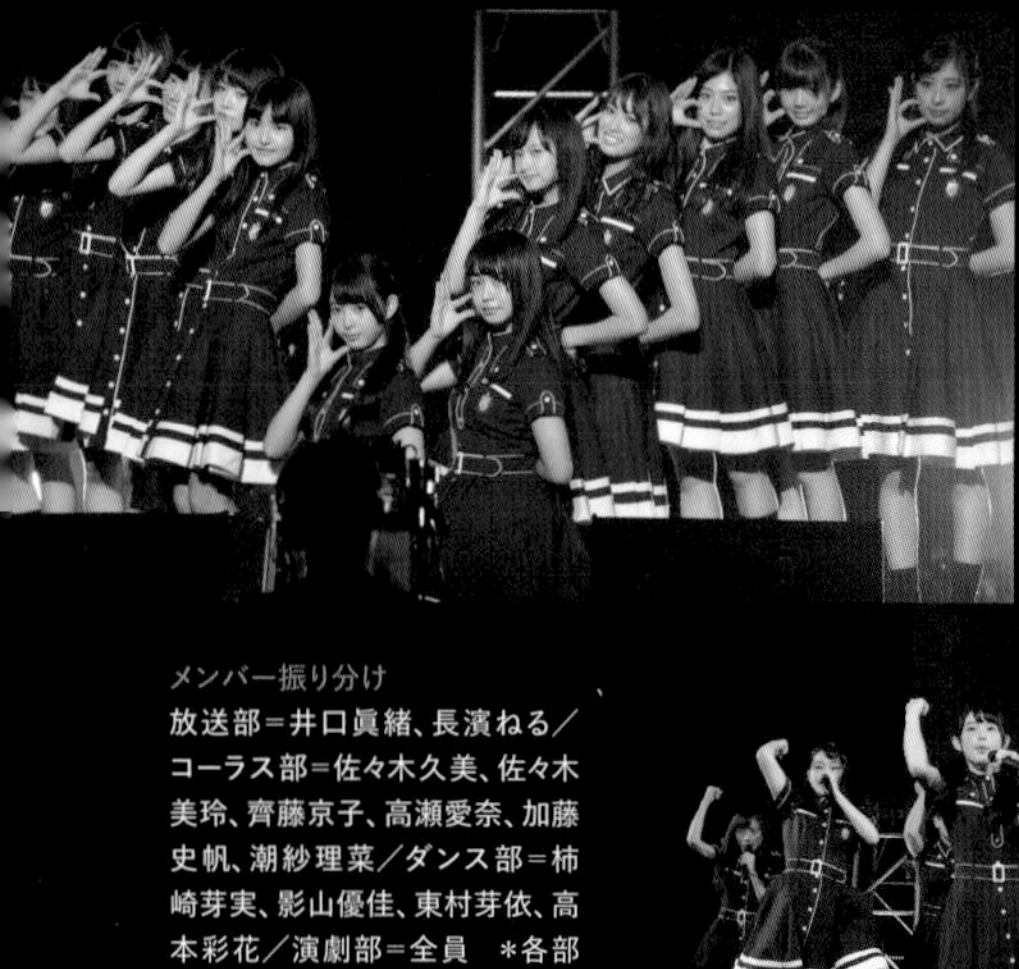

2016.10.28 @赤坂BLITZ

初の単独イベント「ひらがなおもてなし会」

メンバーがいくつかの"部活"に分かれ、特技などを披露。ライブパートでは『ひらながけやき』に加え、欅坂46の『サイレントマジョリティー』なども歌唱

メンバー振り分け

放送部＝井口眞緒、長濱ねる／コーラス部＝佐々木久美、佐々木美玲、齊藤京子、高瀬愛奈、加藤史帆、潮紗理菜／ダンス部＝柿崎芽実、影山優佳、東村芽依、高本彩花／演劇部＝全員　＊各部の発表のほかに、ひとり2分ずつの自己紹介も行なわれた

2016.12.24－25
@有明コロシアム

欅坂46と初共演

「欅坂46初ワンマンライブ」で、『誰よりも高く跳べ!』や欅坂46との合同曲『W-KEYAKIZAKAの詩』をパフォーマンスした

2017.3.21－22
@Zepp Tokyo

単独公演「1stワンマンライブ」

けやき坂46単独では初の本格的ライブ。ここで初披露された『僕たちは付き合っている』をはじめ、全11曲を歌唱。また、このステージ上で全国ツアーの開催も発表された

2017.3.21-12.13

ひらがな全国ツアー2017

東京を皮切りに、大阪・愛知・北海道・福岡・千葉の5都市で開催。ツアーファイナルとなる幕張メッセ公演では、2期生もお披露目された

2017.8.13 **9名の2期メンバーが加入**

「欅坂46デビュー1周年記念ライブ」でオーディションを発表。応募総数約1万5000人の中から、9名の新メンバーが決定した

2017.8.5 @お台場

「TOKYO IDOL FESTIVAL 2017」

世界最大級のアイドルイベントに欅坂46と共に出演し、『永遠の白線』などを歌唱。この年の夏は、「欅共和国2017」や欅坂46の1stアルバムの全国ツアーにも参加した

2017.10.20

「初主演」ドラマ『Re:Mind』が放送開始

何者かによって密室に閉じ込められた少女たちを描くミステリー。主題歌には、グループのオリジナル曲『それでも歩いてる』が使用された

2018

2018.1.30－2.1　@日本武道館

「武道館3DAYS」公演開催

武道館を巨大なサーカス小屋に見立てたカラフルなステージで、観客たちを魅了した

2018.2.12 @幕張メッセ

2期生初の単独イベント「おもてなし会」

音楽部は金村美玖、河田陽菜、富田鈴花、松田好花。運動部は小坂菜緒、丹生明里、濱岸ひより、渡邉美穂。放送部は宮田愛萌が担当。ライブでは初の2期生曲『誰よりも高く跳べ!』など8曲を披露

2018.4.20－5.6 @AiiA 2.5 THEATER TOKYO

初舞台『あゆみ』が上演

「チームハーモニカ」と「チームカスタネット」の2チームに分かれ、〝10人1役〟でひとりの女性の一生を演じた

2018.6.4－7.10

走り出す瞬間ツアー2018

デビューアルバム『走り出す瞬間』の全国ツアー。5都市10公演を行なった。ファイナル公演では活動休止中の影山も登場

© マギアレコード／舞台「マギアレコード」製作委員会

2018.8.24－9.9
@TBS赤坂ACTシアター

舞台『マギアレコード 魔法少女まどか☆マギカ外伝』上演

アニメ『魔法少女まどか☆マギカ』のスピンオフ作品の舞台版に、10人のメンバーが出演した
【出演者】柿崎芽実／丹生明里／河田陽菜／加藤史帆／齊藤京子／金村美玖／佐々木美玲／渡邉美穂／潮紗理菜／富田鈴花

2018.12.10 @韓国・東大門デザインプラザ

「Mnet Asian Music Awards」に出演

韓国で行なわれたアジア最大級の音楽授賞式で、『期待していない自分』を披露。グループ初の海外公演だった

3期生

2018.12.11－13 @日本武道館

「ひらがなくりすます2018」3期メンバーが加入

2018年中、2度目の武道館3DAYS公演。初めて1期生、2期生合同で『ひらがなけやき』などを披露した。本編終了後のアンコールでは、3期生の上村ひなのがファンに挨拶

2019.3.5－6 @横浜アリーナ

日向坂46に改名「デビューカウントダウンライブ!!」

2019年2月、「日向坂46」に改名。翌月行なわれたライブでは、日向坂46の1stシングル『キュン』を初披露した

2019

Hinatazaka
46 Story

2019年12月18日、千葉県の幕張メッセで、アイドルグループ・日向坂46のワンマンライブ「ひなくり2019」が行なわれていた。クリスマスの時期に合わせた内容のライブで、前日からの2日間で計4万人を動員していたほか、大手配信サービスでの生中継も行なわれていた。

そのライブ終盤、ステージ上でメンバーたちがMCをしていたとき、突然照明が落とされ、モニターに「ひなくり2020開催決定!!」というメッセージが映し出された。あまりにも気の早い発表にメンバーからも笑い声が上がったが、次のメッセージを見て、その声はほとんど悲鳴にも近い叫び声に変わった。

「IN　東京ドーム」

誰も予想さえしていなかった会場名に、ステージ上のメンバーたちは冗談ではなく腰を抜かし、次々と尻もちをついてしまった。まだまだ遠い夢だと思っていた東京ドームが、1年後には自分たちがそこに立つはずの確かな目標になったのだった。

この年の3月にデビューした日向坂46は、1stシングル『キュン』を初週だけで47万枚以上売り上げ、女性アーティストの1stシングル売り上げ記録を大幅に更新。続くシングルも次々とヒットを記録し、特番を含む各局の音楽番組に軒並み出演。年末には『日本レコード大賞』に、新人賞部門ではなく大賞を争う優秀作品賞部門でノミネート。さらに大晦日の『NHK紅白歌合戦』にも初出場を果たし、堂々たるパフォーマンスを見せた。

そして今、東京ドームを目指して走っている——。

あまりにも順調な活動に、人は選ばれた者だけが持つスター性を感じるかもしれない。あるいは「どうせ最初から約束されていた成功だろう」と鼻白むかもしれない。

しかし彼女たちがデビューに至るまでに辿《たど》ってきた数奇な道のりは、ほとんど知られていない。そもそも〝たったひとりのアイドルグループ〟というイレギュラーな形でスタートしたこのグループは、活動のなかで何度も大きな危機に直面しながらも、自分たちの夢だけを信じて諦めずに歩んできた。

その過程には数え切れないほどの涙があり、喜びがあり、仲間を思いやる優しさがあった。本書は、そんな知られざるグループの歴史を紐解《ひもと》いたノンフィクションである。

願わくば、彼女たちの「夢を諦めない心」が、次の誰かに受け渡されるように。

CONTENTS

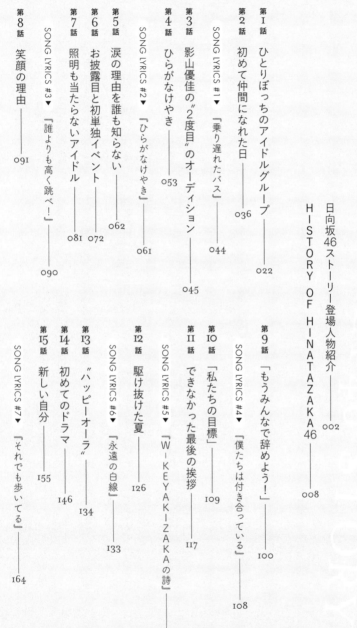

HINATA ZAKA 46 STORY

第I話 ひとりぼっちのアイドルグループ

２０１５年８月21日。当時ソニー・ミュージックエンタテインメントが所有していたＳＭＥ乃木坂ビル内で、後に欅坂46としてデビューすることになるメンバーたちの最終オーディションが行なわれようとしていた。

審査直前、候補者たちは写真撮影のため壇上に並ばされた。しかし、〝候補者番号17番〟のスペースだけが、誰もいないままぽっかりと空いていた。

実は、ここに立つはずだった少女は、最終審査当日になって急遽《きゅうきょ》上京してきた母親に連れられ、すでに長崎へ向かう飛行機の中にいたのだ。

その少女の名前は長濱ねる。

後に「日向坂46」としてデビューするグループが歩んできた、数奇で、濃密なストーリーは、まずは彼女の個人的な事情から始まる。

衝動的だったオーディション参加

1998年、長崎市内の家庭で生まれた長濱ねる。「ねる」という珍しい名前には、〝考えを練る〟という意味が込められていた。幼い頃から聡明で本が好きだった彼女は、高校も県内で一、二を争う進学校に進んだ。

昔から勉強することは嫌いではなかった。高校に入ってからも、テスト前には16時間も机に向かうことがあった。ただ、心の中はいつも曇り模様だった。

その頃のことでよく覚えている光景がある。高校1年生の冬のある日、遠回りして家に帰ろうと、いつもは使わない海沿いを走る列車に乗った。長崎の海が夕焼けのオレンジ色に染まっていた。その美しい景色を見ながら大好きな乃木坂46のアルバム『透明な色』を聴いていると、突然、涙がこぼれてきた。自分でも驚いたが、涙はぽろぽろと落ち、止まることがなかった。

この頃、彼女は進路のことで悩んでいた。物心つく前から海外旅行を経験し、地元の国際交流団体に入って活動していた長濱は、将来は空港のグランドスタッフ（地上勤務職員）になりたいという希望を持っていた。そのために高校卒業後は専門学校に進むつもりだったが、学校からは当たり前のように反対され、難関大学への進学を強く推されていた。

「結局、私は決められたレールをはみ出せずに、学校から言われたとおりに進学するんだろうな」

そう思うと、自分の将来もくすんで見えてきた。それに加えて、人間関係を極度に気にする性格だったので、学校の教室の中でも窮屈さを感じていた。そんな心の澱《おり》が涙になって、まぶたからあふれ出したのだった。

ちょうどそんなときに、乃木坂46に続く新プロジェクトのメンバー募集が告知された。実は小学生のときにパソコンクラブに所属し、AKB48の動画をひたすら見ていたという長濱は、〝AKB48の公式ライバル〟として結成された乃木坂46のことを「これは私だけのアイドルなんだ」という気持ちで最初期から応援していた。ただ、アイドルになりたいという気持ちを持っていたわけではないので、乃木坂46の2期生オーディションには応募していない。イヤホンから彼女たちの曲が流れていれば、それだけで幸せだった。

そのはずが、高校に入ってから葛藤の日々を過ごすなかで、衝動的にこの新プロジェクトのオーディションに応募してしまったのだ。そのときは、自分がアイドルになって何をしたいのかもよくわかっていなかった。だから、応募書類の志望動機の欄は空白のまま提出した。

「S」評価を与えられた少女

オーディションを担当したレコード会社のスタッフは、彼女の応募書類をよく覚えている。まず「ねる」という珍しい名前が気になった。通っている学校は、どうやらかなりの進学校らしい。添付されていた写真を見ても、大きな目元がアイドル性を感じさせる。無数に送られてくる応募書類の中でも、彼女のそれは輝いて見えた。

書類選考を通過し、長濱は福岡で行なわれた2次審査に参加する。その審査員の前では、腕を大きく広げてチャームポイントの〝猿腕〟を披露し、乃木坂46のメンバーだった伊藤万理華の持ち曲『まりっか'17』を歌った。

「優等生だと思っていたが、明るく、よくしゃべるコで、応募書類の写真よりもかわいい」

この時点で、オーディション担当者は彼女に「S」という評価をつける。Sは〝special〟の頭文字で、合格水準であるAよりもはるかに上の評価であり、2万人以上が応募したこのときのオーディションでも数人にしか与えられなかったものだった。

この2次審査に合格したという通知を彼女が受け取ったのは、ロンドンに住む叔母の元にホームステイをしていたときだった。実は、その前に長崎の両親にはすでに連絡が入っていたのだが、両親は本人に知らせていなかった。オーディションを受けていることはもう家族も知っていたが、あくまで〝記念受験〟であり、娘は今までどおり長崎の高校に通い続けるものだと思っていた。振り返れば、この時点で後の〝事件〟の種になるすれ違いが起こっていたのかもしれない。

ただ、この頃は長濱も「どうせ落ちるだろう」と思っていたので、都内で行なわれた3次審査は東京見物に行くつもりで参加した。しかし、本人の予想に反して3次審査も通過し、次の日に行なわれる最終審査に臨むことになった。

その日の夜は、母親が取っていた飛行機のチケットをキャンセルし、レコード会社が用意したホテルに泊まった。そこで、初めて家族とこの件について真剣に話し合うことになった。

携帯のテレビ電話越しに見る母親の顔には、焦りが浮かんでいた。翌日に予定されていた最終審査に進む候補者は、長濱を含めて46人。「〝なんとか46〟なんだから、全員受かってしまうんじゃないか」と心配していたのだ。むろん全員が受かるものでもないのだが、万一合格すれば世間に顔と名前が公表される。そうなれば、せっかく猛勉強して入った高校も辞めることになる。

しかし、両親に姉を加えて長い長い時間話し合った結果、家族は「ねるを応援してあげよう」という結論に落ち着いた。

そして翌朝、最終審査に付き添うため、母親が飛行機で上京することになった。

連れ戻しに来た母に放ったひと言

審査当日の朝、ホテルにいたスタッフからオーディション担当者の元に緊急連絡が入った。

「長濱ねるさんが最終審査を辞退し、お母さんと帰ると言ってます」

驚いた担当者はすぐに母親と連絡を取り、帰途につく前になんとか話し合いの席を設けてもらった。

しかし、長濱にもう一度オーディションを受けてもらうためにもった対話は、寒々しいものに終わった。母親は取りつく島もなく、娘のほうはひと言も発さずにしくしくと泣くばかりだった。もう引き留めるすべがないと悟った担当者は、最後に母娘に向かってこう話した。

「生意気なことを言いますが、これは親子のコミュニケーションの問題だと思います。ねるちゃんもアイドルになりたいんだったら、自分の気持ちをちゃんとお母さんに話したほうがいいと思う。お母さんも娘さんの話をよく聞いた上で、もう一度考えてあげてください」

こうして、〝候補者番号17番〟のスペースは空白のまま、最終審査が行なわれることになった。

しかしなぜ、前夜の家族会議で「応援する」と言った母親は、娘を連れ戻したのか？

長濱ねるの両親は、ふたりとも長崎の学校に勤める教師で、それまで堅実に3人の子供を育ててきた。だが、娘に厳しかったわけではない。今思い返しても、長濱には両親から「勉強しろ」とか「あれはやっちゃダメ」と言われた記憶がない。今回だって、心配しながらも「応援する」と言ってくれていた。

ただ、〝なんとか46〟もよくわからない母親にとって、芸能界は依然として未知の世界だった。長崎から羽田空港へ向かう飛行機の中でひとり考えていると、不安がどんどん膨らんできた。東京に着く頃には、なんとしても娘を連れ戻さなければいけないという気持ちになっていた。

母親が応援に来てくれるものとばかり思っていた長濱は、ホテルに着くなり「もう帰ろう」と言った母親に驚かされた。「ここまで来たら最後まで受けたい」と一度だけ言ったが、それまで親にまともに反抗したこともなかった彼女は、このときも結局は母親の判断を受け入れる。

ただ、高校で進路を決められたときのように、また自分が誰かの決めたレールの上を歩くと思うとひたすら悲しかった。あんなに優しかった母親が、有無を言わさず自分の将来の可能性を奪おうとしている状況にも混乱していた。

羽田空港で飛行機を待っているとき、長濱はたったひと言だけ、しかし強い毒を母親に突き刺す。

「お母さん、これで満足した？」

乃木坂46が両親に与えた衝撃

実家に戻った頃には、涙も枯れていた。表情のない顔でテレビを見ていると、自分が受けるはずだったオーディションの結果がニュースで流れた。笑顔でカメラに向かって手を振る合格者たち。グループ名は、当初告知されていた「鳥居坂46」から「欅坂46」に変更されたという。

「ねるにも最後までチャンスを与えるべきだったんじゃない？　先に危ない芽を摘もうとするよりは、壁にぶち当たったときに助ければいいんじゃない？」

父親にも相談せずに娘を連れ帰ってきた母親に対し、姉が諭すように話をしていた。母親は、黙ってニュースを見ている娘の姿に胸が苦しくなり、「取り返しのつかないことをしてしまった」とパニックになっていた。そんな家族の様子を見た父親は、その日の夜のうちに、娘が最終審査さえ受けなかったこの欅坂46というグループの運営スタッフに電話を入れた。

「妻が娘を連れ戻してしまったんですが、娘の夢をここで断ってしまうことが正しいことなのか、私にはわかりません。父親として何かやれることがないかと思い、ダメ元でお電話しました」

実直に話す父親の言葉は、胸に迫るものがあった。

実はこのとき、不思議な縁が両者を再びつなぐことになる。最終審査の翌日と翌々日に、乃木坂46の全国ツアーの福岡公演が予定されていたのだ。長濱も随分前からチケットを買い、楽しみにしていたライブだった。

そこで運営スタッフは、父、母のふたりもこのライブに招待することにした。

「一度、お母さんも含めて僕たちのライブを見に来てください。そこで、僕たちがつくっているものがどういう世界なのかわかっていただけると思います」

2日後の8月23日夜、長濱家は福岡国際センターで行なわれた乃木坂46のライブを観覧した。そこで、長濱ねるの運命を変えるものを目撃することになる。

乃木坂46のこの年のツアーでは、各公演で特定のメンバーをフィーチャーしたVTRが流された。そして長濱家が観覧していた回で流れたのが、秋元真夏というメンバーとその父親の物語だった。

秋元の言葉。

「(乃木坂46に合格したとき)お母さんに電話しました。喜んでもらえると思ってかけたんですけど、『え……』って言われて」

秋元は、中学受験で中高一貫の進学校に入学し、高校では生徒会長も務めた優等生である。そんな娘が、高3の時点で乃木坂46のオーディションを受けることに父親は強く反対しており、秋元は合格直後から休業することになった。

その間の父親としての葛藤。そして、大学に合格して乃木坂46に復帰し、今、テレビの中で自分の人生を生きている娘を見て感じたこと——。そんな父親の本心がつづられた手紙が、VTRの中で読み上げられた。

「ずっと言えなかったけど、もう反対はしていない。今は常に、真夏の味方だよ」

そんな言葉で締めくくられた映像を見て、長濱の父親は、自分の心と重なるものを感じた。

「どこの親もこうして心配しながら娘を芸能界に送り出しているんだな」

母親のほうも、コンサートを見るなかで気持ちが変わっていった。あれだけ偏見を持っていたアイドルというものは、実に華やかで、一生懸命に頑張るメンバーたちの姿はかけ値なしにすてきだと思えた。

「こんなにちゃんとしたグループだったんだ。娘もこんなふうに一生懸命になれるものを見つけたんだったら、自分はそれを後押ししてあげるべきなんじゃないか。危険から守ろうとするんじゃなくて、娘のやりたいことを理解してあげるべきなんじゃないか」

コンサート後、両親は運営スタッフに頭を下げて言った。

「今から、オーディションの辞退を取り消していただけないでしょうか」

もともと長濱に「S」評価を与えていた運営にとっても、願ってもないことだった。だが、最終審査を経ていないメンバーをそのまま加入させるわけにはいかない——。

ここから、長濱ねるの特異なアイドル人生が始まることになる。

長濱ねるの仲間を探そう

欅坂46の運営委員会では、早速長濱の処遇が検討された。

「もう一度、最終審査とまったく同じ状況をつくって、ひとりぼっちのオーディションを受けさせよう」

「長濱を欅坂46に加入させるかどうか、ファンに審判してもらおう」ｅｔｃ・

いくつものアイデアが上がったが、決定的だったのは、欅坂46の総合プロデューサーである秋元康の言葉だった。

「ご両親の思いを考えると、長濱ねるにもう一度チャンスを与えてあげたい。ただ、今から彼女を欅坂46に加入させるのはほかのメンバーに申し訳ない。だから、欅坂46というグループの中に、ひらがな表記の〝けやき坂46〟というチームをつくろう。長濱ねるをその最初のメンバーにして、彼女と一緒に活動する仲間を探すオーディションもやろう」

この瞬間、「けやき坂46（通称・ひらがなけやき）」というグループが産声を上げた。しかし、実はけやき坂46というグループ名は、欅坂46に与えられるはずの名前だった。都内に実在する「乃木坂」という地名にちなんだ乃木坂46と同様、港区にある坂の名前である「けやき坂」の名を冠したグループになるはずだったのだ。

しかし、画数でグループの運勢を占ってもらう際に、スタッフの連絡ミスで漢字の「欅」を使ってしまった。そしてその欅坂46という名前が最高の上昇運を秘めていたことから、結果的にグループ名としてこの漢字表記が使われることになった、という経緯がある。

つまり、けやき坂46というグループ名は、幻に終わった当初の構想を再活用したものだったのだ。

そして何より重要なのは、欅坂46とは違うけやき坂46というグループに所属させることによって、長濱への反感を抑えようという意図もあったことだ。運営サイドは彼女を合格基準に達していると認めていたとはいえ、最終審査を受けていない彼女を攻撃するファンが出てくるのは予想がついた。

そこで、欅坂46の後輩的なポジションにけやき坂46を位置づけることにした。

だが、欅坂46の中にあり、欅坂46とは違うけやき坂46というグループは、いったいなんなのか？欅坂46のアンダーグループなのか、それとも今までにない新しいものなのか？

このけやき坂46というグループの立ち位置については、運営スタッフも含め、誰も明確な答えを持っていなかった。だからこそ、けやき坂46の歴史とは、そこで活動するメンバー自身が手探りで自分たちの存在意義を探す、地図のない旅のようなものになっていったのだ。

「ようしゃべる、人見知りしないコ」

オーディションから約1ヵ月後の9月下旬。欅坂46のマネジャーは、グループの冠番組『欅って、書けない？』のディレクターと共に、長濱ねる本人に会うべく長崎へと赴いた。彼女が住む街を歩きながら、ここでどんな生活をしてきたのか、最終審査当日はどんな様子だったのか話を聞いた。

そのときマネジャーが受けた印象は、「ようしゃべるな。人見知りしないコだな」というものだった。

長崎市内で生まれた長濱は、3歳から7歳までの5年間、五島列島の島で暮らしたことがある。入り組んだ海岸線と起伏に富む土地が生み出す豊かな自然のなかで、釣った魚を骨まで食べたり、木登りをして遊ぶような毎日を過ごした。共働きの両親に代わり、昼は近所のおばさんに面倒を見てもらい、〝島民みんなが家族〟といった雰囲気のなかで成長した。そんな暮らしのなかで培われた人懐っこさが、彼女の人格の核になっていた。

あの乃木坂46のコンサートを見た日から、欅坂46に合流するまでの2ヵ月間は、彼女が生来の人懐っこさを隠さず素直に過ごせた期間である。実は、10月に上京した長濱とほぼ同じタイミングで欅坂46の地方メンバーも東京に来たのだが、彼女たちに長濱の存在は伏せられていた。事務所でも他メンバーと鉢合わせしないように細心の注意が払われ、ダンスレッスンもひとりきりで受けさせられた。

しかし、長濱本人は東京での新しい生活に胸を躍らせていた。オーディションに応募した当時は、自分がどうしてアイドルになりたいのかわからなかったが、本当はアイドルでもなんでもよかったのかもしれない。ただ、決められたレールから抜け出したかったんだと、今ではわかる。

だが、けやき坂46として出発した彼女は出だしからきつい洗礼を受けることになる。

悲鳴と嗚咽《おえつ》が上がったスタジオ

11月のある日。『欅って、書けない?』を収録していたスタジオに、長濱ねるの姿があった。ほかのメンバーに知られないままサプライズで登場するために、セットの裏で名前が呼ばれるのを待っていた。これから本物のテレビカメラの前に立つと思うと、さすがに怖くなって涙が出てきた。

収録を行なっていたスタジオのほうでは「重大発表」「欅坂46に新メンバー加入」というナレーションが流れ、メンバーたちの悲鳴が上がった。続けて、長濱の両親に取材したVTRの音声が聞こえてきて、長濱のホームシックを誘った。

「欅坂46新メンバー、長濱ねるさんです! どうぞ!」

MCに呼ばれると意を決して涙を拭き、スタジオに入って自己紹介をした。さっきまで悲鳴を上げていたほかのメンバーたちのほうは見れなかった。MCからは、彼女は新グループ・けやき坂46のメンバーになると同時に、けやき坂46の追加メンバーのオーディションもこれから行なうということが説明された。

実は、こうして長濱が登場する直前、番組では欅坂46が行なった初イベントの〝メンバー人気ランキング〟が発表されていた。CDデビューを目指してみんなで頑張るはずのグループで、初めてメンバーの序列がつけられたことに全員が衝撃を受けたところだった。

その直後の新メンバー加入発表。さらに、MCから「(長濱は)乃木坂でいうところのアンダーメンバー」「(けやき坂46メンバーたちは、現欅坂46メンバーと)入れ替わったりすることもある」と言われ、泣きだしてしまうメンバーもいた。

彼女たちの先輩グループの乃木坂46における〝アンダー〟とは、シングルの表題曲を歌う選抜メンバーに対して、選抜から漏れたメンバーのことを指す。選抜とアンダーは、人気やそのときの期待値に応じてシングルごとに入れ替わる。つまり、アンダーの長濱が入ってくることによって、今後グループの中で激しい競争が行なわれることになると全員が思い込んだ。

そんな騒然とした状況のなかで、長濱にとって思わぬ出来事が起きた。番組の1本目の収録を終え、2本目の収録が始まる直前、長濱は隣に座っていたあるメンバーからはっきりと宣告された。

「ごめんやけど、私、仲良くなられへんと思う」

グループに加入した瞬間、長濱は仲間であるはずのメンバーから強い反感を持たれてしまった。

こうして、〝ひとりぼっちのアイドルグループ〟けやき坂46は、波乱のなかで活動をスタートした。

HINATAZAKA46 STORY

第2話

初めて仲間になれた日

子供の頃に感じた「女の子って、怖いんだ」

欅坂46の初期メンバー、米谷奈々未がオーディションを受けたのは高校1年生のときだった。大阪府内でも有数の進学校に通っていた彼女は、学校の都合で審査に遅れて参加することもあったりと、加入前から学業との両立に苦労していた。親はアイドルになることに猛反対していたが、きちんと勉強を続けることを条件に、自分で親を説得して欅坂46のメンバーになった。

そんな彼女の前に、突然、長濱ねるという新メンバーが現れた。番組で流された紹介VTRによると、親の反対に遭った彼女は、オーディションの最終審査も辞退し、ただ泣いているばかりだったという。なのに、こうして後から加入を許された。

——自分はこの子のことを認められるだろうか？

正直すぎる米谷は、収録の合間にはっきりと長濱に告げたのだった。

「ごめんやけど、私、仲良くなられへんと思う」

この言葉に、当然、長濱はショックを受けた。次の収録が始まってからも、涙をこらえるのに必死で声が震えた。

ただ、自分だけ後から入って拒絶されるのはこれが初めてではなかった。3歳から長崎の五島列島で育ち、〝島民みんなが家族〟という環境のなかで過ごしてきた彼女は、小学2年生のときに長崎市内の学校に戻ると、いきなり壁にぶつかる。島育ちの人懐っこいこの転校生を、周りの女生徒たちは「ぶりっ子してる」と言って拒んだのだ。このとき、彼女の人生観が早くも決定された。

「女の子って、怖いんだ。少しでも目立つと、いじめられるんだ。私はなるべく目立たないように、みんなに気をつかいながら生きよう」

欅坂46メンバーと合流して活動するようになってからも、長濱は目いっぱい気をつかいながら振る舞った。年下のメンバーにも絶対に〝さんづけ〟をし、メイクは必ず最後に入った。開けたドアは全員が通るまで持ったままにする……。「自分は後から入ってきた後輩だ」と思っていた長濱にとっては、これは当然の義務に思えた。

涙を流して抱き合った舞台袖

番組収録から1ヵ月半が過ぎた12月後半、長濱と欅坂46のメンバーたちは新たな課題に取り組んでいた。翌2016年の1月に開催される「新春！おもてなし会」というイベントのためのレッスンが始まったのだ。まだ持ち歌のなかった欅坂46は、このイベントではダンス部や音楽部に分かれ、それぞれ内容の違う演目をファンの前で披露することになっていた。

そんななか、演劇部に振り分けられた7人のメンバーに長濱と米谷の姿もあった。

長濱は、米谷とあれ以来ロクに話していなかった。ほかのメンバーにも、なれなれしいと思われるのがいやで近づきすぎないようにしていた。

ある日、たまたまほかの5人がコンビニへ買い物に出かけると、長濱と米谷がふたりきりになってしまった。しばらく気まずい空気が流れた後、ついに長濱は腹筋やスクワットを始めた。「私は筋トレをやらなきゃいけないので、話しかけなくても大丈夫ですよ」という意思表示のつもりだった。

一方の米谷は、話すタイミングを失って焦っていた。実は、米谷は当時のブログにこんなことを書いている。

「(長濱の加入を)聞いた時は混乱と不安だらけでした。今もなんかモヤモヤしてるとこもあるのかな…。でも、もう同じ欅のメンバーやから！　少しずつになってしまうかもしれないけど仲良くなっていけたらいいなと思ってます」

まだこだわる部分がありながらも、同じグループのメンバーとして親しくなりたいという思いが正直につづられていた。この頃、彼女は長濱との関係についてマネジャーにも相談している。どうすればあのとき自分の言った言葉について謝れるのか、いつも考えていた。

そんなふたりの関係が劇的に変化したのは、「おもてなし会」の当日だった。

長濱の加入発表以前に「お見立て会」というイベントをすでに経験していた他メンバーとは違い、長濱にとってはこれが初めてのイベントだった。楽屋で出番を待っているときから、怖くて涙を流していた。舞台袖からステージを見ると、足がすくんだ。

しかし、いよいよステージに立つというそのとき、長濱の背中を誰かが叩いた。

「頑張って！」

振り返ると、米谷がいた。思いがけない言葉に、長濱の気持ちは揺さぶられ、号泣してしまった。米谷もまた、その顔を見てもらい泣きした。そしてふたりは涙を流しながら抱き合った。

ステージに出る直前、たった10秒ほどの出来事だった。しかしこれが、それまでのふたりの関係性が鮮やかに逆転し、お互いがかけがえのない仲間になった瞬間だった。

これをきっかけに距離が縮まった長濱と米谷は、プライベートでも一緒にノートを開いて勉強をするような関係になる。そしてしばらくたったある日、米谷は長濱の目を見て真剣に言った。

「ごめんね」

かつて「仲良くなられへんと思う」と言ったことを謝っているのだ。もう何も気にしていなかった長濱のほうが、きょとんとしてしまった。米谷にはこういうバカ正直なところがあった。

そんな米谷のようにはっきりと口にはしなかったものの、長濱が加入した当初は素直に受け入れられなかった欅坂46メンバーも多かった。しかし、長濱の過剰に気をつかう性格の奥には、島育ちの人懐っこさがあった。同じ時間を過ごすなかで、長濱と欅坂46メンバーとの関係は徐々に解きほぐされていった。

2月、欅坂46のデビュー曲『サイレントマジョリティー』のMV撮影が行なわれた。けやき坂46のメンバーである長濱ねるは、この楽曲に参加していない。しかし、それまでのすべてのレッスンに自主的に参加し、MVの収録にも同行して欅坂46メンバーを見守っていた。

夜の渋谷駅前、寒空の下で覚えたばかりの振り付けを何度も何度も繰り返すメンバーたち。初めてのMV撮影は誰にとっても過酷なものだった。しかし、カットがかかるたび、メンバーのために温かいスープをよそったり、カイロを渡したりする長濱の姿がそこにはあった。そしてそんな彼女の温かさにひかれるように、欅坂46メンバーたちも自然と彼女のそばへ寄り添うようになっていった。

それでも欅坂46に私はいない

3月に入って『サイレントマジョリティー』のMVが公開されると、〝サイマジョ現象〟ともいうべき状況が起こった。

君は君らしく生きて行く自由があるんだ／大人たちに支配されるな／初めから　そうあきらめてし

まったら／僕らは何のために生まれたのか？

　そんな歌詞に込められたメッセージ性が若年層を中心に共感を呼び、ティーン誌のアンケートなどでもすぐさま「好きな曲1位」に挙げられるようになった。その夏、テレビの音楽特番で行なわれた人気投票でも、AKB48や乃木坂46の代表曲を抑えて1位を獲得するなど、この一曲だけでアイドルシーンのすべてを変えてしまうような勢いだった。

　だが、けやき坂46のメンバーという立場だった長濱ねるは、そこにはいなかった。MV撮影と同様、ジャケット撮影にも立ち会ってはいたが、自分ひとりだけカメラマン側から見学していた。欅坂46のメンバーたちが渋谷のファッションビルの壁面を飾っているのを見て、不思議な気分になった。

「世の中の人たちが知ってる欅坂46に、私はいないんだなぁ」

　2016年4月6日に発売されたデビューシングル『サイレントマジョリティー』。そこに収録された6曲のうち、彼女が参加した楽曲がひとつだけある。『乗り遅れたバス』という曲だ。〝けやき坂46の長濱ねるのセンター曲〟として作られたもので、グループに遅れて加入した彼女の境遇が詞に歌われている。

ごめん／一人だけ　遅れたみたい／あの場所に／誰もいなくて／どこへ行ったらいいのかなんて／わからなかった／片道の夢／手に持ったまま／坂の途中で／途方に暮れた

長濱はこの歌詞をもらったとき「神様がいるのかな」と思ったという。特に、「坂の途中で／途方に暮れた」という部分は、オーディション最終審査の日、母親に手を引かれて坂道を上っていく自分の姿を、天から見ていた神様が描写したとしか思えなかった。

そんな彼女にも、いよいよ仲間のできる日が近づいてきた。

前代未聞のオーディション

前年11月、長濱ねるの加入発表と同時に告知されたけやき坂46の追加メンバーオーディションは、ちょうど欅坂46が『サイレントマジョリティー』でデビューした頃、大詰めを迎えていた。

４月下旬の時点で３次審査を通過した候補者は18人。このときの候補者は、今までにない試みを経験することになる。それがインターネット上の動画配信サービス「ＳＨＯＷＲＯＯＭ」での個人配信だ。

〝仮想ライブ空間〟を標榜《ひょうぼう》するＳＨＯＷＲＯＯＭは、個人のＰＣやスマホを使い、リアルタイムで映像を配信できるサービスだ。後に、欅坂46でもメンバーの個人配信が行なわれるようになったが、同グループのＳＨＯＷＲＯＯＭ利用はこれが初めて。乃木坂46やＡＫＢ48グループを含めた上でも、オーディションでの運用はこのときが最初だった。

期間はちょうど１週間。オーディションのための特設ページには次のような文言が記されていた。

「イベント期間中の配信内容、獲得ポイント数、順位等は審査過程の参考とさせて頂きますが、直接的に合否には関係ありません」

ＳＨＯＷＲＯＯＭは、配信中のファンのコメント数やギフトと呼ばれるアイテムの投げ込みによってポイントがつくシステムになっている。「直接的に合否には関係ありません」とは書かれているものの、この順位が最終審査に響くかもしれないし、審査する側も配信をきっと見ているだろう……。何もかもが初めてだったこのときの候補者たちにとっては、これも重要な審査のひとつだと思えた。しかも、審査員以外の多くのユーザーにもジャッジされるのだ。

後にメンバーとなる齊藤京子は「1位を狙って頑張るしかない」と思い、その1週間は配信をするかほかの候補者の配信を見るかという生活を続け、目標のとおり1位になった。齊藤は、このときの状況を「もう〝仕事感〟があった」と振り返る。

一方、同じくメンバーとなる井口眞緒は、スマホで自分の顔を大写ししながら大声で歌うなど、アイドル志願者とは思えない自由な配信で注目を集めた。この井口の配信では、ユーザーが自分のアイコンを変えられるアバター機能を使い、全員が同じ〝だるま〟の姿になった上で大量のだるまをギフトとして投げ込むなど、すでに強固なコミュニティが出来上がっていた。

そんななか、いつもきっかり30分間、顔出しなしで声だけの配信を行なう変わった候補者がいた。それが当時中学3年生になったばかりの影山優佳だった。

SONG LYRICS #1

—

乗り遅れたバス

—

Lyrics | 秋元康
Music | SoichiroK、Nozomu.S
Arrangement | Soulife、後藤勇一郎

ごめん
一人だけ　遅れたみたい
あの場所に
誰もいなくて
どこへ行ったらいいのかなんて
わからなかった
片道の夢
手に持ったまま
坂の途中で
途方に暮れた

風が過ぎた街は
音も消えたみたいで
君に掛ける言葉が
僕には見つからなかった

できることなら
時間《とき》を戻し
一緒に行きたかったけど
欅坂　向かうバスは
もう先に出てしまった

だから
一人きり　歩き始める
みんなとは
違う道順
だって今さら追いかけたって
間に合わないよ
私の未来
自分で探して
いつかどこかで
合流しよう

風の向きを探し
空に伸ばした掌《てのひら》
何か触れたみたいに
日差しがやさしく感じたよ

見えないものは
どこにあるか
確かめにくい思い込み
憧れた遠い夢は
少しずつ近づいてる

だから
一人きり　歩き始める
みんなとは
違う道順
だって今さら追いかけたって
間に合わないよ
私の未来
自分で探して
いつかどこかで
合流しよう

どの道を行こうと
どの坂登ろうと
溢《あふ》れ出す汗も
流れた涙も
美しく輝くよ

ごめん

ごめん
一人だけ　遅れたみたい
あの場所に
誰もいなくて
どこへ行ったらいいのかなんて
わからなかった
片道の夢
手に持ったまま
坂の途中で
途方に暮れた

夢はどこかで
繋がるのだろう
みんなの
未来は一つ

ラララ…

HINATAZAKA 46 STORY

第3話 影山優佳の〝2度目〟のオーディション

能力の高さから反感を持たれて

東京で生まれ育った影山は、幼い頃から活発な少女で、6歳になると地元のサッカーチームに入った。チーム内では唯一の女子メンバーだったが、男子にも当たり負けしない体力が自慢だった。あるときは、スライディングを受けて無理な体勢で手をつき、骨を2本同時に折る大ケガをしたこともある。だが、親からは「気をつけてね」と言われただけで、ケガが治るとまたチームに戻って小学6年生までサッカーを続けた。

また、保育園のときから学習塾に通ったり英会話を習っていたこともあり、勉強も抜群にできた。学校の授業中にはよく手を挙げ、常にクラスを引っ張るようなタイプで、学級委員も務めた。

しかし、こうした能力の高さが他人の反感を買ってしまうこともある。小学6年生になり、難関中学を受験するため猛勉強を始めると、「あいつは調子に乗っている」と言いだすクラスメイトが出てきた。影山だけが仲間外れにされたり、筆箱がなくなってしまうということも起きた。

そんなときに目に入ってきたのがＡＫＢ48だった。華やかなアイドルの世界に心を奪われた影山は、家族の前でＡＫＢ48や乃木坂46の曲を歌ったり踊ったりするようになった。

やがて無事に受験に合格し、日本有数の進学校に通い始めた彼女に転機が訪れたのは、中学1年生も終わりに差しかかった頃だった。テレビを見ていると、ＡＫＢ48のオーディションが行なわれるという告知が流れた。これに反応したのが父親だった。

「このオーディション、優佳も受けてみなよ」

このときはまだアイドル活動と学業の両立がどれだけ大変か両親もわかっていなかった。ただ、すっかりアイドル好きになっていた娘に、好きなことをやらせてあげようと思って勧めたのだろう。

影山のほうは、そもそも自分がアイドルになろうとは思っていなかったが、勧められるとその気になってきた。その胸のうちには、こんな思いもあった。

「アイドルになって、自分をいじめてた人たちを見返したい。私のサインが欲しいって言われるくらい有名になろう」

そうして受けた初めてのオーディションが、「第2回ＡＫＢ48グループドラフト会議」だった。

〝3列目の一番端〟に立たされた候補者

このドラフト会議とは、ＡＫＢ48グループの現役メンバーたちが自分たちで新しいメンバーを指名するというユニークなオーディションだった。その審査の過程が一般に公開されることも大きな特徴だった。３次審査を通過した最終候補者たちは、公式ホームページで顔写真付きで紹介され、テレビカメラが回るなかで５泊６日の厳しいレッスン合宿を行なった。その最終候補者のなかに影山優佳も残っていた。

２０１５年５月10日、東京・有明コロシアムでオーディションの最終審査に当たるドラフト会議が開かれた。数千人のファンや業界関係者が客席で見守り、ＣＳでの生中継も行なわれるという大規模な公開イベントだった。

ここまで進んできた47人の候補者たちは、合宿で練習した曲をステージ上で披露した。そして現役メンバーによる指名が始まったが、影山の名前は最後まで呼ばれることはなかった。

実は、このオーディションを受ける前に、影山は母親と約束していたことがある。

「落ちたら普通の女の子に戻ろうね」

アイドルになれなくても、また学校に戻って元の中学生活を送ればいいじゃない、という意味だった。影山も素直にその言葉を受け入れて、ドラフト会議に落ちた後は普通の日常に戻っていった。

だが、すでにオーディション中から彼女の胸には新しい思いが芽生えていた。

「自分はもっとやれるんじゃないかな。選ばれるのはこのオーディションじゃなかったんじゃないかな」

そう思ったきっかけは、ステージで踊る曲のポジションを告げられたときだった。47人のうち、

3列目の一番端で踊ることになった影山は、「今の時点でこのポジションだったら、受かってもアイドルとして厳しいかもしれない」と思った。だから、ドラフト会議で指名されなかったときも深く傷つくことはなかった。このときのテレビ中継でも、ほかの落選者が号泣するなか、しっかりと背筋を伸ばして毅然《きぜん》とした態度を崩さない影山の姿が映し出されている。

彼女がドラフト会議に落選した直後の15年6月、乃木坂46に続く〝坂道シリーズ第2弾グループ〟のオーディションが始まった。そして8月21日、最終審査に合格したメンバーにより新グループ・欅坂46が結成される。影山はオーディションのときからこのグループに注目していた。

「乃木坂は今年こそ紅白に初出場すると思う。まだ齋藤飛鳥さんや若いメンバーもいるし、これからもっと人気が出るだろう。その妹分として結成された欅坂も、乃木坂の勢いに乗って間違いなく人気が出る」

彼女には、物事をなんでも分析する癖がある。例えば、サッカーのクラブを応援するにも、チームの戦術だけではなくユースから代表に至るまでの構図も調べてその将来性を分析するのだ。

10月になり欅坂46の冠番組『欅って、書けない？』が始まると、彼女はすっかりファンになってしまった。そして11月、長濱ねるの加入と同時にけやき坂46の追加メンバーオーディションの開催が告知された。

このとき、影山に直感が降りてきた。

「もしかしたら、今かもしれない。私がもう一度オーディションを受けるとしたら、このグループしかない」

娘がアイドルへの思いを引きずっているということに、母親も気づいていた。だからもう一度オーディションを受けたいと言ったときも、快く送り出してくれた。

こうして影山優佳は人生で2度目のオーディションに臨むことになる。そして、前回と同様に3次審査まで通過したのだった。

その生き方を貫く〝フェアネス精神〟

けやき坂46のオーディションでは、3次審査に合格した候補者たちが1週間限定でSHOWROOM配信を行なうことになった。今では乃木坂46、AKB48グループのオーディションでも同様のことが行なわれているが、まだ〝素人〟でしかない候補者による配信はこれが初めての試みだった。カメラの前で何をすればいいのか、いったいどれだけの人が見てくれるのかということは誰もわからなかった。

しかし、ふたを開けてみると予想を超える数千人のユーザーが彼女たちの配信を見に来た。そして、コメントやギフトによってファンのほうからも配信に参加できるというSHOWROOMのシステムは、全員で番組を作っているような独特の熱を生み出した。最初はおそるおそる短時間だけ配信していた候補者たちも、2日目、3日目には長時間にわたって配信するようになり、歌やダンスを披露しながらユーザーとコミュニケーションを取るようになった。

そんななか、影山優佳はいわゆる〝ラジオ配信〟の形式で声だけを配信した。毎回たった30分間だけ、しかも顔も見せない配信だったが、聴いていたユーザーの間では「話がうまい」「アイドルからスポーツまで話題が豊富」と高評価を得た。

映像を流せばもっとやれることが増えるし、より多くのユーザーに見てもらえただろう。事実、彼女と同じように最初はラジオ配信をしていたものの、途中から顔出しに切り替えた候補者もいた。どのように配信をするかは各候補生に委ねられていたが、影山は最後までこのラジオ配信を貫いた。

そこには、彼女なりの信条があった。

「ドラフト会議のときの私の写真や映像はたくさん拡散されてるから、配信で顔を出したら、あのときの候補生だったことがすぐにわかる。そこで〝またオーディションを受けている〟と思われることは、別に気にしない。でも、ドラフト候補生だったことでほかの子より注目を浴びて、自分だけいい位置からスタートするのは絶対にいやだ。私は自分の実力だけで勝負したい」

これが、幼い頃からスポーツに親しんできた影山優佳の〝フェアネス（公平）精神〟だった。

そこで、彼女は本物のラジオ番組のようにSHOWROOM配信を行なうことにした。まずはほかの候補者の配信もすべて見てその特徴をメモにまとめ、誰ともかぶらない話題や自分のアピールポイントを考えた。その分析をもとに番組の構成を練った結果、まず最初にその日にちなんだ話題を話し、決まった時間になると2曲の生歌を入れ、ユーザーからの質問コーナーに答えてから、最後にけやき坂46にかける意気込みや次の配信予定を伝えるというプログラムを組んだ。こうした構成やトーク力のみならず、歌唱力の高さも手伝い、彼女の配信は回を重ねるごとに評判になった。

このSHOWROOM審査では、ほかの候補者もその個性や素の魅力を前面に出し、最終日には涙を流しながら「楽しかった」「終わりたくない」と訴えるという思いもよらない展開になった。どう転ぶか誰にもわからなかった初の試みは、たった1週間で候補者たちを〝表現者〟にし、最初期のファンをつけてくれることになった。

ワクワクと不安のふたつを感じながら

5月8日、都内でけやき坂46の追加メンバー最終審査が行なわれた。ここで最終候補生たちは一堂に会した。

SHOWROOMでポイント数ランキング1位だった齊藤京子は、配信で知っていたほかの候補者たちの顔をあらためて見て「みんな一緒にSHOWROOMをやってきた仲間なんだな」と思ったという。一方、当時は女子大に入学したばかりだった潮紗理菜《うしおさりな》は、「顔出しして落ちて、学校で友達ができなくなったらどうするの」と親から反対され、SHOWROOMでは声だけで配信していた。ただ、ほかの候補者の配信は見ていたので、周りの子の顔を見て「みんなもう芸能人みたいだな。私、場違いだな」と感じたという。

その日の審査では、候補者たちによる自己紹介と歌唱が行なわれた上で、審査員からSHOWROOMの話題などを交えた質問が向けられた。

影山優佳は、マイクを持ってステージの上に立ったとき、こんな自己紹介をした。

「影山優佳、中学3年生です。本日、5月8日に15歳の誕生日を迎えました」

この日が誕生日だったことはまったくの偶然だった。しかし、けやき坂46のオーディションを受けようと思ったときの「今かもしれない」という直感は、もしかしたら今日という日につながっていたのかもしれない。その後、母親の影響で好きになったという森高千里の『私がオバさんになっても』を歌い、影山優佳は人生で2度目のオーディションに合格する。

この日の審査を経て、〝たったひとりのアイドルグループ〟を背負ってきた長濱ねると共に活動するけやき坂46の追加メンバー11人が決まった。

それまで別室に待機していた長濱は、合格者発表後にステージ上に呼ばれ、審査員やマスコミ、そして新しい仲間たちの前でこんなスピーチをした。

「やっと皆さんと一緒に活動できるのがすごくうれしいです。今はワクワクする気持ちとこれからどうなっていくんだろうっていう不安な気持ち、どっちもあるんですけど、みんなで一緒に成長していきたいです」

しかし、〝欅坂46の中にあり、欅坂46とは別グループのけやき坂46〟という微妙なポジションを与えられた彼女たちは、合格直後からさまざまな壁にぶつかることになる。

HINATA ZAKA 46 STORY

第4話 ひらがなけやき

異例のスピードで作られたオリジナル曲

合格直後のけやき坂46の追加メンバーたちの活動は、緩やかなものだった。1、2週間に1度ほどみんなで集まり、基礎的なダンスのステップを習ったりレクリエーション的なことをして過ごした。

明確にリーダーシップを取るメンバーはまだ現れていなかったが、当時20歳で大学生だった佐々木久美は全員にまんべんなく話しかけていたし、中学3年生の影山優佳はレッスンでもはきはきと発言して誰もがものを言いやすい空気をつくった。全体的に、風通しがよく温かい雰囲気のチームがすでに出来上がりつつあった。

そんな彼女たちにとっての初めての仕事が、欅坂46の2ndシングル『世界には愛しかない』に収録されるカップリング曲のレコーディングだった。

通常、これほど早く自分たちの曲の歌入れをすることは珍しい。例えば2015年8月に結成された欅坂46は、同年10月からレッスンを開始し、翌16年2月にデビュー曲『サイレントマジョリティー』のレコーディングを行なっている。この間、約半年。それに比べて、2016年5月にオーディションを終え、7月にはレコーディングに臨んだというけやき坂46の動きは、異例の速さだといえる。たまたま彼女たちが入ってきた時期に2ndシングルの制作が始まったことから、急遽決まったことだった。

初めてのレコーディングは、長濱を除く11人で大きなスタジオに入って行なった。もともと乃木坂46の大ファンで、レコーディング風景などもテレビで見たことがあったという加藤史帆は、スタジオに入った瞬間に胸が高鳴った。

「すごい大きいマイクがある。これがテレビで見てたやつなんだ。私も今からレコーディングっていうのをするんだ」

ダンスレッスンのときはみんなについていけず、早くも挫折感を味わっていた最年長の井口眞緒も、このときばかりは新鮮な感動を覚えた。

「私、今、普通に生きてたらできないことをやってるんだな。すごいな。アイドルしてるな」

だが、まだほとんどレッスンもしていなかった彼女たちの歌はクオリティが低く、ディレクターから何度もダメ出しが飛んだ。曰《いわ》く「声が出ていない」「リズムがぐちゃぐちゃ」「音程もずれっぱなし」……。

ブースの向こうでは大人たちが何か話し合っているようだが、その内容はメンバーには聞こえない。「きっと自分たちの音痴さに呆《あき》れて困っているんだろう」と誰もが思った。レコーディングに入る前にはあれだけワクワクしていただけに、自分たちのできなさに自分たち自身ががっかりしてしまった。

しかし、完成した音源には、このときの彼女たちにしか出せない、あどけなく、素朴で、素直な声が刻まれていた。

けやき坂46の初めてのオリジナル曲『ひらがなけやき』。それは彼女たちの自己紹介のような歌だった。

これからよろしく／ひらがなのように／素直な自分で／ありのまま…／一本の欅から／色づいてくように／この街に少しずつ／馴染んで行けたらいい／舞い落ちる枯葉たち／季節を着替えて／昨日とは違う表情の／青空が生まれる

この曲で長濱ねるとダブルセンターを務めた柿崎芽実《めみ》は、この歌詞をもらったとき「私たちのことが書かれてるんだ」と思ってうれしくなった。これからたくさんの人の前でこの曲を歌って、自分たちのことを知ってもらうんだと思うと、ドキドキして胸がいっぱいになった。

なかでも、落ちサビで「一本の欅から～」と歌う箇所が大好きだった。ステージ上でパフォーマンスするときは、ここで12人が横一列に並び、腕を真っすぐに上げて欅の木の枝を表す。そこから欅坂46の『サイレントマジョリティー』の振りの一部を引用し、ラストは全員のフォーメーションで大きな欅の木をつくる——。

このとき、けやき坂46とは、先輩グループの欅坂46と一緒に大きな一本の欅を育てるべく、ともに歩んでいく存在のはずだった。

「素人のなかに芸能人がひとりいる感じ」

新たに11人の仲間を得た長濱ねるは、この頃すでに複雑な立場に置かれていた。

4月末に行なわれた『サイレントマジョリティー』の発売記念握手会では、欠席したメンバーのアンダーとしてミニライブに参加し、欅坂46の曲を3曲踊った。もちろんグループの代表曲『サイレントマジョリティー』も。

また、けやき坂46の合格者発表直後に行なわれた握手会では、欅坂46メンバーが円陣を組んだ際、「ねるとステージに立てるのはこれが最後かもしれないから、みんなで頑張ろう」という声が上がった。これを聞いて思わず涙を浮かべるメンバーもいた。

その後も、長濱はけやき坂46のメンバーとは顔を合わせる機会もないまま、欅坂46の初主演ドラマ『徳山大五郎を誰が殺したか？』のリハーサルに合流し、そのまま重要な役で撮影漬けの毎日を送るようになる。

もはや精神的にも物理的にも、長濱ねるは欅坂46にとってなくてはならない存在となっていた。

6月、さらなる転機が訪れる。欅坂46の冠番組『欅って、書けない?』の収録中、2ndシングルから長濱ねるがけやき坂46と欅坂46を兼任することが発表されたのだ。その瞬間、長濱を含め何人ものメンバーが涙を流し、祝福の声が上がった。これで長濱は正式に欅坂46の一員となり、2ndシングルの表題曲『世界には愛しかない』にも参加することになった。

だが、この兼任という措置が後に長濱自身を苦しめることになり、また、ほかのけやき坂46メンバーが自分たちの存在意義を問うきっかけにもなるのだった。

そんな状況のなか、少しずつレッスンや取材といった活動を始めていた11人の追加メンバーたちは、8月上旬から合宿に入った。同月13日に行なわれるファンへのお披露目に向けて、集中的にレッスンを行なうためだ。この合宿期間中に、追加メンバーと長濱ねるは初めて一緒に活動することになる。

その最初の機会は雑誌の撮影現場だった。その日、欅坂46のメンバーとして「TOKYO IDOL FESTIVAL 2016」に出演していた長濱は、午前のステージと夜のステージの合間に会場を抜け、けやき坂46のメンバーと雑誌の撮影を行なった。追加メンバーとはオーディションのステージの上ですれ違った程度の関係だったが、加藤史帆や高本彩花ら数人は積極的に長濱に話しかけていった。加藤が「ねるちゃんって呼んでいいですか?」と聞くと、長濱は「もちろんいいよ。敬語も使わなくていいよ」と答えた。

その2日後の夜、あらためて12人のけやき坂46メンバー全員が集まり、食事会が開かれた。建前としてはけやき坂46というグループの懇親会だったが、企画したスタッフの心中には、長濱にほかのメンバーとの距離を縮めてもらいたいという思いがあった。すでに合宿を通じて仲を深めていたけやき坂46のなかで、長濱だけが浮いた存在だったからだ。

しかし、相変わらず屈託なく長濱に近寄っていくほかのメンバーに対して、むしろ長濱のほうが人見知りを発揮した。

長濱は心のなかでこんなふうに感じていた。

「また遅れちゃったな、私」

欅坂46に遅れて加入し、たったひとりのけやき坂46メンバーとして活動してきた。なのに、こうしてやっと同じグループの仲間ができると、今度は自分のスケジュールのせいでレッスンにも参加できない。共にオーディションに合格し、共にデビューを目指して活動しているけやき坂46のメンバーたちの輪に入るには、もう遅いのかもしれない——。

ほかのメンバーのほうも、長濱は自分たちとは違う立場の人間だと思っていた。大阪から上京して合宿に参加していた高瀬愛奈《まな》は、自分たちと長濱の関係を「素人のなかに芸能人がひとりいる感じ」だと思った。加藤史帆も、長濱に対して「テレビで見ていた人だ」という感覚を抱いていたので、自分たちと同じグループのメンバーだという実感は持てないでいた。

後に一緒にレッスンをする機会もできたが、欅坂46メンバーとしてライブ、テレビの収録、ダンスレッスンとハードなスケジュールをこなしていた長濱は、いつも「すみません」と頭を下げながら遅れて合流していた。そんなとき、すっぴんの自分たちとは違い、プロにメイクしてもらった顔で急いで準備をする長濱を見て、影山優佳などは「こんなに人気があるアイドルのねるちゃんと一緒にレッスンを受けてるなんて、変な感じだな」とさえ思ったのだった。

異様な泣き声が響いたリハーサル室

新体制のけやき坂46のお披露目が目前に迫ったある日。欅坂46とけやき坂46で合同リハを行なうことになった。11人の追加メンバーにとっては、先輩たちと初めて顔合わせすることになる。

長濱ねるを含むけやき坂46メンバーがリハーサル室で待っていると、欅坂46の面々がやって来た。〝テレビで見ていた人たち〟である欅坂46メンバーたちは、同じようにレッスン着を着ていても垢《あか》抜《ぬ》けて見え、自分たちととても同世代の人間と思えなかった。12人のけやき坂46に対して、20人の欅坂46メンバーが並ぶとすさまじい迫力さえ感じた。

ここで、けやき坂46のメンバーがひとりひとり自己紹介をすることになった。名前に加え、特技や好きな食べ物をひと言ずつ添えるだけのごく簡単な挨拶《あいさつ》だったが、緊張から声が震え、涙を浮かべるメンバーもいた。

そのとき、唐突にあるメンバーの号泣する声が響いた。その場にいた誰もが、その場違いな泣き方に驚かされた。その声の主が齊藤京子だった。

齊藤は、決して人前で涙を見せるタイプではないし、そういう彼女の性格はすでに周りのメンバーも理解していた。だからこそ、彼女が泣きじゃくる姿には誰もが異様なものを感じた。

実は、このときの彼女の涙には人知れぬ事情が隠されていたのだった。

ひらがなけやき

Lyrics｜秋元康
Music｜川浦正大
Arrangement｜野中“まさ”雄一

きっと　まだ誰も知らない
風の中を歩く私を…

通学路に新しい制服
転校して来たの
秋が始まる頃…

一本の欅から
色づいてくように
この街に少しずつ
馴染んで行けたらいい
舞い落ちる枯葉たち
季節を着替えて
昨日とは違う表情の
青空が生まれる

少し　みんなとは離れて
不安そうに歩く私に…

声を掛けてくれたクラスメイト
隣に並んだら
古い親友みたい

街角の欅って
いつだってやさしい
通ってたあの道も
同《おんな》じ風景で…
来年の若葉には
何を想うだろう
思い出がいくつも重なって
木漏れ日が生まれる

これからよろしく
ひらがなのように
素直な自分で
ありのまま…

一本の欅から
色づいてくように
この街に少しずつ
馴染んで行けたらいい
舞い落ちる枯葉たち
季節を着替えて
昨日とは違う表情の
青空が生まれる

第5話 涙の理由を誰も知らない

「いつか〝漢字〟に入りたい？」

けやき坂46の追加メンバーたちが活動を始めた頃、レッスンの合間によく話していたことがある。

「いつか〝漢字〟に入りたい？　それともこのまま〝ひらがな〟にいたい？」

ここでいう漢字とは欅坂46のことを、ひらがなとはけやき坂46のことを指している。

そもそも、彼女たちがオーディションに応募した際、けやき坂46とは「欅坂46のアンダーグループ」だと明記されていた。この〝アンダー〟とは何を意味するのか？　例えば欅坂46の先輩グループである乃木坂46において、アンダーとはシングルの表題曲を歌う選抜から漏れたメンバーのことを指す。この選抜とアンダーはシングルごとに入れ替えが行なわれるので、そのたびにメンバー間でシビアな競争が発生することになる。

乃木坂46のこのシステムを知っている者にとって、アンダーとは選抜＝欅坂46を目指すべき立場だと思われた。

しかし、けやき坂46にとっての「アンダーグループ」なる言葉には、実は誰も明確な定義を与えていなかった。この新グループがこれからどんな活動をしていくかということも、もちろん決まっていなかった。だからその言葉のとらえ方はメンバーによってさまざまだった。

例えば、欅坂46の冠番組『欅って、書けない？』の放送エリア外だった長野県出身の柿崎芽実は、ネットでけやき坂46のオーディションを知り、それがアンダーグループだということさえほとんど意識せずに応募した。アイドルの世界をよく知らなかった東村芽依《ひがしむらめい》も「アンダーってことは、欅坂の下っていうことかな」くらいにしか思っていなかった。

一方、乃木坂46の大ファンで、そのアンダーメンバーだけのライブにも行ったことがあった加藤史帆にとって、アンダーという言葉はなんらマイナスの意味を持つものではなかった。けやき坂46に合格したときは「欅坂46のメンバーってみんなかわいいんだろうな。大好きな〝なーこちゃん（長沢菜々香《ななこ》）〟にも会えるんだな」と単純に舞い上がっていた。同じように、もともと欅坂46のメンバーのブログを熱心に読むほどのファンだった佐々木久美にとっても、欅坂46は雲の上の存在であり、そこに自分が交ざって活動することなど想像もできなかった。

だから、冒頭の質問――「いつか漢字に入りたい？　それともこのままひらがなにいたい？」と聞かれたメンバーたちの答えは、だいたい次のようなものだった。

「私は今のまま、ひらがなでいい。このメンバーでずっと活動していきたいね」

ただし、そのなかにあってひそかに別の未来像を思い描いていたメンバーがいる。それが齊藤京子だった。

努力とオーディションの日々

けやき坂46のメンバーのなかでも、齊藤京子の歌とダンスの実力はトップクラスだ。それは生まれつき備わっていた才能などではなく、幼い頃からの訓練と明確な目的意識によって磨かれた努力の結晶だった。

齊藤は、小学1年生のときにバレエ、2年生からはダンスを習ってきた。踊りを通じて人前で目立つことが好きになった彼女は、将来はプロのダンサーになりたいと思うようになる。

しかし、小学生の発表会でも一番前の列で踊るのは教室のなかでダンスがうまい子たちだった。その背中を後ろのほうから見ていた齊藤は、めげるどころか「私もうまくなってあそこで踊りたい」と思い、いっそうダンスに打ち込むようになる。小学校高学年の頃には、〝踊ることが生活の中心〟というほどダンス漬けの毎日を送るようになった。

やがて中学生になると、齊藤はあるアイドルに夢中になる。それが当時AKB48の第2回シングル選抜総選挙で1位になったばかりの大島優子だった。小さい体で誰よりも大きく手足を広げ、感情を爆発させるように踊る大島のパフォーマンスは、齊藤の目を釘づけにした。齊藤は大島の出ている雑誌やグッズを集められるだけ集め、熱心に応援した。

この頃から、齊藤自身も芸能界に憧れてさまざまなオーディションを受けるようになった。アイドル、ダンサー、女優。いくつものオーディションを受けたが、どれも合格しなかった。

そんなあるとき、家族旅行で泊まった旅館の部屋でカラオケを歌ったときに、家族から歌を褒められた。それがきっかけで歌うことにも興味を持つようになり、中3になるとダンスのスクールをやめてボーカルスクールに入学した。

彼女にとって歌うことは単なる趣味や気晴らしとはまったく違うものだった。当時からカラオケは友達と行くよりもひとりで行くことのほうが多かった。カラオケは齊藤にとって友達と遊ぶ場所ではなく、ひたすらに歌を練習するための場所だったのだ。いつもカラオケの部屋に入ると、ひとりでマイクを握り、自分の課題とする曲を何度も徹底的に歌い込んだ。

かつて、ドキュメンタリー番組で「努力すれば誰でも大島優子になれるか?」と聞かれた大島は、「なれますね。ただし同じ努力は簡単にはできないと思うけど」と答えた。そんな努力の人・大島優子を尊敬していた齊藤にとって、夢のために頑張ることは苦労でもなんでもなかった。

こうして歌とダンスというふたつの武器を手に入れた齊藤は、高校に入ってからもアーティストを目指してオーディションを受け続けた。だが、選考は常に水物である。巡り合わせが悪かったのか、齊藤の前に芸能界の道が開けることはなかった。

そして高校3年生になる直前、ついに齊藤は見切りをつける。

「もう芸能人になる夢は諦めよう。これからは普通の高校生活をして、進学に備えよう」

何事に対しても真っすぐに取り組んできた齊藤は、やめるときも決然としていた。あれだけこだわっていた芸能界への憧れを一切捨て、ボーカルスクールも退会して普通の高校生として生きることにした。それはまるで、特急列車が突然進路を変えるような急激な変化だった。

だが、夢を追いかけてきた日々のほんの小さな縁が、彼女をもう一度だけ芸能界の道に引き戻すことになる。

テレビの向こう側に行った、かつての仲間

高校3年生の秋。始まったばかりの番組『欅って、書けない？』を見ていると、そこに知っている顔を見つけて齊藤は驚いた。LINEで本人に連絡をとって確認すると、それは確かに自分の知り合いで、欅坂46のオーディションに受かってその一員になったという。

それが当時の欅坂46の人気メンバー、今泉佑唯《ゆい》だった。

齊藤が今泉と出会ったのは、高校1年生のときだった。あるレコード会社のオーディションを兼ねたライブに出してもらった際、齊藤のひとり前に歌っていたのが今泉だった。普段はオーディションで会うほかの候補者たちと友達になることはなかったが、自分と同じように歌手を目指し歌を磨いていた1学年下の今泉とはなぜか意気投合し、連絡先を交換した。そのオーディション仲間が今、

テレビ画面の向こう側にいるのだ。

その後、11月に入ってけやき坂46の追加メンバーオーディションが告知された。芸能界への夢を諦めたはずの齊藤が再びこのオーディションを受ける気になったのは、ひとつには大学受験をする直前というタイミングだったこと、そしてもうひとつには今泉佑唯というかつてのオーディション仲間が夢を叶《かな》えた姿に刺激を受けたことがきっかけだった。

「歌手やダンサーのオーディションはいいところまで行ったことがあるけど、アイドルのオーディションはたぶん落ちるだろうな。でも、大学生になったらもうオーディションは受けられないだろうし、どうせ落ちるならこれを最後に挑戦してみようかな」

こうして、齊藤京子は人生最後と決めたオーディションに臨むことになった。

その審査の過程で、齊藤らしさが最も発揮されたのは、「SHOWROOM」での個人配信だった。それは審査結果に直接影響しないと説明されていたものの、視聴者の数や応援でポイントがつくランキング制がとられていた。何をするにも本気でやらないと気が済まない齊藤は、当然1位を狙って自分にできるあらゆることをやった。カメラの前でダンスも踊ったし、歌も披露した。

ちなみに、今では彼女の代名詞になっている低音の声でハキハキとしゃべる姿は、このときの視聴者の間でも「本物のアナウンサーみたい」と話題になった。この話し方は小学生のときに父親から厳しくしつけられたものだった。子供の頃は親の厳しさに泣いてばかりいたが、こうしてSHOWROOMで評価されるようになって初めて「あのとき厳しくされてよかったな」と思えた。今まで努力してきたこと、人生で蓄えたことのほとんどすべてがこの配信を通じて開花していった。

このSHOWROOM審査を1位通過した齊藤は、最終審査で欅坂46の楽曲『手を繋いで帰ろうか』を堂々と歌い、見事オーディションに合格する。その発表後、写真撮影のためほかの合格者たちと壇上に並んだとき、齊藤の胸にこんな不思議な感慨が浮かんできた。

「中学1年生のときからいくつも受けてきたオーディションの結果が、今やっと出たんだな。全部のオーディションが、ここにつながってたんだ」

家に帰ると、両親がお祝いの花束を手渡してくれた。人前では絶対に泣きたくないと思って壇上でも涙をこらえていた齊藤は、両親の前で思う存分に泣いた。

不安から立てこもった欅坂46メンバーたち

しかし、齊藤にとってオーディションに受かることは夢の入り口ではあっても目的地ではなかった。その胸には秘めた思いがあった。

「この世界に入れたんだったら、中途半端はいやだ。私は絶対に有名になりたい。ひらがなが漢字のアンダーグループなんだったら、ひらがなのなかで一番頑張って選抜の漢字メンバーになろう」

オーディションに応募したときから、齊藤には欅坂46のメンバーとしてシングル表題曲を歌うという目標がはっきり見えていたのだ。

けやき坂46のメンバーのなかで最年長ながら、ダンスが苦手で齊藤によく自主練に付き合ってもらっていた井口眞緒も、そんな彼女の目標を知っていた。そしてやる気も実力も備えたこの仲間の夢が叶ってほしいと心から願ったし、客観的に見ても彼女ならそれが可能なように思えた。

2016年8月上旬。間近に控えたファンへのお披露目のために集中レッスンを行なっていたとき、欅坂46との合同リハをすることになった。長濱ねる以外のメンバーにとっては、先輩たちと対面する初めての機会である。

リハーサル室で待っていると、欅坂46のメンバーが続々とやって来た。『サイレントマジョリティー』でデビューして以降、社会現象ともいわれるブームを巻き起こし、テレビに雑誌にとメディアを席巻していたあの欅坂46の全メンバーが、目の前に整然と並んだ。齊藤の友達だった今泉佑唯もそこにいる。だが、素人同然の自分たちに比べて、この人たちはなんて洗練され堂々としているんだろう――。

間近で見る20人の〝芸能人〟の迫力が、その場の空気を異様に張り詰めたものにしていた。

しかし、たったそれだけのことである。誰だって緊張くらいはする状況だろう。

だが、ここで齊藤京子は突然、号泣してしまった。オーディションのときもレッスンのときも決して涙を見せなかった齊藤がしゃくりあげる姿に、周りのメンバーたちは驚かされた。そして全員が「どうしてそんなに泣くの？」と不思議がった。

このときの彼女の気持ちを理解できた者は誰もいない。中学生の頃から芸能界に憧れ、オーディションに落ちても折れずに努力を続け、やっと夢の入り口に立った彼女がこのとき何を感じていたか、想像できた者はひとりもいなかった。

齊藤京子は、目の前に立つ欅坂46の面々を見て、こう思ってしまったのだ。

「あぁ、無理だ。この人たちはもう遠すぎる。私がこんなすごい人たちと争って選抜に入るなんて、もう絶対に無理なんだ」

それは彼女だけが感じた最初の、大きな挫折だった。

しかし、実はこのとき欅坂46のメンバーもまた、けやき坂46の存在に恐れを抱いていた。欅坂46は、デビューシングル『サイレントマジョリティー』、続く2ndシングル『世界には愛しかない』と、メンバー全員で歌唱する〝全員選抜〟のスタイルで活動してきた。2ndからけやき坂46と欅坂46の兼任メンバーになった長濱ねるを含め、今の21人こそが欅坂46だという意識があった。

この頃、欅坂46メンバーがよく口にしていた言葉がある。

「〝欅〟っていう字は21画だから、この21人がそろうのは運命だったんだね」

いかにも少女らしい運命論かもしれない。ただ、こんな話が真実味を持って語られるほど21人の絆は強くなっていた。

実は、このけやき坂46との顔合わせの直前、恥ずかしさと不安から欅坂46メンバーのほとんどがトイレに立てこもってしまうという小さな事件も起きていた。

このとき齊藤京子や欅坂46のメンバーが抱いた怖さ、不安は、その後まで残ることになる。それは〝アンダー〟というたったひとつの言葉がもたらした呪いだった。
そんな状況のなかで、けやき坂46のお披露目の日はやって来た。

HINATA ZAKA 46 STORY

第6話 お披露目と初単独イベント

誰もレーンに並んでいない握手会

２０１６年8月13日、その日は真夏にもかかわらず曇りがちで暑さも和らいだ一日だった。愛知県名古屋市内の大型イベントホール・ポートメッセなごやで、欅坂46の２ndシングル『世界には愛しかない』の全国握手会が行なわれた。

全国握手会とは、シングルリリースのたびに主要都市で開催されるイベントで、ＣＤに収録されている曲を披露するミニライブと、メンバーによる握手会がセットで行なわれる。

この日は、欅坂46の２ndシングルの全国握手会の初日に当たっていた。そして、このシングルから参加しているけやき坂46メンバーがファンの前でお披露目される日でもあった。

午前11時、ミニライブの会場に欅坂46のオーバーチュア（開演時に流す序曲）が鳴り響く。まずは欅坂46が表題曲『世界には愛しかない』を含む5曲を披露した。そのなかには、長濱ねるのソロ曲

『また会ってください』も含まれていた。続いて、欅坂46の曲をアレンジしたけやき坂46用のオーバーチュアが流れ、メンバー12人がステージに立った。

ファンの前に初めて姿を現したけやき坂46のメンバーたちは、そろいの青い衣装を着ていた。それは、このときの欅坂46のシングル衣装――白地に青いラインが入ったワンピースの配色を反転し、青地に白いラインを入れた、清楚《せいそ》で若々しいデザインの衣装だった。

初めてこの衣装をもらった日は、みんなではしゃいで写真を撮り合った。アイドルが大好きだった佐々木久美にとって、オリジナルの衣装はアイドルであることを象徴するものであり、ずっと憧れていたものだった。

「この衣装、どこも私の体ぴったりに作られてる。すごいな。これは私だけの衣装なんだ。私たち、アイドルになったんだ」

衣装のサイズはひとりひとりの体に合わせて作られていたが、スカートの裾は全員床から同じ高さになるよう計算されていた。これを着て一列に並ぶと、裾の白いラインが横一直線に引かれているように見えるのだ。個々のメンバーの見え方だけではなく、グループとしてステージに立ったときに映えるように練られたデザインだった。

この衣装を着て、けやき坂46は初めてのオリジナル曲『ひらがなけやき』を歌った。

欅坂46を象徴する激しくスタイリッシュなダンスに比べて、素朴で柔らかい振り付け。簡単そうに見えるが、途中でメンバーがジグザグに交差するところは、レッスンでは何度やってもうまくいかずよくぶつかっていた。ひとりひとりの動きは単純でも、ほかのメンバーとぴったり息を合わせないとうまく踊れない振りなのだ。

レッスンで何度もここを練習することで、メンバーたちはお互いの目をしっかり見て呼吸を合わせるという技術を覚えた。そしてお披露目のステージでは、誰もぶつかることなく曲を終えることができた。

この曲で長濱ねるとダブルセンターを務めた柿崎芽実は、初めてステージから見た光景をよく覚えている。

「いったいどれくらいの人がいるんだろう。キレイな海みたい」

暗い会場で、数千人のファンが欅坂46のグループカラーである緑のサイリウムを振っていた。その光景は、ステージ上から見るとずっと遠くまで続く光の海のように見えた。ファンは思った以上に温かく、その声援でけやき坂46の門出に花を添えた。

しかし、ミニライブ後に行なわれた握手会は寂しいものだった。数十分待ちの大行列ができている欅坂46メンバーのレーンに比べて、けやき坂46のほうは人がほとんど来ず、誰もいないレーンを見ながら時間を持て余すことも多かった。そんな状況は、次の日も、そしてほかの会場に場所が移っても変わらなかった。

そんなとき、潮紗理菜は無人のレーンの向こうに見える欅坂46のファンとよくじゃんけんをしたりして過ごしていた。

「どうせ何もすることがないんだったら、ボーッと突っ立ってるより、こうしてファンの方とコミュニケーションを取ったほうがいいと思う。そうすればファンの方に笑顔になってもらえるし、私も人が来ない寂しさを感じないで済むから」

こんな状況でも、けやき坂46のメンバーたちは特につらいとも不遇だとも思わず、自分たちのところに来てくれる数少ないファンに感謝を込めて握手をしていた。まだほとんどメディアにも出たことがない新人で、きっと名前も覚えられていないだろう自分たちにとって、それは当たり前の状況だと思っていたからだ。

お互いを知り、支え合った時間

2ndシングルの握手会は約2ヵ月にわたって行なわれた。その間、欅坂46は各種イベント、フェス、2本の冠番組に加え各局の音楽番組、そしてファッションショーにまで出演するなど多忙を極めていた。『サイレントマジョリティー』で芸能史に残る鮮烈なデビューを飾ったグループを、日本中の人々がその目で見たいと待ちわびていた。

一方、お披露目後のけやき坂46は相変わらず寂しい握手会とレッスンの日々を送っていた。『ひらがなけやき』の振り入れも終えた彼女たちに当面新しく覚えることはなく、レッスンでは再び基礎的なダンスやボーカルを習った。

そんな彼女たちに転機が訪れたのは10月に入ってからしばらくたった頃だった。リハーサル室に集められたメンバーにスタッフが告げた。

「ひらがなけやきの単独イベントをやります」

思いもよらなかった話に沸き立つメンバーたち。だが、次の言葉に全員の顔が曇った。

「時期は今月末です。場所は赤坂BLITZ。初めての単独イベントでひらがなけやきの実力を発揮する場所になると思うので、みんなで力を合わせて頑張ってください。以上」

今月末といえば、あと3週間もない。まだ1曲しか持ち歌がなく、基礎レッスンしかしていない自分たちに単独イベントなんてできるのだろうか。何より、握手会をしてもほとんどお客さんが来てくれない自分たちに、赤坂BLITZという1000人以上のキャパの会場が埋められるだろうか。

初めて単独イベントをやれるといううれしさと不安がない交ぜになった、なんだかそわそわするような心持ちだった。

今回のイベントに付されたタイトルは「ひらがなおもてなし会」。「おもてなし会」といえば、欅坂46もデビュー前に行なったことがあるイベントだった。欅坂46のときと同様、イベント全体を部活の発表会に模し、各メンバーがコーラス部やダンス部に分かれて演目を披露することになった。

そのレッスン初日。コーラス部に所属する加藤史帆は、早速「うまく歌えない」と泣きだしてスタッフを慌てさせた。ダンス部の東村芽依も、振りが覚えられない、特技のライフル回しがうまくいかないと、事あるごとに涙を浮かべていた。ほかにも次々と泣きだすメンバーたちを見て、スタッフは「この子たちは大丈夫なんだろうか？」と心配になった。

しかし、泣いた子を周りがなだめ、「一緒にやろう？」と手を取り合ってレッスンを進める姿は、あの『ひらがなけやき』という曲のイメージどおりの柔らかさと優しさを感じさせた。毎日長時間のレッスンが続くと疲れも見えてくるが、休憩時間になるとみんなで動物の声まねをして遊ぶようなほほえましい雰囲気は変わらなかった。ひとつの目標に向かって同じ時間を過ごすなかで、お互いがお互いのことを知り、支え合うグループの構図が徐々に出来上がっていった。

だが、そんな彼女たちがモチベーションを失いかける出来事が起こった。

納得のいかないポジション決め

今回の「おもてなし会」では、それぞれの部の発表に加え、12人全員で踊るライブパートも用意されていた。欅坂46の「おもてなし会」にはなかったパートである。予定されていたのは、けやき坂46の『ひらがなけやき』に加え、欅坂46の『サイレントマジョリティー』『世界には愛しかない』の計3曲。特に欅坂46の曲は初めてパフォーマンスすることになる。

この欅坂46の曲のポジションは、レッスンをしながら決めることになった。スタッフから「ポジションを決めるからちょっと踊ってみて」と言われたとき、当然、全員が持てる力を振り絞って真剣に踊り、自分のパフォーマンスをアピールした。

だが、一度踊ると「じゃあ○○は3列目に行って。あと○○と○○は交代して」とポジションチェンジが行なわれた。それを何度も繰り返した上で、やっと決まったと思ったら次の日にはまた別のポジションで踊らされた。

最初からここと決めてくれれば与えられた場所で頑張るのに、何度も移動させられるうちにメンバーの顔がうつむきがちになった。ポジションが変わって喜んだり落ち込んだり、メンバー同士で気まずい思いをさせられたりと、リハーサル室の空気が目に見えて悪くなっていった。ついに泣きだすメンバーも出てきた。

さらに彼女たちの意気を削《そ》いだのは、最終的に確定したポジションがどう考えてもパフォーマンス力とは関係ないように感じられたことだった。スタッフにこのポジションにした理由を聞いてみると、「背の順だよ」という答えが返ってきた。

『ひらがなけやき』ではセンターの隣に立って歌っていた高瀬愛奈は、『世界には愛しかない』では確かに〝背の順〟で前のほうに立たせてもらったが、『サイレントマジョリティー』では最後列に後退した。

「ここで頑張ればまた前のほうに行けると思ってたのに、後ろに行かされちゃった。アイドルってシビアだな。それに、頑張ってほかのポジションも覚えた苦労はなんだったんだろう」

子供の頃からダンスを習ってきて、それなりに自信もあった齊藤京子も、このポジションの決め方に納得していなかった。

「私は最後列の一番端になったけど、ぜんぜん悔しくなんかない。この中で一番ダンスがヘタだとは思ってないから。これはスタッフさんが適当に決めたポジションだから」

ただ、グループのポジションはダンスのうまさで決まるものではない。特に、21人の欅坂46に比べて12人しかいないけやき坂46のステージは、客席から見てもメンバー全員がよく見える。そのどこに誰を置けばグループ全体が輝くか、絶妙なバランスをスタッフは見極めようとしていたのだ。

当然、身長のバランスも重要なので、『サイレントマジョリティー』では佐々木久美《み》と佐々木美玲《れい》という一番背の高いコンビがシンメトリーを構成することになった。その意味で〝背の順〟という理由は嘘ではないし、適当に決めたわけでもなかった。それに何度も踊らせたのは、どこのポジションでも対応できる力を身につけさせるためだった。

こうしたスタッフの意図をこのときのメンバーたちは理解することができなかった。それは、アイドルとして活動するなかで少しずつ学んでいかなければならないことだった。だが、このようなメンバーとスタッフの行き違いは、翌年の春になって大事件を引き起こすことにもなる。

予想を超えて集まったファン

10月中旬。「ひらがなおもてなし会」の開催がファンに向けて発表された翌日、メンバーによるチケットの販売イベントが行なわれた。この販売イベントの開催自体、当日の午前中に告知され、場所も開始1時間前に公式ツイッターで明かすというゲリラ的なものだった。

平日だったこともあり、いったいどれだけのファンが集まってくれるのか心配だったが、会場には700人以上の人々が詰めかけ、イベント開始前にこの日の販売分を超えてしまった。

寂しい握手会を経験してきたけやき坂46メンバーにとって、この結果は驚くべきものだった。おそらく、9月に欅坂46の冠番組『欅って、書けない?』に初出演して知名度が上がったことや、欅坂46の中でも握手会人気1、2位を争う長濱ねるがいたこと、そして普段は欅坂46を応援しているファンもけやき坂46の初の単独イベントとあって駆けつけてくれたことが、チケットが完売した要因だろう。

結成以来、欅坂46の陰に隠れて存在感がなかったけやき坂46に、少しだけ風が吹き始めた瞬間だった。

そして10月28日、ついに初単独イベント「ひらがなおもてなし会」の開催の日がやって来た。

HINATA ZAKA 46 STORY

第7話

照明も当たらないアイドル

12人の『サイレントマジョリティー』

2016年10月28日、東京・港区にあるライブハウス「赤坂BLITZ」。1000人のファンがオールスタンディングでひしめくなか、けやき坂46の12人がステージに姿を現した。

イベントは長濱ねるの挨拶で幕を開けた。

「本日はお越しいただきありがとうございます。メンバー一同皆さんと会えるのを楽しみにしていました。今日がけやき坂46にとって初めての単独イベントになります。最後までゆっくりと楽しんでいってください」

イベントの前半は、架空の部活の発表会を模した構成になっていた。12人のメンバーがコーラス部、ダンス部、そして司会進行を兼ねた放送部に分かれ、この半月にわたって練習してきたパフォーマンスを披露した。

まず、放送部の井口眞緒が「不安しかないですが一生懸命頑張ります」と言いながらも怖いもの知らずのトークを展開し、会場を温めていく。

佐々木美玲、潮紗理菜をはじめとする6人のメンバーが所属するコーラス部は、『ひらがなけやき』や『サイレントマジョリティー』をアカペラで歌唱した。レッスン期間中は「歌がうまくもない私たちが伴奏もなしで歌ったら、絶対シラけちゃう」などと不安を口にしていたが、いざステージで歌ってみると、3つのパートに分かれたメンバーたちの声が美しいハーモニーをつくり出した。「人間の声は世界にひとつしかない楽器だから、もっと自信を持って自分の声を響かせてほしい」レッスンのときに聞かされたスタッフの言葉どおり、この6人でしか生み出せない歌声のバランスを探って練習してきた成果だった。

一方、ダンス部は本番直前までかなり追いつめられていた。今までやったことのない難しいダンスパフォーマンスをこなしながら、ソロパートでそれぞれの特技も披露しなければならなかったのだ。その特技も、影山優佳によるサッカーボールのリフティングや、東村芽依によるマーチング用ライフルのトス&キャッチなど、ミスの可能性も十分あるものばかりだった。事実、本番前のリハでは全員が成功したことは一度もなかった。

にもかかわらず、本番では初めて誰も失敗することなくステージをやり遂げることができた。続く演劇部のコーナーでは12人全員が即興演劇に挑戦したが、たどたどしくはあっても大きな失敗もなく、これも無事にやり切った。

後にライブを重ねていくなかで養われていくけやき坂46の勝負強さや、ステージを前向きに楽しもうとする姿勢が、このイベントの時点で早くも発揮されていた。

だが、本当の難関は後半のライブパートだった。ここでは、けやき坂46の初めてのオリジナル曲『ひらがなけやき』に加え、欅坂46のシングル表題曲である『サイレントマジョリティー』と『世界には愛しかない』をパフォーマンスすることになっていた。

テレビの音楽番組でも何度も披露されている欅坂46の曲を歌うことは、メンバーたちにとって大きなプレッシャーだった。何より、21人の欅坂46の曲を12人のけやき坂46が歌い、成立させることはとてつもなくハードルが高いように思えた。

「漢字（欅坂46）のパロディになっちゃダメなんだ。でも、どうすればお客さんに認めてもらえるんだろう……」

すべての曲でセンターを務めることになっていた長濱ねるは、ずっとこんな不安と闘ってきた。ほかのけやき坂46メンバーたちも同じような気持ちを共有しながらレッスンに臨んでいた。12人用にフォーメーションを組み替えた『サイレントマジョリティー』は、何度練習しても欅坂46のような力強さが出ず、焦りが募った。

そんな彼女たちを助けてくれたのは欅坂46のメンバーたちだった。レッスンの期間中、欅坂46のダンスリーダー的ポジションの齋藤冬優花《ふゆか》らが次々とリハーサル室を訪れ、けやき坂46のメンバーにアドバイスを授けていった。センターだった平手友梨奈も仕事の合間に駆けつけ、時間ギリギリまでレッスンに付き合い、自分がステージの上でやっていることを細かく伝えてくれた。その意味で、このイベントはけやき坂46の12人だけのものではなく、欅坂46も含めた周囲の人々と一緒につくり上げたものだった。

そして迎えた本番のライブ。けやき坂46のパフォーマンスは技術的には欅坂46に及ばず、迫力に欠けていたかもしれない。だが、顔が引きつるほど必死になって踊る彼女たちの姿は観客の心を打ち、盛大な拍手が送られた。メンバーが最後の挨拶をしてステージからはけた後も、会場では観客による〝ひらがな〟コールが起こった。

終演後、バックヤードでインタビューを受けた佐々木美玲は、こんなことを言った。

「もっともっと成長していきたいです。『すごいじゃん』って思わせたい」

けやき坂46のメンバーたちは、初イベントの成果に手応えを得て、目の前に開けているはずの輝かしい未来に思いをはせていた。

『誰よりも高く跳べ！』に託されたテーマ

この年の11月30日に発売された欅坂46の3rdシングル『二人セゾン』に、再びけやき坂46の曲がカップリングとして収録されることになった。それがけやき坂46にとって2曲目のオリジナルソング『誰よりも高く跳べ！』だった。

前作の『ひらがなけやき』から一転、ディスコミュージック風のノリのいいサウンドに、自由と希望をたたえるすがすがしい歌詞が乗った会心の一曲だった。

さあ前に遠く跳べ！／力の限り脚を上げろ！／追いつけないくらい／大きなジャンプで！／希望の翼は／太陽が照らしてる／信じろよ　You can do！／行けるはず　You can do！／もう少し…

欅坂46のダンスの振り付けも担当していたダンサー／振付家のTAKAHIROは、この『誰よりも高く跳べ！』の振り付けに明確なテーマを設定した。

「この曲はライブに強い振り付けにしよう」

欅坂46に比べて、けやき坂46の世間的な認知度は極端に低い。持ち曲も人数も少ない。もし欅坂46と一緒にライブを行なったら、まったくインパクトを残せないまま終わってしまうだろう。

そうならないためにも、1曲で観客を巻き込んで盛り上がれるようなダンスの力が必要だった。

そこで、この曲のダンスレッスンはユニークな方法で行なわれることになった。まず6人がパフォーマンス側となり、残りの6人はその向かいに座って観客役を務める。パフォーマンス側は観客を盛り上げるべくライブさながらに踊り、観客側はそれに合わせてコールをしながら、どんなパフォーマンスをすれば盛り上がれるのか観客の気持ちになって確かめるのだ。サビの部分では、メンバーとファンが一緒になってジャンプする振り付けも用意されていた。

さらに、片手で「ヒ」の形をつくるけやき坂46のオリジナルポーズ、通称〝ひらがなポーズ〟もこの曲から生まれた。レッスンの合間にメンバーが自分たちで考えたポーズだった。

今回の曲では、MVも制作されることになった。けやき坂46のメンバーにとってMV撮影は初めての経験だ。もともと泣き虫の多いグループだが、このときの撮影でも何人ものメンバーが泣いたり落ち込んだりした。

例えば、小さい頃からバレエをやっていたこともありダンスが得意だと自負していた佐々木久美は、いざカメラの前で歌いながら踊ると頭が真っ白になってしまい、気づくと泣いていた。『ひらがなけやき』に続いて長濱ねるとWセンターを務めることになった柿崎芽実も、長濱に比べて振りが体に入っていない自分のふがいなさに腹が立ち、涙をこぼした。

一方、ダンスが苦手な井口眞緒は、タイミングがずれて怒られてもいつものことだと思って大して落ち込まなかった。しかし、MVが公開されたときに自分のヘタさを指摘する大量のコメントに触れ、すっかり傷ついてしまった。

『誰よりも高く跳べ！』という曲は、リリースされた時点ではまだまだ未完成だったといえる。だが、楽曲はそれをパフォーマンスする人間に合わせて成長していく。『誰よりも高く跳べ！』は、後にけやき坂46の代表曲といわれるほど大きくなっていくのだった。

乃木坂46の3期生との苦い共演

初単独イベントで得た自信と、グループの代表曲。けやき坂46が自分たちの存在をアピールするための武器は、このときすでにそろいつつあった。

だが、現実は彼女たちに味方をしてくれなかった。「おもてなし会」以降、数ヵ月間にわたって彼女たちがスポットライトを浴びることはなかったのだ。

その間、欅坂46はNHK紅白歌合戦への初出場も決め、ますます世間からの注目を集めていた。再び〝全員選抜〟を貫いた新曲『二人セゾン』も、前作から大きく売り上げを伸ばした。

片やけやき坂46は特に新しい仕事もなく、週末の握手会だけの日々を過ごしていた。結成した頃はメディアの取材も多かったが、この頃にはそれもずいぶん減っていた。

当時はまだ現役高校生で大阪に住んでいた高瀬愛奈は、自分たちのことを評して「うちらって〝カップリング握手会アイドル〟だよね」と言っていた。欅坂46のシングルでカップリング曲を歌わせてもらい、週末に握手会をするだけのグループ。この頃同じように高校や大学に通っていたメンバーは、けやき坂46として活動していた記憶よりも普通の学生として過ごした時間のほうがはるかに印象に残っている。

そんな自分たちの立場をいやでも認識させられるような出来事もいくつか続いた。

12月中旬に放送された音楽特番『2016 FNS歌謡祭』で、けやき坂46は乃木坂46の3期生たちと一緒に歌うことになった。この年の9月にグループに加入したばかりの3期生は、キャリアからいえばけやき坂46の後輩に当たり、まだオリジナル曲も持っていない新人だった。

この日パフォーマンスをした曲は、乃木坂46の『制服のマネキン』。長濱ねるがセンターを務め、乃木坂46の3期生たちがその脇を固めるというフォーメーションだった。

長濱以外のけやき坂46メンバーはというと、後方の照明も当たらないところで踊っていて、テレビでなんとか顔が確認できたのは長濱の後ろに見切れていた佐々木久美と加藤史帆のみ。ネットでは「長濱ねると3期生のマネキン」という視点で感想が交わされ、けやき坂46メンバーはその存在さえ忘れられたようだった。

この状況を見た欅坂46のメンバーが「ひらがな（けやき坂46）ちゃんが全然映ってなくてかわいそう」と気にかけていたと後で聞いて、柿崎芽実は「私たちなんて映らなくて当然なのに、漢字さんは優しいな」と思ったという。後日、メンバーみんなでファミレスに行った際に、加藤史帆が「うちらってこういう運命なのかもしれないね」と言ったときも、周りのメンバーは自嘲気味に笑うしかなかった。

年末には欅坂46のデビュー後初単独ライブである「欅坂46初ワンマンライブ　ｉｎ　有明コロシアム」が行なわれた。けやき坂46は自分たちの持ち歌2曲に加え、欅坂46との合同曲『Ｗ－ＫＥＹＡＫＩＺＡＫＡの詩《うた》』を歌っただけで、後はステージ袖で欅坂46の応援をしていた。

かつてＡＫＢ48の「ドラフト会議」に参加した際、この有明コロシアムのステージに立った影山優佳にとって、再びここで歌うことは運命的に思えた。しかし、ステージ上の自分たちを見る観客の顔に「この子たちは誰？」という疑問が浮かんでいるような気がしてしまい、「私たちは漢字さんの〝おまけ〟でライブに出してもらってるちっぽけな存在なんだな」と痛感した。年末の紅白も、けやき坂46のメンバーは自宅のテレビで欅坂46がパフォーマンスする姿を見ていた。

もとは欅坂46の選抜メンバーになってシングルの表題曲を歌うことが目標だった齊藤京子は、どんどん開いていく欅坂46との差に「漢字とひらがなのメンバーの入れ替えはもうないんだな。うちらは完全に別グループなんだ」と気づいた。じゃあ、自分たちはなんのためにいるんだろう？グループの存在意義を考えれば考えるほど、よくわからなくなった。

「うちらって、いる意味あるのかな。漢字さんだけで成り立ってるなら、ひらがなはいらないじゃん。そのうちスタッフさんから『君たちを加入させたのは間違いでした。けやき坂46は解散します』って言われてもおかしくないな」

この時期、メンバーたちはよく集まって悩みを語り合った。自分たちが今置かれている状況はどう考えても厳しい。何かしなきゃいけない。でも、その何かができる場所がどこなのかさえもわからない――。

堂々巡りの会話に、メンバーたちは心をすり減らしていった。だが、そんななかで人一倍明るく前向きに振る舞っていたのが潮紗理菜だった。

SONG LYRICS #3

誰よりも高く跳べ!

Lyrics | 秋元康
Music | カミカオル、doubleglass
Arrangement | 野中"まさ"雄一

誰よりも高く跳べ!
助走をつけて大地を蹴れ!
すべてを断ち切り
あの柵を越えろ!
自由の翼を
すぐに手に入れるんだ
気持ちからTake off
One Two Three で Take off
ここじゃない
ここじゃない
ここじゃない
どこかへ…

自分で勝手に限界を決めていたよ
世界とは常識の内側にあるって…
無理してみても何もいいことない
大人たちに教えられて来たのは妥協さ

空の涯《はて》に向かい
風は吹き続ける
見上げてるだけで
いいのかい?
もったいない

さあ前に遠く跳べ!
力の限り脚を上げろ!
追いつけないくらい
大きなジャンプで!
希望の翼は
太陽が照らしてる
信じろよ　You can do!
行けるはず　You can do!
もう少し…

立ちはだかる困難や障害は
これからも　きっと避けることはできない
背を向けるより　正面突破しよう!
どんな夢も予想つかない明日《あす》にあるんだ

錆びたルールなんか
重い鎖だろう
飼い慣らされてて
いいのかい?
頷くな!

さあ前に遠く跳べ!
力の限り脚を上げろ!
追いつけないくらい
大きなジャンプで!
希望の翼は
太陽が照らしてる
信じろよ　You can do!
行けるはず　You can do!
もう少し…

金網の外
眺めてるだけじゃ
何にも変わらない
どこ向いても立ち入り禁止だらけさ
レジスタンス
守られた
未来なんて
生きられない

誰よりも高く跳べ!
助走をつけて大地を蹴れ!
すべてを断ち切り
あの柵を越えろ!
自由の翼を
すぐに手に入れるんだ
気持ちからTake off
One Two Three で Take off
ここじゃない
ここじゃない
ここじゃない
どこかへ…

HINATAZAKA46 STORY

第8話 笑顔の理由

オーディションに合格した者の〝使命〟

物語は2015年に遡《さかのぼ》る。

その年の大晦日《おおみそか》、潮紗理菜は時計の針をにらみながら一心に携帯で文字を打ち込んでいた。その日の23時59分に締め切りを迎えるけやき坂46のオーディションのWeb応募フォームに必要事項を記入していたのだ。毎年家族で見ていた『NHK紅白歌合戦』も乃木坂46のステージだけ見て、あとは部屋にこもって何度も文章を作り直し、ようやく送信できたのは締め切りの数分前だった。

彼女がけやき坂46のオーディションを受けようと決めたのは、その前日のことだった。

「そんなに乃木坂が好きなら、オーディション受けてみたら?」

潮が大の乃木坂46ファンだということを知っていた親友が、同じ〝坂道シリーズ〟であるけやき坂46のオーディションを勧めてくれたのだ。

潮は乃木坂46の結成時からのファンだった。彼女たちの冠番組『乃木坂って、どこ？』も初回からずっと録画していたし、白石麻衣や西野七瀬の握手会に行ったこともある。

ただ、自分がアイドルになれるとは思っていなかった。乃木坂46の2期生や欅坂46のオーディションにも応募しなかった。それが今回に限って親友の勧めで受けてみる気になったのは、ひとえにタイミングの妙だった。

この年、高校3年生だった潮は11月には大学の推薦試験に合格して進学を決めていた。小学1年生のときから続けていたクラシックバレエも高3に上がるときにやめていたので、もう大学の入学式までは気楽に過ごせばいいはずだった。しかし、まじめな潮は受験勉強に打ち込む周りの友達を見て「私も何かしなきゃ」と思っていた。

そんなときにオーディションを勧めてくれた上に、「写真は今から私の家で撮ってあげる」と言ってくれた親友の優しさに後押しされ、けやき坂46のメンバー募集に応募したのだ。

まさか受かるはずがないとは思っていた潮だったが、予想とは裏腹に順調に審査を通過していく。やがて春が来て大学に入学した頃、インターネット上の配信サービス「ＳＨＯＷＲＯＯＭ」で候補者による個人配信が行なわれることになった。このとき、娘のことを心配した親からこんなことを言われた。

「大学に入ったばかりなのに、ネットで顔を出して落ちたらどうするの。〝オーディションに落ちた子だ〟って学校に広まったら、新しい友達ができなくなるかもしれないよ」

娘と同様、親も彼女が合格するとは思っていなかった。潮は親の言うとおり顔出しはせずに配信し、続く最終審査にも「これからアイドルになる子を見に行く」くらいの気持ちで参加した。

だが、潮はこの最終審査にも合格してしまう。書類の応募総数から数えると実に倍率1000倍を超える狭き門だった。しかしこの段階になって親から強く反対された。

「アイドルになって人前に立ったら、傷つくこともいっぱいあるんだよ。紗理菜には大学を卒業して安定した仕事に就いて、普通の幸せを手に入れてほしい」

親が言うことはもっともだと思った。ここで辞退したほうが自分の人生にとってはいいのかもしれない――。だが、このときの潮にはどうしても親の言うとおりにはできない理由があった。

オーディションの過程を通じて、彼女はひとりの候補者と仲良くなっていた。そして自分が審査に通過してこの子が落ちたとき、こんなことを言われた。

「絶対にアイドルになって、私の分まで頑張ってね」

実は、このとき潮はひとつ勘違いをしていた。オーディションというものは合格者の数が最初から決まっていると思い込んでいたのだ。つまり、自分が合格した分、誰かが落ちたのだと。

そんな彼女が合格したときに真っ先に考えたのは、あの仲良くなった女の子やほかの多くの候補者たちに対する責任だった。そして、ほかの誰でもない自分が受かったことには何か意味があるのだと思うようになった。

「きっとこれは私の運命なんだ。その運命を受け入れて、ほかの子の分まで頑張るのが私のやるべきことなんだ」

　そして潮は両親を説得し、けやき坂46のメンバーになったのだった。

　だが、彼女の親が懸念していたことはすぐに現実になってしまう。

乃木坂46から学んだ笑顔の力

　最終審査から数日後、新しくけやき坂46のメンバーになった11人の写真が公開された。これは最終審査の日に撮られたもので、髪型もメイクも表情も素人っぽさを感じさせるビジュアルだった。

　やはりファンの反応が気になってしまい、大学にいるときに携帯で自分の名前を検索した潮は、そこに並んでいた言葉に衝撃を受けた。

「なんでアイドルになれたの？」

「この子がけやきに入った意味がわからない」

「私のほうが向いてる」……ｅｔｃ．

　なかには、今まで生きてきたなかで言われたことがないようなひどい言葉もあった。後になって、中学の頃に仲が良かった友達まで自分のことを悪く言っていることを知った。それからは、地元にいるときも知り合いと顔を合わせないようにうつむいて歩いた。

　彼女自身は、陰で人の悪口を言うという発想さえ思い浮かばないような性格だけに、このときのことに強いショックを受け、人間不信に陥りかけた。アイドルになってから初めて知る苦しさだった。

このままだと自分が壊れる――。スタッフと面談したとき、彼女は泣きながら訴えた。

「もうダメです。耐えられません。……辞めさせてください」

そう言う彼女に対してスタッフが言った。

「今の乃木坂のメンバーも、みんな最初はそう言って泣いてた。でも、ひとつだけ言えるのは『あのとき辞めなくてよかった』『続けてよかった』って思える日は絶対に来る。ここで辞めるのは簡単だけど、もう一度戻ってくるのは簡単じゃない。だからもう少しだけ頑張ろうよ」

根が素直でまじめな潮は、この言葉を聞いて踏みとどまった。ネットを見てもネガティブになってしまうだけなので、自分に関する情報は遠ざけるようにした。

しかし、けやき坂46の活動が本格的に始まると、潮にもアイドルの楽しさがわかってきた。もともと話好きだったので、インタビューをしてもらったり握手会でファンと話すことがとても楽しく感じた。何より、ダンスはほかでは得られない喜びを与えてくれた。

子供の頃からバレエに打ち込んでいた潮は、踊ることが大好きだった。普段はにこにこしているのに曲が流れるとスイッチが入り、クールにも情熱的にも踊ることができる彼女の表現力に、ほかのメンバーはみな感心していた。欅坂46のメンバーを兼任し、平手友梨奈らと一緒にステージに立っていた長濱ねるでさえ、踊っているときの潮の表情の豊かさ、見せ方のうまさには驚かされっぱなしだった。

そんな潮だからこそ、けやき坂46だけでステージに立った「ひらがなおもてなし会」は本当に楽しかったし、これから持ち曲も増えてもっとたくさん踊れると思うとうれしくて仕方がなかった。

だが、「おもてなし会」の後の数ヵ月、けやき坂46にはほとんど活躍の場がなかったのだ。欅坂46と一緒に出た年末の『FNS歌謡祭』では照明も当たらず、録画した映像を見返しても自分の顔さえ判別できなかったときは、つらくて恥ずかしくなった。

「ひらがな（けやき坂46）ってなんなんだろう。私たち、漢字さん（欅坂46）と一緒にやらせてもらってる意味あるのかな。もうお払い箱になっちゃうんじゃないかな」

この時期、家にいるときは毎日のように泣いていた。一度不安が頭をもたげると涙が止まらなくなり、眠れない夜もあった。だが、潮はほかのメンバーの前では決して涙を見せなかった。

「みんな今の状況に不安を感じてる。でも、こんなときこそ誰かが笑顔でいなきゃいけないんだ。泣いてるより笑ってるほうが人を元気づけられるから」

笑顔には人を前向きにさせる力がある。そのことを彼女は乃木坂46から学んだのだった。どんなときも感謝を忘れずに笑顔で頑張っていれば、きっと誰かがそれを見つけてくれるということも。

潮はほかのメンバーを鼓舞するように、レッスンでも仕事の現場でも努めて明るく振る舞った。

そしてこの頃から、業界人の間でこんな評判が交わされるようになった。

「ひらがなの子たちは、みんな明るくて積極的だね。一緒に仕事をしていて気持ちがいいよ」

しかし、彼女たちを内からも外からも見れる立場だった長濱ねるからすれば、けやき坂46のメンバーはもとから明るいわけでも積極的なわけでもなかった。むしろ泣き虫で根はネガティブな女の子ばかりだった。ただ、結果を出すための機会もほとんどなかった彼女たちにとって、無理にでも自分を奮い立たせて目の前の仕事に取り組んでいくことは、活動を続けていくためにできる唯一のことだった。そんなけやき坂46の姿勢を象徴するのが、潮紗理菜の生き方だった。

やがて彼女たちに久々のチャンスが巡ってきた。「おもてなし会」から実に5ヵ月後の2017年3月、けやき坂46だけの単独ライブが行なわれることになったのだ。

ふたりきりの秘密特訓

ライブのタイトルは「けやき坂46　1stワンマンライブ」。特技や演技の発表が中心だった前回の「おもてなし会」とは違い、楽曲披露を軸とする正真正銘の初単独ライブだった。

予定されていた楽曲は欅坂46の曲を含む11曲。なかにはＪａｃｋｓｏｎ5の名曲『ＡＢＣ』といった洋楽もあった。この曲は、子供の頃にジャカルタに住んでいた潮と、台湾に住んでいた佐々木美玲、イギリスに住んでいた高瀬愛奈という3人の帰国子女――通称〝3人娘〟が英語で披露することになっていた。

もともと世界一周をすることが夢で、けやき坂46のメンバーになってからも海外でのライブを目標に掲げていた潮にとって、待ちに待ったライブで洋楽を歌えることには二重のうれしさがあった。

「ひらがなけやきに入ってよかった。辞めないで頑張ってきて本当によかった」

潮はやる気に満ちあふれていた。しかしその一方で、ステージの内容に不安を感じているメンバーもいた。井口眞緒だ。

グループのなかでもダンスが最も苦手な彼女が、欅坂46の3rdシングル表題曲『二人セゾン』のソロパートの踊り手に指名されたのだ。

本家の欅坂46のステージでは、平手友梨奈が踊っているパートである。バレエとコンテンポラリーダンスを融合させた高度な振り付けに加え、大胆なアドリブまで入れる平手のソロは、この曲の発表当初から大きな評判を呼んでいた。そんなパートを井口が踊る。

「それは冗談ですか？　無理です、無理です。だいたい、なんで私なんですか？」

スタッフから指名を受けた井口が泣きそうな顔で訴えると、スタッフは「面白いから」というようなことを言った。それを聞いて井口は泣きだしてしまった。

ここでもメンバーとスタッフの小さなすれ違いが起きている。このときスタッフは「もとからダンスがうまいメンバーが踊るよりも、ダンスの苦手な井口が一生懸命に練習して踊ったほうが面白いじゃない。その姿が人を感動させるんじゃない」と伝えたつもりだった。しかし、焦っている井口の耳には「面白い」という言葉だけしか聞こえなかった。

追いつめられてわんわん泣く井口を見て、明るく振る舞ってきた潮も泣いてしまった。自分のことは我慢できても、他人のことになると気持ちが共鳴して抑えられないのだ。

そしてこの日から、潮と井口の秘密特訓が始まった。早朝にふたりだけで集まり、ステージで踊る曲を何度も何度も練習した。井口から見て潮はすでにこれ以上ないくらい完璧に踊れていたが、井口のほうはリズムを取ることさえ苦労するありさまだった。

特に『二人セゾン』のなかで井口が必ず振り付けを忘れてしまうポイントがあった。ここをなんとか間違えずに踊る方法はないか考えた結果、そのポイントに来たときに潮がウインクで合図を送ることにした。そうすると、なぜか井口もスムーズに振り付けを思い出せるのだ。

このウインクのおかげで、迎えたライブ本番も井口は振りを間違えずに踊ることができた。これに安心した潮が「もう覚えたから大丈夫だよね？」と聞くと、井口はこう答えた。

「ううん。これからも紗理菜ちゃんにウインクしてほしいの。踊ってるときに紗理菜ちゃんの顔を見ると、元気が出るの」

こうしてふたりだけの秘密の合図は、この後もずっとステージ上で交わされることになった。

だが、この初単独ライブの裏側では、ほかにもさまざまな問題が起こっていた。

HINATA ZAKA 46 STORY

第9話「もうみんなで辞めよう!」

思うように動かない体

「私はパフォーマンスをもっと頑張りたい!」

柿崎芽実は、メンバーたちを前にして目に涙を浮かべながら訴えた。

けやき坂46にとって初めての単独ライブに向けたリハーサル期間中の出来事だった。けやき坂46のメンバーに加えスタッフも参加し、話し合いが行なわれていた。

実はこの頃、メンバーによって活動やライブに対する姿勢の違いが見えるようになっていた。

「アイドルは歌やダンスよりも、まず自分をかわいく見せることが重要なんじゃない?」

一部のメンバーが持っていたそんな考えに柿崎ははっきりと反論したのだった。ライブの演出家からも「ショーとして成立させるためには自分がかわいいだけじゃダメで、メンバー同士の助け合いが必要だ」と言われていた。

結局、あらためてメンバーだけで行なった話し合いの場で、個人プレーではなくチームとしてパフォーマンスを頑張ろうという結論に落ち着いた。ただ、大まかな方向性は確認し合ったものの、ではライブをショーとして成立させるためには具体的に何をすればいいのか、まだ経験の浅いけやき坂46メンバーには見えていなかった。

また、初単独ライブにして11曲もの楽曲の披露が予定されていたこともあり、体力面での不安も残していた。小学生の頃から何度もマラソン大会で優勝し、中学の部活でも毎年のように全国大会に出場していた東村芽依でさえ、通しでリハーサルを行なったときは「しんどい、もう無理かも」と思ったほどだった。

そしてその不安は的中した。

2017年3月21日、22日、東京・お台場のZepp Tokyoで「けやき坂46 1stワンマンライブ」が開催された。その初日、筋肉痛と疲労感を残したままステージに立ったメンバーたちは、自分の体が思うように動かないことに愕然《がくぜん》とした。過去にダンスの経験があり、グループのパフォーマンスの軸にもなっていた佐々木美玲でさえ、本番のステージの上で気持ちばかりを焦らせていた。

「これ、ヤバい。このままだと全然力を出しきれないままライブが終わっちゃう」

多くの曲でセンターに立つ長濱ねるも、ほとんどパニックに陥っていた。欅坂46も兼任していた彼女は、この時期、グループの2作目の主演ドラマ『残酷な観客達』の撮影に入っていた。そのため単独ライブのダンスの振り入れはすべて個別レッスンでカバーするしかなく、ほかのメンバーと初めてリハーサルを行なったのは本番当日のことだった。「立ち位置だけはなんとか間違えないように」という意識だけで頭の中がいっぱいだった。

ライブに対する経験値の低さやスケジュール面での苦労。それらが重なって、メンバーたちはステージを楽しむどころではなくなってしまっていた。

失敗を経てわかった〝自分たちが目指すもの〟

この初単独ライブでは、欅坂46の4thシングル『不協和音』にカップリングとして収録されているけやき坂46の3曲目のオリジナル曲『僕たちは付き合っている』も初披露された。

僕たちは付き合っていると叫びたくなる／このままずっと　秘密にできない／友達にも気づかれないようにするなんて／馬鹿馬鹿しいと思うから／ちゃんとオープンにしようよ

恋愛が始まった頃の胸のときめき、若者の輝くような生命感が詰め込まれた一曲だった。前作の『誰よりも高く跳べ！』が観客を熱狂させる激しさを持つなら、こちらは自然とほほえませるような温かみがあり、これもまたけやき坂46のライブにおけるキーのひとつになりそうな曲だった。

さらに、全国のＺｅｐｐを巡るツアーの開催もこのライブ中に告知された。次の会場のＺｅｐｐ Ｎａｍｂａ（大阪）では、チャレンジ企画としてタップダンスに挑戦することも発表された。これらのサプライズにファンは沸き立った。

ただ、前述のようにさまざまな不安を抱えたままステージに立ったメンバーたちは、客席のほうを見る余裕もなく、セットリストどおりにライブを進めることで精いっぱいだった。特にぶっつけ本番でやったMCの出来には、ライブ後、演出家から厳しい意見が飛んだ。

「MCはライブを盛り上げていくための〝階段〟なのに、その役目を果たしていない。ほかのメンバーが話しているときも、みんな自分が何をしゃべろうか考えてるから、全然話を聞いていない。こんなことじゃお客さんと一体になれないよ」

このときまで、メンバーはMCとはただその場で思いついたことをしゃべるコーナーだと思っていた。しかし、本来MCはライブのなかで大きな区切りの役目を果たし、次の曲に向けて会場の空気をつくっていく大事なパートだった。

2日間のライブが終わった後も、何度も話し合いをするなかで、メンバーたちは徐々にそうした自分たちに足りないものに気づいていった。MCに限らず、客席の反応をよく見て、自分たちのパフォーマンスで会場の熱を上げていくことが「ショーとして成立させること」であり、「観客と一体になること」だということを初めて意識した。

このときから、けやき坂46というチームの目指すものがはっきりした。

「お客さんを巻き込んで、一緒に盛り上がる」

初めての単独ライブでの失敗を経て、やっと自分たちのやるべきことが明確になったのだった。

あとは体力をつけ、本番までにできる準備をしっかりすることが重要だった。Ｚｅｐｐ　Ｔｏｋｙｏ公演では満足にリハーサル時間が取れなかった長濱ねるも、次のＺｅｐｐ　Ｎａｍｂａ公演に備えて早々にマネジャーにスケジュール調整を直訴し、リハーサルに取り組んだ。

今初めて、けやき坂46の12人のメンバーの気持ちがひとつの方向に収斂《しゅうれん》されようとしていた。だが、この直後にグループ最大の事件が起こってしまう。

モニターに映った「緊急告知」の文字

初単独ライブから約半月後の２０１７年4月6日。代々木第一体育館で「欅坂46　デビュー1周年記念ライブ」が行なわれた。前年のちょうど同じ日、『サイレントマジョリティー』でメジャーデビューを飾った欅坂46が、その後1年間で出したシングルの収録曲をすべて披露するという大規模なライブだった。もちろんカップリング曲を歌うけやき坂46も、曲数は少ないながらも参加することになっていた。

この日、高瀬愛奈は本番前のリハーサルのときから不調を感じていた。なぜか目の前のことに集中できず、振り付けや立ち位置も頭に入ってこない。後になって振り返ると、この後何かが起こるという予感がすでにあったのかもしれない。

本番前、曲数の少ないけやき坂46のメンバーは楽屋で待機する時間も長かった。その待機中、メンバーたちは全員で楽屋を出て広めのスペースに移動した。トロッコに乗って歌う演出の段取りを自主的に確認するためだった。

「ここってどうするんだっけ？」

「そこはあっちに行って、こう！」

なぜかみんながイライラしていて、空気が悪かった。

そんななか、東村芽依はふと脇に置いてあった小さなモニターに目をやった。スタッフが会場内の様子を確認するためのモニターだろう。画面にはステージでリハーサルを行なう欅坂46のメンバーの姿が映っていた。しかし、そのリハーサルが終わると、突然、画面がＶＴＲ映像に切り替わった。

「緊急告知！」

モニターに浮かび上がった文字に目が釘づけになった。ほかの数人のメンバーもそれに気づき、

「ねぇ、ちょっとあれ……」と指さして画面に見入った。続いて、衝撃的な言葉が流れた。

「ひらがなけやき　増員決定！」

「今夏オーディション開催」

一瞬、その言葉の意味がわからなかった。少ししてメンバーの輪のなかから悲鳴のような声が上がったかと思うと、誰かがすぐ目の前にあった衣装部屋に駆け込んでいった。それを見たほかのメンバーたちも次々と後に続いた。

何か恐ろしく、不吉なものから身を隠すように、メンバーたちは小さな部屋のなかへ吸い込まれていった。

実はこのとき流れたＶＴＲは、ライブ本番でサプライズ発表されるはずのものだった。本来、メンバーの目に触れさせてはならないものだったが、映像出しの確認のために流したものが手違いでこのモニターにも送られてしまったのだ。そして、よりによって楽屋で待機しているはずのけやき坂46メンバーたちが、それを見てしまった。

けやき坂46が増員する――。それは。グループが今の12人のものではなくなってしまうということを意味していた。Ｚｅｐｐ Ｔｏｋｙｏ公演をきっかけに何度も話し合いをしてやっと気持ちがひとつになったばかりの彼女たちにとって、あまりにも酷な宣告だった。

狭い衣装部屋のなかで身を寄せ合ったメンバーたちは、混乱し、声を上げて泣いた。外から人が入ってこれないように、内側から鍵がかけられた。

そして佐々木美玲が叫んだ。

「もうみんなで辞めよう！」

こんな理不尽な思いをさせられるなら、みんなでグループを辞めてしまおうという意味だった。これを聞いたほかのメンバーも泣きじゃくりながらうなずいた。誰かが「今日のライブも出ない」と言った。

齊藤京子は、悲しさを通り越してもはや怒っていた。

「私はなんのためにやってきたんだ！」

中学生の頃からこの世界を目指して努力を重ねてきた彼女が、今初めて投げやりな気持ちになっていた。12人で悩みながら支え合い頑張ってきたことが認められず、戦力外通告されたのだと思った。

巨大な代々木第一体育館の中の小さな一室で、少女たちの感情の嵐が吹き荒れていた。

SONG LYRICS #4

僕たちは付き合っている

Lyrics | 秋元康
Music & Arrangement | Yo-Hey

僕たちは付き合っていると叫びたくなる
このままずっと　秘密にできない
友達にも気づかれないようにするなんて
馬鹿馬鹿しいと思うから
ちゃんとオープンにしようよ

誰か一緒にいる時
わざと距離を置いてみたり
目を合わせずに頷《うなず》く
二人（二人）なんだか不自然で（不自然で）
細かすぎる気の遣い方が
ぎこちなくて切なくなるよ

だって君があいつの
昔の彼女なだけ
二年も前の話じゃないか
何《なん》にも悪いことしてない

僕たちは付き合っていると宣言しよう
みんなの前ではっきりさせよう
もしも君が何か言われたら受けて立つ
出会いの順番
神様はどうして間違えたんだろう

一瞬　きょとんとしていた
あいつの顔　そうみんなも
何を言い出したんだって…
だけど（だけど）ホントのサプライズは（サプライズは）
そんなことはここにいる全員
もう前から知っていたこと

そして　あいつが僕に
大事にしてやれよと
祝福して握手求める
微妙な男のプライドだ

僕たちは付き合っていると叫びたくなる
このままずっと　秘密にできない
友達にも気づかれないようにするなんて
馬鹿馬鹿しいと思うから
ちゃんとオープンにしようよ

誰も旅人だ
出会い別れ繰り返し
最後のこの場所で
やっと僕たちの恋に辿り着いたんだ

僕たちは付き合っていると叫んでもいい
今日までずっと言えなかったけど
隠したって　すぐにバレるから恋なんだ
何となく　何となく
空気でわかってしまう
惹かれ合った
そのしあわせ
滲み出す
正々堂々　僕たちは
ここでキスだってできるんだ

HINATA ZAKA 46 STORY

第10話 「私たちの目標」

やっと理解できた欅坂46メンバーの気持ち

2017年4月6日、代々木第一体育館で行なわれた「欅坂46 デビュー1周年記念ライブ」。そのアンコール明けのMCで、けやき坂46の追加メンバーオーディションの開催がサプライズ発表された。

「ひらがなけやき 増員決定!」

「今夏オーディション開催」

客席を埋めた1万2000人の観客たちがどよめくなか、マイクを向けられた佐々木久美は真っ青な顔で言葉を絞り出した。

「今びっくりしちゃって頭が真っ白なんですけど……。まだまだ私たちも漢字欅(欅坂46)さんの後をついていってるばかりなので、先輩になれるか不安なんですけど……。漢字さんのように、たくましい先輩になれるようこれからもっと頑張ります」

メンバーのうち何人かは、立っているのもやっとという様子だった。観客たちは知るべくもなかったが、彼女たちはこの発表のことをずっと胸にしまったままパフォーマンスをしていたのだった。ステージ上では決して取り乱してはいけないという意識だけが、彼女たちを支えていた。

ライブ本番前のこと。衣装部屋に閉じこもった彼女たちの元に、まず数名の女性マネジャーがかけつけた。なんとか鍵を開けてもらって狭い室内に入ると、そこには顔をぐしゃぐしゃにして泣くメンバーたちの姿があった。

女性マネジャーたちがメンバーを慰めていると、別のスタッフが到着し、この追加メンバー募集に関する説明を行なった。

「まず、これはひらがなけやきのことを思ってやっていることだということをわかってほしい。今のままだと、ひらがなは漢字の陰に隠れて、漢字の下で活動していくしかない。そんなひらがなが漢字に匹敵する正規軍になるためには、よりパワーを得てもうひとつ上のレベルに行かなきゃいけない。そのための追加メンバー募集なんだ。だからこの募集はひらがなにとっていいことしかない。われわれを信じてほしい」

だが、予想外のアクシデントで発表を目にしてしまったメンバーたちはまだ混乱のなかにあった。そのほとんどが10代の少女で、まだこの世界に入って1年もたっていない新人の彼女たちには、すぐにスタッフの説明をのみ込むことは難しかった。これはスタッフの思いとメンバーの気持ちの行き違いが引き起こした、不幸な事件だった。

ただ、そんな彼女たちの事情はチケットを買って会場に足を運んでくれるファンには関係がなかった。とにかくステージには立たなければならない。そのことは誰もが頭の片隅で意識していた。

佐々木久美は、混乱で泣きながら楽屋に戻っていく途中、欅坂46の石森虹花《にじか》に「大丈夫？」と声をかけられた。何が起こったのかをすでに伝え聞いていたらしい石森に慰められながら、佐々木は「そういえば漢字さんも同じ気持ちだったんだ」ということに初めて気づいた。

彼女たちがグループに入ったばかりの頃に行なわれた、あの初顔合わせの場面。素人同然だったけやき坂46のメンバーにとって、欅坂46のメンバーは堂々とした〝芸能人〟に見えた。しかし一方では、欅坂46のメンバーもけやき坂46の存在に不安を感じ、トイレのなかに立てこもるという小さな事件を起こしていた。そのことを雑誌のインタビューで知ったのは、ずいぶん後になってからのことだった。

「今の私たちと同じ気持ちだったはずの漢字さんは、そんなところを全然見せずに私たちに優しくしてくれた。これからけやき坂46のオーディションを受ける子たちは悪くないんだから、私たちも受け入れてあげなきゃいけないんだ。漢字さんみたいに」

加藤史帆には、増員に関して思い当たるところがあった。以前、ライブを見に来てくれた母親から「漢字さんが21人で踊ってるのを見ると、ひらがなの12人って少なく感じるね」と言われたことがあった。レッスンで欅坂46の曲の練習をしていたときも、「やっぱり人数が少ないと見劣りするね。

みんなは今のひらがなの人数をどう思う？」と聞かれたことがあった。

〝いつか人数が増えるかも〟、そんな予感はどこかにあった。しかしそれがけやき坂46の全国ツアーが始まったばかりの、そして12人の気持ちがひとつになったばかりの今、告げられたということが強いショックを引き起こしていた。

しかし、この日のうちに早くも次の段階を見据えていたメンバーもいた。影山優佳は、ライブの本番後に行なわれた密着カメラのインタビューにひとりで応え、こんなことを言った。

「くよくよしてちゃいけないので、これから2期生が入りやすい環境をつくります。ここから気持ちを切り替えて頑張ります」

けやき坂46史上、最大の事件であり試練ともなった追加メンバー募集の発表。それは、結果的に今のけやき坂46メンバーたちが自分たちのことを見つめ直すきっかけになった。

〝アンダー〟という言葉からの解放

1周年記念ライブが終わってからしばらくたったある日。スタッフの元に、けやき坂46のメンバーたちからこんなメッセージが送られてきた。

「私たちの目標」

・もっと大きいステージでライブがしたいです

・47都道府県を回るツアーがしたいです
・知名度を上げるためにゲリラ握手会をしたいです
・ひらがなで冠番組を持ちたいです
・いつかひらがな名義でシングルを出したいです……ｅｔｃ．
メンバーが自主的に話し合って決めたグループの目標だった。

それはプロのアーティストの意思表明としては稚拙な内容だったかもしれない。しかしその文章は、これからはチャンスを待つのではなく自分たちから動きだすんだという強い意志で貫かれていた。何より、けやき坂46がひとつのグループとして認められるようになりたいという思いであふれていた。

もとは〝欅坂46のアンダーグループ〟として集められたけやき坂46。そのアンダーという言葉の呪縛から初めて解き放たれ、彼女たちは独自の道を歩もうとしていた。それは、追加メンバー募集という劇薬がもたらした意識改革であり、自立心の芽生えだった。

そうと決まれば、やるべきことは見えていた。まずは5月31日に行なわれるＺｅｐｐ　Ｎａｍｂａ公演をいいライブにすること。それによって悔いの残ったＺｅｐｐ　Ｔｏｋｙｏ公演のリベンジを果たすこと。

このライブに向けて再び話し合いが行なわれるなかで、スタッフからこんな意見が出た。

「『サイレントマジョリティー』とか『不協和音』は、あまりにも漢字のイメージが強いんじゃないか。もっとひらがならしいセットリストにしたほうがいいんじゃないか」

もともと欅坂46に憧れて入ってきた子が多いだけに、けやき坂46のメンバーたちは先輩のようにカッコよく、クールな曲をパフォーマンスしたいという思いが強かった。しかし、けやき坂46の独自性を模索し始めた今となっては、欅坂46を象徴する曲を歌う意義は薄れていた。それよりも、けやき坂46らしさというものを考え、それに即したセットリストにしたほうがいいんじゃないか——。そうした考えからの提案だった。

このスタッフの言葉に、加藤史帆は感極まって泣いてしまった。

「……そんなに私たちのことを考えてもらってるなんて、知りませんでした」

あの1周年記念ライブの裏側で聞いた、「ひらがなけやきのことを思ってやっている」という言葉は嘘ではなかった。周囲のスタッフはけやき坂46の未来を真剣に考えていた。その思いを感じ、加藤史帆は涙したのだった。

こうした経緯で、Ｚｅｐｐ　Ｎａｍｂａ公演のセットリストは前回の東京公演から大幅に変更されることになった。相変わらず持ち歌は少ないので欅坂46の曲を借りなければいけないものの、すでに振り入れを終えている『サイレントマジョリティー』や『僕たちの戦争』といった曲は外され、新たに『制服と太陽』『夕陽1／3』『微笑みが悲しい』などが追加された。いずれもゆったりとしたテンポで温かみのある、けやき坂46のイメージにも近い曲だった。

さらに、Ｚｅｐｐ　Ｎａｍｂａ公演だけの出し物として予定されていたタップダンスも習得し、メンバーたちは満を持してステージに臨んだ。

初めて一体感を得たステージ

けやき坂46にとって、大阪でライブをするのはこれが初めてのことだった。のみならず、欅坂46でさえこの地でステージを踏んだことはなかった。今回のライブには相当な気合いも入っていただけに、開演前はメンバーの間にいつも以上の緊張感が漂っていた。

しかし、オープニングアクトとしてタップダンスを披露した時点で、メンバーたちは今までのステージにはない空気を感じた。

「やっぱり、大阪の人ってノリがいいな。ライブがこんなに楽しいって、初めて知った」

メンバーのなかで唯一の大阪府出身者だった高瀬愛奈は、凱旋《がいせん》の喜びを肌で感じていた。ほかのメンバーも観客のレスポンスの良さに勇気づけられ、テンションを上げていった。

特に、前回ぶっつけ本番で臨んでうまくいかなかったMCには、確かな変化が見られた。みんなで事前に打ち合わせをして作ったネタが、つたないながらも観客にしっかりと伝わったのだった。

「大阪といえばたこ焼き。皆さん想像してください。まぁるいたこ焼きに〜、テカテカのソースがのって〜、青のりがのって〜……もう好きすぎて、たこ焼き苦手！」

長濱ねるがこんなベタなボケをすると、打ち合わせどおりメンバー全員でコケた。すると、大阪の客は一緒になってコケて盛り上がってくれた。

大事なのは観客と一体になること――。このとき、メンバーたちは初めてその手応えを感じることができたのだった。

さらに肝心のパフォーマンスでも、自分たちのオリジナリティを少しでも表現することができた。『世界には愛しかない』で出だしのポエトリーリーディングを担当した影山優佳は、発音するタイミングを微妙にずらしてドラマティックな効果を生み出した。前回のＺｅｐｐ Ｔｏｋｙｏ公演のときはオリジナルの欅坂46のＣＤを聴き込み、平手友梨奈とまったく同じタイミングで発音しようとしていたが、今回は自分らしく感じたままにセリフを言ってみようと思ったのだ。

また、進路相談に臨む学生の不安と希望を歌った『制服と太陽』のセンターは、加藤史帆が務めた。当初センターに指名されたとき、加藤は自信のなさから「なんで私なんだろう」と佐々木久美にこっそり泣きついたりもしていた。だが、本番では加藤の持つ女の子らしい雰囲気と素直さが曲と見事にマッチし、会場を幸せな空気で満たした。

そして、このとき高瀬愛奈と共にデュエット曲『微笑みが悲しい』を歌ったのが、東村芽依だった。それまではライブのたびにリハーサルで泣いていた東村は、このツアーに入ってから大きく成長しようとしていた。

第II話 できなかった最後の挨拶

「みんなで東村を信じてみよう」

2017年5月31日、大阪のZepp Nambaで行なわれたけやき坂46の全国ツアー2公演目は、セットリストも前回から大幅に変わり、新しいけやき坂46の出発を印象づけた。

その公演を終えた夜。メンバー、スタッフらは地元の飲食店で打ち上げを行なった。

メンバーたちがひとりひとり立ち上がって、ライブの感想と次のZepp Nagoya公演に向けた意気込みを語っていく。皆明るく堂々としていて、あの悔いが残ったZepp Tokyo公演の後とは見違えるような顔つきをしていた。

この日、地元の奈良からライブを見に来た家族の前で歌った東村芽依も、いつもより少し誇らしげな表情を浮かべ、ほかのメンバーと楽しい時間を過ごしていた。

実はこの日の本番前。リハーサルを行なっているステージ上で、東村は涙を流した。欅坂46の平手友梨奈と長濱ねるが歌うデュエット曲『微笑みが悲しい』を高瀬愛奈と歌うことになり、ステージで最後の確認を行なっているときだった。

けやき坂46のメンバーになるまで、カラオケで歌うのも恥ずかしくてひとりではマイクも握れなかったという東村は、大きなライブハウスで客を前にして歌うことを極端に怖がっていた。

実は、彼女がこんな状態になるかもしれないということはスタッフも懸念していたことだった。人見知りでおっとりしていて、グループのなかでも一番の泣き虫だった彼女に、ソロパートの多いこの曲を担当させるのは時期尚早にも思われた。

スタッフの間からこんな声が上がった。

「東村は大丈夫かな。今日の本番で失敗してそれがつらい思い出になったら、パフォーマンス自体が嫌いになってしまうんじゃないかな。……でも、これを乗り越えないと成長できない。みんなで東村を信じてみよう」

結果的に、本番で東村はこの曲を見事に最後まで歌いきり、周りのメンバーやスタッフからも「よかったよ」と褒められることになった。

さらに、約1ヵ月後の7月6日に愛知県で行なわれたＺｅｐｐ　Ｎａｇｏｙａ公演では、ユニット曲の『青空が違う』や『乗り遅れたバス』に参加しただけではなく、欅坂46の曲のなかでも激しい振り付けで知られる『語るなら未来を…』で、そのダンスのポテンシャルの高さを示した。この曲は、東村自身もずっとチャレンジしたかったものだった。

3月から始まった全国ツアーを通じて、東村のパフォーマーとしての素質は急速に開花していた。そしてそれを促したものこそ、彼女自身の泣き虫な性格だった。

今の自分から目をそらさない強さ

東村は、中学校の部活でカラーガードという競技に取り組んでいた。レプリカのライフルやフラッグなどを使ってマーチングを盛り上げる団体パフォーマンスの一種で、ダンスの要素も含まれるものだった。

競技人口こそ少ないものの、東村の所属する部は全国でもトップの強豪だった。東村自身もこのカラーガードに熱を入れており、中学を卒業して高校生になってからもOBチームの一員として活動していた。もともと小学校のマラソン大会では5年連続学年1位になったほど基礎体力に恵まれていた東村は、このカラーガードを通じて高い運動能力も身につけていった。

しかし、その技術を生かしてプロのパフォーマーになろうといった夢はなかった。この頃の彼女は、将来は歯科衛生士になりたいと思っていた。特に理由はなく、なんとなく決めた進路だった。

そんな彼女だったが、高校2年生の秋に姉からけやき坂46のオーディションを勧められて進路が変わった。彼女がオーディションに応募することにした理由は、「体を動かすのが好きだから」というものだった。

審査の段階で、スタッフらは東村に特別なパフォーマンスの才能は感じなかったという。それもあってか、グループに入ってからもレコーディングやダンスのレッスンになるとすぐに泣きだす彼女を見て、「この先この子は大丈夫なんだろうか」と不安にさせられるばかりだった。

しかし、彼女が泣くのはただ弱いからではなかった。実はその胸の内には、自分に課した高い要求とそれを乗り越えられない自分へのもどかしさがあった。

「なんで思ったように歌われへんのやろう。悔しいな。自分がうまくパフォーマンスできへんことが悔しい」

彼女には、今の自分から目をそらさずより高みを目指せる本当の心の強さがあった。それは、カラーガードの全国大会で金賞を取ってもそれに満足せず、練習に打ち込み続けた中学生の頃からなんら変わっていない彼女の長所だった。

だから東村芽依は涙を流すたびに成長していった。Ｚｅｐｐ Ｎａｍｂａ公演で『微笑みが悲しい』を任されたときも、リハーサルでは泣いていたのに本番が終わった頃にはその経験を自信に変えていた。この全国ツアーでは、後に『世界には愛しかない』のポエトリーリーディングや、欅坂46の曲のなかでも最高レベルの難易度を誇るユニット曲『ＡＭ１：27』の歌唱メンバーに抜擢《ばってき》されることになるが、それらをひとつひとつ乗り越えていくたびに、その歌声はより大きく、ダンスはより力強くなっていった。

あるとき、取材用に渡されたアンケートのなかに「好きなことは？」という質問があった。東村は、回答欄に堂々とした文字で「歌とダンスです」と書いた。

ステージの裏で流されたふたつの涙

Zepp Nagoya公演の後、けやき坂46の全国ツアーは9月まで中断された。その間は前年に続いて欅坂46の夏になった。

欅坂46はこの年初めて全国ツアーを行ない、ひと月のうちに6会場で11公演を行なった。それに加え、「ROCK IN JAPAN FESTIVAL 2017」や「SUMMER SONIC 2017」といった複数の大きなフェスに出演。さらには各局の音楽特番にも軒並み出演を果たした。

そのとてつもなく多忙な夏の幕開けとなったのが、7月22・23日に行なわれたグループ初の野外ライブ「欅共和国 2017」だった。実は、4月の1周年記念ライブの出来に悔いを残していた欅坂46のメンバーにとって、この久々の大舞台はリベンジの場でもあった。

ライブ本番は、フラッグを手にした欅坂46メンバーによるマーチングパフォーマンスで幕を開けた。そして花火を合図に、冒頭から『サイレントマジョリティー』『世界には愛しかない』『二人セゾン』というシングル表題曲が立て続けに披露された。約2時間半のステージを通して、派手な特殊効果や客席への放水など、今までの欅坂46のライブにはなかったハイテンションな演出も次々と繰り出された。

一方、けやき坂46は、欅坂46と共に歌う『W－KEYAKIZAKAの詩』をはじめとする4曲を歌唱。合間のダンストラックでは、齊藤京子が欅坂46の鈴本美愉と差し向かいでパフォーマンスをするという場面もあった。

鈴本といえば、ダンスのキレ・力強さ・表現力のいずれにおいても圧倒的な技量を誇る、グループ屈指のパフォーマーだった。その鈴本と向かい合って踊ることが決まってから、齊藤は必死で練習を重ねた。レッスンでは、欅坂46／けやき坂46のすべての楽曲の振り付けを行なっていたダンサー／振付家のTAKAHIROからも直接アドバイスを受けた。

練習中、齊藤が自分で考えてきた振りを実演して「どうですか？」と聞くと、TAKAHIROは「もっと思いっきりやっちゃえ」とハッパをかけた。

失敗を恐れず思いきりぶつかることができるのは、追う者の唯一の強みだった。本番では、齊藤はかつてないほどの振り切った踊りを見せた。この夏、自分の殻を破ったのは東村だけではなかった。

しかし、最終日となる2日目のラスト、けやき坂46メンバーにとって再び転機になるような出来事が起こった。

前年のクリスマスに行なわれた「欅坂46初ワンマンライブ　in　有明コロシアム」以来、こうした全体ライブのラストは『W－KEYAKIZAKAの詩』で締めることが恒例になっていた。

たとえ参加楽曲が少なくとも、けやき坂46のメンバーもここでステージに立ってファンに最後の感謝を伝えることができた。今回の「欅共和国」の初日も、そのようにして終えた。

だが、2日目はアンコールで『W－KEYAKIZAKAの詩』を歌った後、Wアンコールが起こり、欅坂46だけで新曲『危なっかしい計画』を初披露した。この曲は直前に発売された欅坂46の1stアルバムに収録されていたもので、夏のフェスにふさわしい弾《はじ》けた曲だった。

このサプライズでの新曲披露に会場は熱狂し、欅坂46のメンバーも汗を振り絞って全力のパフォーマンスで応えた。歌唱後、興奮状態のまま観客に一礼をする欅坂46メンバーのイヤーモニターに、「おまえら最高だよ！」というスタッフの声が飛び込んできた。

欅坂46のメンバーたちがバックヤードに戻ったとき、平手友梨奈が突然うずくまって泣きだした。それから涙声で「みんなのこと大好きだよ」と言うと、その場にいた全員が肩を寄せ合って号泣した。グループ一丸となってつくり上げた完璧なラストシーンに、誰もが深い満足感を覚えた。

しかし、そのときバックヤードではもうひとつの涙が流されていた。

「うちらも最後の挨拶したかったねぇ」

すがすがしい顔でステージを降りてきた欅坂46のメンバーたちを見ながら、加藤史帆が泣きじゃくって言うと、佐々木久美ら周りにいたメンバーも声を上げて泣いてしまった。彼女たちにとって、ライブの最後の挨拶はひと際重要な意味を持っていた。たとえ曲数は少なくとも、いつも欅坂46の後ろに立っていても、自分たちもライブをつくっている一員なんだ――。そんな気持ちを最も強く感じられる瞬間が、この最後の挨拶だったからだ。

あの1周年記念ライブで行なわれた追加メンバー募集の発表を機に、自分たちは欅坂46のアンダーグループではなく、小さくても独立したグループとして認められたいという意識を持ち、さらに全国ツアーを通じて確かな成長も感じていたけやき坂46のメンバー。彼女たちにとって、自分たちがいなくてもライブの幕がきちんと下ろされ、観客も盛大な拍手を送っているという光景は、あまりにも残酷なものだった。

自分たちはこれからどこで頑張ればいいのだろう。グループに足りないものはなんだろう。けやき坂46のメンバーが、自分たちの未来を模索する夏が始まった。

SONG LYRICS #5

—

W-KEYAKIZAKAの詩

—

Lyrics | 秋元康
Music | 前迫潤哉、Yasutaka.Ishio
Arrangement | 佐々木裕

どこで僕は坂を上り始めたんだろう?
気づいたら　知らない景色を見上げてたんだ
平坦だと信じていた目の前の道
ほんの少し傾斜してる　それは希望かもしれない

やりたいことなんて何もなかった過去の自分がいる
夢とか愛とか関係ないような世界だった

One day
ある日　僕のまわりには
同じ目をしたみんながいた
生きることに不器用な仲間
一緒に歩いて行こう
欅坂　けやき坂
僕の声は聴こえてるか?
欅坂　けやき坂
一人じゃないよ　坂組だ

ずっと先の坂の上はどんな空だろう?
立ち止まり想像をするより確かめたくて…
昨日までの自分とは全然違う
肩で息をするくらいに険しい勾配になった

「やってみよう」生まれて初めて固く決心をした
願いや祈りに支えられるのも悪くはない

Someday
いつか　君と抱き合って
涙流して喜びたい
目指すものがやっと見つかった
心一つになれる
欅坂　けやき坂
君の声は届いてるよ
欅坂　けやき坂
絆っていいね　坂組だ

僕たちは生きている
お互いのこの情熱
脈を（脈を）打って（打って）
叫んでる

One day
ある日　かけがえないもの
僕は絶対　あきらめないよ
明日《あす》に続くこの角度
上り続けてく

Someday
いつか　君と抱き合って
涙流して喜びたい
目指すものがやっと見つかった
心一つになれる
欅坂　けやき坂
君の声は届いてるよ
欅坂　けやき坂
絆っていいね　坂組だ
欅坂　けやき坂
坂組だ
欅坂　けやき坂

第12話

駆け抜けた夏

佐々木久美が本気で怒った日

2017年8月2日、兵庫県神戸市内の大型施設・ワールド記念ホールで、欅坂46の全国ツアー初日公演が行なわれた。この直前に発売された欅坂46の1stアルバム『真っ白なものは汚したくなる』の楽曲を中心に据えたツアーだった。

けやき坂46もこの初日から参加し、アルバムに収録された欅坂46との合同曲『太陽は見上げる人を選ばない』など数曲を披露した。

そのなかには、けやき坂46単独の新曲『永遠の白線』も含まれていた。

そう人は誰も皆／自分から諦めてしまう／よく頑張ったと／言い訳ができればいいのか／白線　そんなに引けない／限界よりももっと手前で／伸ばした手をやっぱり下ろそうとする／ここで終わりでいいのか？／夢と石灰はまだ残ってるはず／誰も行ってない永遠はこの先だ

努力しても夢は簡単に叶わないかもしれないが、夢に向かって真っすぐ進み続けることが大事なんじゃないか――。そんな声援が聞こえてくるような曲だった。

間奏の振り付けでは、他人に追い抜かれながらも必死に走っていたメンバーたちが、やがて一列に並び真っすぐな白線を表現するというシーンがある。それは、個々のメンバーがそれぞれの夢を追いながらも、12人で団結して未来をつくっていくというけやき坂46のあり方を象徴するような振り付けだった。

しかし、このときの彼女たちはグループとして一致団結してステージに立つという意識がまだ固まっていなかった。

神戸での2日間の公演を終えた直後の8月5日。世界最大のアイドルフェス「TOKYO IDOL FESTIVAL 2017」（通称・TIF）に、欅坂46／けやき坂46が出演した。このイベントは、前年、活動を始めたばかりのけやき坂46メンバーが、初めて先輩である欅坂46のパフォーマンスを見た思い出深いステージでもあった。

だが、けやき坂46のこの日のパフォーマンスは散々な出来だった。全国ツアー用につくった振り付けをTIFのステージに向けて突貫で修正したことに、頭が追いついていなかったのだ。特に、ラインダンスのように一列に並ぶ場面の多い『永遠の白線』では、微妙なポジションのズレやタイミングの狂いのせいで完成度を損ねてしまっていた。

もともと欅坂46の大ファンで、この日のMCでも「去年、漢字さん（欅坂46）を初めて見たTI

Fのステージに立ててうれしいです」と語っていた佐々木久美は、本番で周りのメンバーがミスを連発する姿を見て愕然とした。自分たちにとって大切なはずのこのステージで、先輩たちのように整然とそろったパフォーマンスを見せられないことが悔しかった。

そんな暗い気分で楽屋に帰ったとき、追い打ちをかけるようにほかのメンバーたちの声が耳に入ってきた。「暑かったね」「汗で前髪がびしょびしょ」「あそこの振り間違えちゃった」

これを聞いて、久美はついに爆発してしまった。

「みんな、なんで悔しいと思わないの!?」

涙と怒りで声を震わせながら訴える久美の姿に、楽屋は一瞬で凍りついた。それは、いつも温厚な彼女が初めて生の感情をメンバーにぶつけた瞬間だった。

グループのアンサンブル

佐々木久美は小さい頃から優等生だった。先生の言うことを必ず守るのはもちろん、4歳のときから12年間習っていたバレエでは「毎日やることを与えられていないと自分はダメになるから」という理由で、自主的に週7日のレッスンを受けたりもしていた。

小学4年生からは、学校の吹奏楽部にも入ってトランペットを担当していた。全員で完璧なアンサンブルを目指す吹奏楽の世界は、なぜか最初から自分の性格にすっとなじむようだった。

高校の吹奏楽部で本格的にコンクールを目指すようになると、毎日練習をしたり合宿をして一日中仲間と音を出していることが楽しくて仕方がなくなった。そんな充実した毎日は部活を引退するまで続いた。

だが、大学に進学していったん、吹奏楽から離れると、周りの同級生たちに自分がなじめないことに気づいた。メイクや服の話で盛り上がるクラスメイトに合わせようと、自分なりに女子大生らしい格好をしてみたりもしたが、やはり波長が合わず徐々にひとりでいる時間が長くなった。

やがて、アルバイトと学校の授業だけという乾いた毎日が訪れた。

そんな日々を変えてくれることになったのが、けやき坂46だった。2016年5月、グループの追加メンバーオーディションに合格してそのメンバーになったとき、彼女は大学3年生、20歳になっていた。

実はこのとき、父親の後押しで芸能活動を許されたものの、母親からは厳しい言葉を突きつけられている。

「協力はするけど、応援はしないから。大学を卒業したらアイドルを辞めて就職しなさい」

芸能活動に強く反対していた母親に背いてまで進んだアイドルの道は、彼女が人生で初めて主体的に選択した生き方だった。

けやき坂46のなかでは年長で意欲にあふれていた彼女は、活動初期からグループを引っ張る存在だった。しかし、家では末っ子で他人に指示など出せる性格ではなかっただけに、そのリーダーシップの発揮の仕方も独特だった。

「じゃあ、もう一回みんなでやってみよう？　せーので、はいっ」

まるで楽器の音を合わせるようにみんなでそろえること。それが久美のグループのまとめ方であり、彼女の穏やかな雰囲気はそのままけやき坂46の持ち味のひとつにもなっていった。

やがてけやき坂46だけのライブハウスツアーが始まると、円陣のかけ声やステージ上でのMCも任されるようになった。それまでは、娘が仕事で遅く帰ってくると不機嫌になっていた母親は、ツアー初日のZepp Tokyo公演を見た後、こう言った。

「あのお客さんが持ってるペンライトっていうのが欲しいんだけど。お母さん、次のライブも行くからね」

このとき、グループに加入してからすでに1年近くがたっていた。彼女はやっと、自分の選んだ道を立派に歩んでいることを母親に証明できたのだった。

ひらがなが好きな子に入ってほしい

優等生らしい性格と、吹奏楽で培ったアンサンブルの意識。それを核に持つ佐々木久美にとって、TIFで見せたような不正確で不ぞろいなパフォーマンスはとうてい納得できないものだった。だからこそ声を荒らげて怒った。そしてほかのメンバーたちも、このときは自分たちのステージ上でのミスを反省した。

だが、本当の問題は別のところにあった。

加藤史帆が、久美に尋ねるともなく言った。

「今、メンバーそれぞれが大事にしてるものって違う気がする。本番前に時間がないのはわかるけど、メイクにばっかり気を取られてる子もいるし。どうしたらいいんだろうね」

そんなとき、久美はこんなふうに応えるのだった。

「ひらがな（けやき坂46）を大きくしたいっていう気持ちはみんな一緒だと思う。でも、それぞれの夢も違うし、そこに行くまでのやり方も違うんだよ、きっと」

夏の欅坂46の全国ツアーの間、久美と加藤は、姉のような存在の女性スタッフを加えた3人でよく話をした。内容はいつもグループをどうするかということだった。久美のように一糸乱れぬパフォーマンスを目指すメンバーもいれば、アイドルはかわいく、客席に向かって全力でアピールすることがファンサービスになると考えているメンバーもいた。

どちらも正しいのかもしれない。だから、佐々木久美はメンバーに自分のやり方を押しつけるのではなく、ただただシンプルに言うのだった。

「みんな、頑張ろうね！」

8月2日にスタートしたアリーナツアーは、全国6都市で11公演を行ない、8月30日に千葉・幕張メッセで千秋楽を迎えた。欅坂46にとってもけやき坂46にとっても、凝縮された1ヵ月間だった。

この期間中、けやき坂46メンバーは公演ごとに話し合いの時間をつくった。そんななかでいつも出てくる議題は、「どうすればファンにもっと笑顔になってもらえるか」「どうすれば少ない曲数でも印象に残るステージができるか」ということだった。そしてそんな意欲・モチベーションを支えていたのが、ツアー前からみんなで決めていたこんな目標だった。

「ひらがなの2期生には、ひらがなが好きだっていう子に応募してもらいたい。私たちは、そんなふうに思われるグループになりたい」

かつて追加メンバーオーディションが開催されることを知ったとき、自分たちが戦力外通告されたと感じ、激しく拒否反応を示したメンバーたち。しかし、彼女たちは強くなっていた。

そのけやき坂46の追加メンバーの最終オーディションは、ツアー中の8月13日に行なわれた。合格者は9名。これで、けやき坂46は計21人のグループとして新たなスタートを切ることになった。

さらに、ツアーの終盤にはけやき坂46の初主演ドラマ『Ｒｅ《リ》：Ｍｉｎｄ《マインド》』が10月からスタートすることも発表された。実は、けやき坂46のメンバーたちはツアーの合間を縫って演技のワークショップにも取り組んでいたのだ。

まさに駆け抜けた夏。その大切な時間を象徴するのが『永遠の白線』だった。しかし、夢に向かって真っすぐに白線を引いたその先には、思いがけずつらい未来が待ち受けていた。

グループの唯一のオリジナルメンバーであり、けやき坂46にとってなくてはならない存在だった長濱ねるが、突然グループを離れることになったのだ。

SONG LYRICS #6

—

永遠の白線

—

Lyrics | 秋元康
Music & Arrangement | 石井健太郎

白線　どこまで引くのか?
校庭をまっすぐに進んで
このまま途切れずに
続いて行く未来

教室の片隅で
ガラス窓を開けてみたって
本当の風は入らない

教科書をめくるほど
強い風が吹くわけでもなく
無力な僕はため息しか出ない

授業が終わったら
制服を脱ぎ捨てるように
さあ外に出て
新しい世界を探そう!

白線　どこまで引くのか?
永遠はこの先にあるのか?
空の下で何度も問いかけてみる
どこで終わりになるのか?
希望の涯《はて》　道さえ消えても
自分の方から立ち止まれないだろう

野球部の補欠たち
声を枯らし身構えるけど
ボールに無視されている

汗をかいたその分
願い一つ叶えばいいけど
取り残されて終わるだけなんだ

そう人は誰も皆
自分から諦めてしまう
よく頑張ったと
言い訳ができればいいのか

白線　そんなに引けない
限界よりももっと手前で
伸ばした手をやっぱり下ろそうとする
ここで終わりでいいのか?
夢と石灰はまだ残ってるはず
誰も行ってない永遠はこの先だ

白線　どこまで引くのか?
永遠はこの先にあるのか?
空の下で何度も問いかけてみる
どこで終わりになるのか?
希望の涯《はて》　道さえ消えても
自分の方から立ち止まれないだろう

僕らの前に永遠の白線がある

HINATA ZAKA 46 STORY

第13話

〝ハッピーオーラ〟

兼任が限界を迎えた夏のツアー

2017年9月の半ば過ぎ。都内スタジオで欅坂46の冠番組『欅って、書けない？』の収録が行なわれていた。この日はけやき坂46も参加していたが、先輩の欅坂46より先に収録を終えて楽屋に戻ってきたメンバーたちは、スタッフからあることを告げられた。

「今後、長濱ねるはひらがなけやき（けやき坂46）との兼任を解除し、漢字（欅坂46）専任になります。これから漢字もひらがなもますますスケジュールが厳しくなるなかで、本人の体調を考慮した結果です。今月26日に行なわれるひらがなのZepp Sapporo公演にも出演しません」

突然の知らせに、けやき坂46メンバーたちは固まった。長濱はけやき坂46の唯一のオリジナルメンバーであり、今までどのステージも長濱を中心に回ってきた。その長濱がいなくなる――。

けやき坂46と欅坂46を兼任していた長濱ねるは、以前からずっとスケジュール面での苦労を抱えていた。2017年春からけやき坂46の全国ツアーが始まり、単独のグループとしての活動が本格化したときも、長濱だけは並行して欅坂46の主演ドラマ『残酷な観客達』の撮影に参加していた。その兼任の負担にいよいよ対処できなくなったのが欅坂46の夏のツアーが始まった頃だった。

欅坂46にとって初の全国ツアーであり、半数以上の曲が初披露となったこのライブは、ほかのメンバーたちにとっても過去に経験したことのない正念場となるものだった。長濱は、欅坂46メンバーとして新曲のダンスの振り入れやリハーサル、各種フェスやメディアへの出演を行ないながら、少しでも時間をつくってはけやき坂46のメンバーに合流し、短時間でリハーサルをこなすという日々が続いていた。長濱があの『永遠の白線』の振り入れをできたのも、初披露の前日だった。ライブのセットリストの面でも、両グループに所属する長濱は必然的に出ずっぱりになる上に、ソロ曲まで担当していた。

加藤史帆は、この時期の長濱のことを思い出すと、いつも泣いている顔ばかりが思い浮かぶ。途中からけやき坂46のリハーサルに合流して振りについていけず、「ごめんね」と涙目で謝る長濱を見て、加藤は「ねるちゃんは自分が一番大変なのに、どうして私たちに謝るんだろう」と思っていた。佐々木美玲も「こっちに来てくれるだけで私たちはありがたいのに、いつも謝ってばかりで、ほんとに謙虚だな」と感じていた。

しかしひとりの人間がふたつのグループに所属する無理は、スケジュール的にも体力的にもすでに限界を超えていた。それでも兼任を全うしようとする長濱に代わって、運営側が決断しなければいけないときが来ていた。

メンバーたちが長濱の兼任解除を知らされてから数日後、運営からの公式コメントが発表された。

「ひらがなけやき主演ドラマのお話をいただいてから、撮影の準備を進めてまいりましたが、全国ツアー後、漢字欅の稼働もさらに多忙を極め、これ以上長濱が漢字欅とひらがなけやきを兼任しての活動は本人の体調を考えた結果、困難と判断しました。

運営で協議を重ねた結果、長濱は漢字欅にとっても重要なメンバーであり、ひらがなけやきが新メンバーを迎えて新たな一歩を踏み出す今、長濱の兼任を解除、漢字欅専任となり活動を続けることを決定しました」（発表の一部を抜粋）

そもそも、グループに加入したときからずっと欅坂46と共に活動し、けやき坂46の追加メンバーが決定した直後から欅坂46を兼任することになった長濱は、楽曲のパフォーマンスその他において、もはや欅坂46に欠かせない存在だった。一方のけやき坂46は、これから全国ツアーを再開し、初主演ドラマの撮影に入り、さらには2期生も合流して新しく生まれ変わろうとしている――。

この状況のなかで長濱を守るために取りうる最良の手段が、けやき坂46との兼任解除、および欅坂46への専任という道だった。

この処遇について、齊藤京子は「ついに来たんだ、このときが」と感じた。後になって振り返ると、けやき坂46メンバーの誰もがいつかこんな日が来ることをうすうす予感していたような気がする。そして高瀬愛奈が「やっぱり漢字専任になるんだ。漢字にいるときのねるちゃん、キラキラしてるから」と思ったように、欅坂46への専任は納得せざるをえないことだった。テレビに映る欅坂46や長濱ねるに憧れてオーディションを受けた彼女たちにとって、長濱はいつまでも自分たちの一歩前を歩く存在だったのだ。

しかし、残された自分たちはいったいどうすればいいのだろう？

悩みのなかで知った〝ハッピーオーラ〟

3月に行なわれた東京公演に始まり、大阪、名古屋とセットリストを変えながらつくり上げてきたけやき坂46の全国ツアーは、再開と同時に大きな修正が必要になった。これまで12人でパフォーマンスしてきた楽曲のフォーメーションを、すべて長濱抜きの11人仕様にするとともに、長濱の歌っていたパートをほかのメンバーに割り振っていかなければならないのだ。

すでにドラマ撮影も始まっており、いつもより少ないリハーサル時間のなかで、修正の作業は新しいセットリストを頭からさらいながら行なわれた。

「ここで柿崎がねるの位置に入って、ほかのメンバーは上手から詰めて……。しまった、ここのねるのパート、誰も歌ってないぞ」

スタッフもその場その場で修正点を洗い出していき、メンバーはその指示に必死についていった。

さらに、この全国ツアーでは毎回チャレンジ企画が用意されており、次の北海道公演でもマーチングドラムを披露することになっていたが、この練習もドラマの休憩時間にスタジオの裏にみんなで集まって行なったりしていた。

しかし、そうした物理的な負担よりも、メンバーに不安を与えていたのは精神的な喪失感だった。けやき坂46の楽曲で長濱とWセンターを務め、長濱にとって最も心を開ける存在だった柿崎芽実は、長濱のことを思うたびに涙が止まらなくなった。

「どうしてここにねるがいないんだろう。寂しいな。私は今までずっとねるに頼ってばかりで、ねるがいないと何もできなかったんだ」

高本彩花は、慣れないドラマ撮影とライブのリハーサルを行ないながら、心もとなさを強く感じていた。

「ひらがなけやきはねるちゃんから始まったグループなのに、ねるちゃんがいないひらがなけやきって、いる意味があるのかな。私たちを見たいっていう人なんているのかな」

長濱抜きにしてはグループの存在理由がないと誰もが思っていた。長濱を見るために北海道公演のチケットを買ったファンからブーイングを受けるのではないか、そんな悪い想像で押しつぶされそうだった。

かつて活動のない日が続き、解散も覚悟した頃のようなネガティブな精神状態に再び陥っていた。そうやって身も心も疲れてくると、リハーサルでうつむくことも多くなった。

そんなとき、佐々木久美はメンバーに向かって大げさなほど明るく言った。

「ねぇねぇ、〝ハッピーオーラ〟だよ。ハッピー、ハッピー！」

満面の笑みで「ハッピー」と口にすると、不思議と誰もが笑顔になって元気が出るのだった。

このハッピーオーラという言葉は、夏の欅坂46のツアー中、彼女が悩んでいるときにスタッフからもらったものだった。

「崖っぷちにあるとき、ひたむきに頑張るその姿勢が、ひらがなの持つハッピーオーラなんだよ」

久美は、この言葉を聞いたとき救われたような気がした。ライブを重ねるなかで漠然と見えてきたけやき坂46のカラー――〝見ている人を笑顔にする〟というグループのあり方をひと言で表してくれる言葉が、このハッピーオーラだと思った。

夏の全国ツアー中、佐々木久美がこのフレーズをたびたび口にするようになると、自然とほかのメンバーの間にもそれが浸透していった。

影山優佳は、このハッピーオーラという言葉がこれまで自分たちの取り組んできたことや、これからするべきことと一直線につながっていることに気づいた。

「3月の東京公演の後にみんなで決めた〝お客さんと一体になって盛り上がる〟っていう目標は、このハッピーオーラに通じてたんじゃないかな。これからは、私たちのハッピーオーラを届けるんだって気持ちでステージに立てば、私たちにしかできないライブができるはずなんだ」

やがてハッピーオーラはけやき坂46メンバーたちの共通の合言葉になっていた。欅坂46が〝クール〟だと世間から評価されていたのに対して、自分たちには何も誇れるものがないと思っていた彼女たちが、初めて自分たちだけの個性をつかみかけていた。

何より、その言葉は長濱ねるが抜けて不安な気持ちに陥っていたメンバーたちに、前へ進む勇気を与えてくれた。長濱抜きで行なうことになった北海道公演の前日、柿崎芽実はブログにこんな文章をしたためた。

「新しく2期生も入って20人になったけやき坂46。きっとここからが本当のスタートです。また0から1つ1つ丁寧に積み重ねていって、初心と感謝の気持ち、謙虚・優しさ・絆を忘れず、私達らしく、ハッピーオーラ全開で☆　誰にでも愛される素敵なグループになろうと思います!」

心や曲のなかに存在する長濱ねる

9月26日、北海道札幌市にあるライブハウス・Zepp Sapporoで、けやき坂46の全国ツアー北海道公演が行なわれた。

オープニングは最も懸念されたドラムパフォーマンスだった。ただのひとりも経験者がいないところから練習を重ね、重いドラムを抱えて難しい技にも挑戦した。途中、器材が外れて演奏できなくなったメンバーもいれば、コンビネーションがうまくいかない箇所などもあったが、諦めずに笑顔で演奏を終えた。長濱ねるのいないけやき坂46をファンに受け入れてもらえるかはわからなかったが、彼女たちにできることはハッピーオーラを意識して笑顔でパフォーマンスをすることだけだった。

この日の最初のMCで、佐々木久美が意を決したように言った。

「ここでひとつお話があるんですけど、今日はねるちゃんはいなくて、私たちはそれぞれの道を歩み始めました」

そのとき、客席から「頑張れー！」という声が聞こえた。そして満員の会場から、今までに聞いたことがないほどの大きな声援が送られた。なかには長濱ねるのタオルを掲げながら笑顔で自分たちの名前をコールしてくれるファンもいた。

ライブ前は、自分たちを見に来てくれるファンなどいるのだろうかと不安に思っていた高本彩花は、目の前の光景を見てはっきりと確信した。

「私たちには支えてくれる人がこんなにいるんだ。この人たちがいてくれる限り、私たちはこれからも頑張れる」

この日、初めて長濱抜きの11人でステージに立ち、計12曲を披露した。フォーメーションや歌割りを変更したことで、曲中にメンバー同士でぶつかってしまったり、振りがそろわなかったりする場面もあったが、ハッピーオーラを貫いて気持ちは常に前を向いていた。特に『ひらがなけやき』をはじめとするグループのオリジナル曲は、どれも明るく優しい笑顔が印象的だった。それは、センターを務めていた長濱ねるが持っていた太陽のような雰囲気そのものだった。

『永遠の白線』では、各メンバーが自分の特技や特徴にちなんだポーズを順に取っていく箇所があるが、この日はその最後で全員が頬に手を添え、目をつむった。〝寝る＝ねる〟がまだそこにいることを伝えるためにみんなで考えた演出だった。

アンコール明けの最後のＭＣで、佐々木久美は言葉を詰まらせながらも思いの丈を語った。

「長濱ねるちゃんひとりから始まったひらがなけやきが、12人になってこんなにたくさんの方に応援していただけるようになって。でもそれはねるちゃんの努力とか私たちには計り知れない苦労があってこそだと思うんです。だからリハーサルでねるちゃんのいたところを埋めてやらなきゃいけないっていうことがすごく悲しかったんですけど（中略）でもひらがなけやき12人でやってきた歴史がなくなってしまうわけではないので。この12人でやってきたことを糧《かて》に、新しい頼もしい新メンバー9人と総勢20人で、これから皆さんにどんどん好きになってもらえる大きなグループになりたいと思っているので、これからも私たちの応援をよろしくお願いします」

長濱ねるはそこにいなかったが、メンバーの心のなかや、けやき坂46の曲のなかには、まだ確かに存在していたのだった。

初めて心が通じ合えた30分間

実は公演の前日、北海道へ向かう前の最後のリハーサルをしているとき、レッスン用のスタジオにいるメンバーたちの元を長濱ねるが訪れた。自分自身、兼任解除の知らせを聞いてから一度もけやき坂46のメンバーに会えていなかった長濱が、どうしても彼女たちと話をしたいと思い、スタッフに無理を言ってスタジオに寄ってもらったのだった。

彼女たちに許された時間は30分間。スタッフは全員スタジオの外に出て、メンバーだけで話をした。

長濱が涙をこらえながら謝った。

「最後、一緒にライブに出れなくて本当にごめんね。私も出たかったけど、こうなったことはもう仕方がないから、受け入れてお互い頑張ろうね」

こう言ってけやき坂46のメンバーを励まそうとしたが、一番傷ついていたのは長濱自身だった。夏の欅坂46のツアーの間、自分が欅坂46にもけやき坂46にも中途半端に参加しているせいで、パフォーマンスの質を落としているんじゃないかとずっと感じていた。だからツアーが千秋楽を迎えたとき、ブログでこんな宣言をした。

「自分の力不足を痛感し、パフォーマンスを磨く1年にすると決めました。何も言わずにこっそり練習して気づかれる方がかっこいいけどね、まだ私は強くないので誰かに宣言してから頑張ろうって。自分にとってリスタートの年にしたいです」

またここから再出発して兼任の役割を全うしたい。そう思っていた矢先の兼任解除だった。自分にもっと力があれば、けやき坂46のメンバーにも迷惑をかけなかったと思うと、ふがいなさとメンバーに対する申し訳なさでいっぱいになった。

しかしそんな彼女を逆にけやき坂46のメンバーたちが口々に慰めた。

「ねるちゃんが謝ることなんて全然ないんだよ。私たちみんなねるちゃんに感謝しかないんだから。私たちはねるちゃんが安心して漢字さんの専任で活動できるように、これからもっと頑張るからね」

長濱はこのときまでけやき坂46のメンバーの前でずっと気を張っていた。自分ひとりしかいなかったグループに入ってきてくれた、この少しだけ後輩の11人のために、自分は強くなければいけないと思っていた。ただ、それはひとりよがりな考え方だった。

「この子たちはどうしてこんなに私に優しいんだろう。この優しさは無償の愛なんだな。私はこんなにみんなに愛してもらってたのに、なんでもっと早く打ち解けられなかったんだろう」

兼任を解除されて初めて、ほかのメンバーの気持ちを知り、心が通じ合えた気がした。そして、自分との別れを泣いて惜しんでくれるメンバーたちにこう伝えた。

「あのね、欅坂46っていうグループは、漢字の欅坂46とひらがなのけやき坂46の2チームでできてるんだよ。だから私が漢字専任になったとしても、みんなとは同じ欅坂46のメンバーだっていうことは変わらないんだよ。……だからこれが永遠の別れじゃない」

この長濱のシリアスな言葉を受けて、齊藤京子がすぐに応えた。

「それもそうだね、握手会とかでまた会えるしね」

齊藤のいつものピントはずれの言葉に、全員が「また京子が」と笑ってしまった。だが、このときの齊藤は、長濱にこれ以上泣いてほしくなくてわざとおかしなことを言ったのだった。

けやき坂46メンバーにとっても、今までどこか遠くて気をつかう存在だった長濱ねる。そんな長濱と初めて本音で話し、笑い合うことができた。兼任解除という事態になって初めて、けやき坂46は本当に12人のグループになれたのだった。

HINATAZAKA46 STORY

第14話

初めてのドラマ

ハードルが高い密室のなかの会話劇

2017年10月期の深夜ドラマとして放送された、けやき坂46の初主演ドラマ『Re:Mind』。これより前に、欅坂46の2本目の主演ドラマ『残酷な観客達』に全員で出演したことはあったものの、そのときは最終話のラスト5分だけというゲスト扱いの出演だった。そのため、実質的にはこの『Re:Mind』がけやき坂46メンバーにとって初の本格的なドラマ出演作であり、また初めての演技の仕事となった。

実はこのドラマ出演の話を最初に告げられたとき、素直に喜べないメンバーも多かった。新しいジャンルの仕事に漠然とした不安を抱いていた佐々木久美は、「私にはお芝居はできないんじゃないかな。〝よし頑張ろう〟っていう気持ちよりも、〝大丈夫かな〟っていう不安のほうが大きい」と感じていた。また、欅坂46の出演ドラマのメイキング映像を見て、演技がうまくいかずに泣いていた先輩たちの姿が強く印象に残っていた高本彩花は、「私たちもお芝居をしたらああなっちゃうのかな。お芝居ってすごく怖いんだ」と怯《おび》えてさえいた。

事実、演技未経験の彼女たちにとって、この『Ｒｅ：Ｍｉｎｄ』というドラマはかなりハードルが高い作品だった。

けやき坂46のプロデューサーでもある秋元康原案のストーリーは、次のようなものだった。

ある日、見も知らぬ部屋に閉じ込められた11人の少女たちが、失踪した同級生にまつわる記憶をたどりながら、誰がなんの目的で自分たちを監禁しているのかを探っていく——。

ドラマの形式としては、完全なる密室の会話劇になるので、セリフ、リアクションといった基本的な演技力だけで映像をもたせなければいけない。加えて、ほとんどのシーンが彼女たちメンバーだけで進行することから、経験値の高い共演者の芝居に頼ることもほぼできなかった。

そんな難しい仕事に臨むメンバーたちのために、ドラマ撮影に先立ってワークショップが行なわれた。主に指導を担当したのは、刑事ドラマやサスペンスで実績を残している演出家の内片輝《うちかたあきら》。プロの役者向けのワークショップも多く行なってており、育成には定評があったが、今回は全員が未経験者だったために複数回にわたって指導が行なわれることになった。

まず内片からワークショップの概要が説明される。

「これからやることで、お芝居ってこういうことなんだよっていう基本的なことを覚えてもらいます。それは今回のドラマだけじゃなくて、舞台にも、もちろん歌とかＭＶでちょっとしたお芝居をやるときにも使える。基礎のステップのようなものです」

ここでメンバーたちと相対した内片が抱いた印象は、「想像してたより素人っぽい子たちやなぁ」というものだった。

新人俳優のなかには自分をよく見せようとアピールする者も多いし、常に人前に立っているアイドルならそれなりにプライドもあるだろうと想像していた。しかし、けやき坂46のメンバーは最初から謙虚で、控えめな態度だっただけではなく、不安と緊張感でいっぱいなことさえも手に取るようにわかった。

だが、初日のワークショップ中に明らかに空気が変わった瞬間があった。ふたりひと組でペアになって、ひとりが「辞めないで」と言い、相手は「辞めたくない」と返す。ただこれだけのやりとりを何度も重ねるというレッスンに取り組んだときのことだった。

試しに、佐々木美玲と影山優佳が前に立って芝居をやってみる。美玲が「辞めないで」と心を込めて言うと、最初は静かに返していた影山の感情が徐々に高ぶり、ついには号泣して「辞めたくない」と訴えた。最後にはふたりとも涙が止まらず、芝居が打ち切られた後も思わず抱き合った。

これこそが内片が大事にしている〝自然な生理（感情）から発した芝居〟というものだった。続いて芝居をしたほかのメンバーたちも、次々と感情を露《あらわ》にしていった。

それにしても、この「辞めないで」という言葉に対するメンバーの反応が異様に鋭いことに内片は驚かされた。それは、アイドルとして活動をするなかで誰もが一度は抱いたであろう「辞めたい」

という感情や、もしかするとお互いにそんな話をした日の記憶をも引き出してしまったのかもしれなかった。

ワークショップは、欅坂46の夏の全国ツアーの合間を縫い、7月後半から2ヵ月弱にわたって行なわれた。そして9月中旬、いよいよクランクインの日を迎えた。

初めての過呼吸で思い知った演技の力

古い洋館のような不気味な部屋の中。大きなテーブルを囲んで、赤い頭巾をかぶせられた11人の少女たちが眠っている。

物語の冒頭は、彼女たちがひとり、またひとりと目覚め、自分たちの置かれている状況を認識するというシーンで始まる。このたった1シーンのために、複数の撮影日が費やされた。

このシーンで叫びながら目覚めることになっていた高本は、うまく芝居に入れず、ドラマの序盤の監督も務めていた内片に言った。

「私、もっと大きい声を出さなきゃいけないんですか……？」

台本にも書いてあるとおりのわかりきったことだったが、思わずすがるように尋ねてしまった。

そしてポロポロと涙をこぼした。芝居に慣れていない人間が、声を出すことを恐れるあまり極度の緊張に襲われ、よけいに芝居ができなくなるという状態の典型だった。

また、よく泣くメンバーたちの中でも特に泣いていた東村芽依のことが心配になった内片が、グループのまとめ役だった佐々木久美に「彼女は今日、何かあったの？　俺はフォローしたほうがえんかな？」と相談したこともあった。しかし、久美の答えは「いつもこうなので、気にしないでください」というあっさりしたものだった。彼女の言うとおりに放っておくと、東村はいつの間にか泣きやんで周りのメンバーとニコニコ笑っていた。不思議な空気感のグループだと思った。

そんななかで、井口眞緒は初めての撮影に胸をときめかせていた。昔からドラマが好きで、「ドラマに出てくるような場所で暮らしたい」と思って新潟から首都圏の大学に進学してきた井口にとって、本物のドラマのセットやカメラが並んでいる光景は見ているだけでテンションが上がるものだった。

ワークショップのときはうまくセリフをしゃべることができなかった井口は、自分では演技にまったく自信を持っていなかった。だが、実は井口がセリフの流れや感情を理解する高い能力を持っているということに、プロのスタッフたちは気づいていた。

逆に潮紗理菜は、滑舌も良く、セリフをしゃべらせれば抜群にうまかった。普段から話すことが好きな人間ならではの特長だった。

こうしたそれぞれの適性に合わせ、クランクインまでに脚本が練られていった。この作品では、回を追うごとに登場人物がひとりずつ消えていくという設定があったが、序盤に消えたのは芝居のポテンシャルが高いメンバーばかりだった。どの役も消える前は長いセリフや見せ場が用意されていたために、序盤に芝居のできるメンバーを置いて作品を視聴者に印象づけるためでもあった。

そのもくろみどおり、潮が消えるシーンでは「ごめんなさい、ごめんなさい」と連呼する彼女の鬼気迫る演技が視聴者に衝撃を与えた。このシーンをよく見ると、周りのメンバーたちも目に涙を浮かべているのがわかる。実はこのとき、実際に潮は人生で初めて過呼吸になり、その様子を見ていた周りのメンバーも気持ちが引っ張られて涙を流していたのだった。

演技というものに入り込むと、時に過呼吸になるほど自分の体が動かされてしまう――。カットの声がかかった後、メンバーに肩を抱かれながらも潮は「本気で芝居したら、こんなになっちゃうんだ。もっと早く知れたらよかったな」と思っていた。芝居の持つ本質的な力に触れた瞬間だった。

「美玲が頑張ってるのはわかってるから」

次々と人が消えていくなかで、終盤まで作品を引っ張ったメンバーのひとりが佐々木美玲だった。相手のセリフをよく聞いて、感じたままの気持ちを芝居に乗せられる彼女の反応のよさは、ワークショップのときから高く評価されていた。ドラマのなかでは、冷静な推理で謎に迫っていく優等生を演じ、多くのセリフを担当した。

しかし、そんな美玲でも中盤になってセリフがまったく出てこなくなったことがあった。

今回のドラマ撮影で演出陣から出たたったひとつの要求は、「意味も言い方も考えなくていいから、とにかくセリフを覚える」ということだった。しかし、時にひとりのセリフが10ページも続くことがあったこの作品では、台本を覚える苦労も並大抵ではなかった。

それまで美玲もなんとかセリフを頭に入れていたが、なぜかその日は何度撮り直してもセリフが出てこなくなった。撮影は一時中断され食事の時間になったが、美玲はその間も台本を何回も読み直していた。

焦りで涙を浮かべながら台本をめくっている彼女の姿を見て、この回で監督を務めていた演出家の石田雄介がスタジオの外に彼女を呼び出した。

「美玲は今までちゃんとセリフを覚えてきてたし、頑張ってるのはわかってるから」

初めてのドラマ撮影に必死でついていこうとしていた自分のことを見ていてくれた人がいる。そのことに美玲は心を打たれ、堰《せき》を切ったように号泣してしまった。そして撮影再開後、無事にこのシーンを撮り終えることができた。

スタッフの期待を受け、難しい役どころに挑戦したメンバーはほかにもいた。齊藤京子は、11人の登場人物のなかでひとり、常に激しくわめいて怒りをまきちらすというクセの強い役を演じた。彼女にこの役を任せたことは、スタッフ陣にとっても賭けだった。

この役は、特殊に見えて実は最も一般視聴者に近いキャラクターだった。「おかしいだろこれ！」「もうワケわかんないわ」といった直球のセリフは、現実にこうしたシチュエーションに陥ったときに普通の人間の口から真っ先に出てきそうな言葉だった。このキャラクターこそ、異様な設定のドラマと現実の視聴者をつなぐためになくてはならないものだった。

しかし、ワークショップのときの齊藤は演技力の面でも性格面でもとてもこの役を任せられそうなタイプではなかった。実は齊藤もこのドラマ出演の話を聞いて不安を抱いていたひとりだった。歌手を目指して歌とダンスに邁進《まいしん》してきた齊藤は、自分の中で「私には演技はできない」と勝手に思い込んでいたのだ。

あるとき、ワークショップが終わってから齊藤は内片に呼ばれてアドバイスを受けた。彼女ならもっとやれると思ってのことだったが、齊藤は「やっぱり私が一番ヘタだから呼ばれたんだ」と思った。そして話を聞いているうちに泣きだしてしまった。人前で絶対に涙を見せなかった齊藤にとって、けやき坂46に入ってから2度目の涙だった。

齊藤は撮影に入る前、監督の内片からこんなことを言われた。

「この役は重要な役やけど、これをやれるのは齊藤しかおらん。もしかすると視聴者に嫌われるかもしれへんけど、それは齊藤がちゃんとこの難しい役をできたという証拠やから、間違いじゃない。齊藤に任せた」

齊藤は、この言葉を素直に信じた。そして最初のセリフから思い切って「うるっさいな!」と大声で言ってみた。すると、今まで演技に対して抱いていた苦手意識が嘘のように消え、芝居をすることが楽しくなった。演出家を信じて全身で役に飛び込んだからこそ、つかむことのできた感覚だった。

こうして、40日以上に及んだドラマ撮影のなかでメンバーは次々と演じることに目覚めていった。その意味、『Ｒｅ：Ｍｉｎｄ』という連続ドラマは、完全なるフィクションでありながら、けやき坂46のメンバーたちが変化していくさまをとらえたドキュメンタリーでもあった。

そして変わったのは演技面だけではなかった。この期間を通じて、人間として大きく成長したメンバーがいた。それが高瀬愛奈と高本彩花だった。

HINATA ZAKA 46 STORY

第15話 新しい自分

生きる上で笑うことは必要ない

ドラマ『Re:Mind』の撮影に入ってからしばらくたったある日。リハーサル中のスタジオに監督の声が響き渡った。

「高瀬だぞ！」

そう言われた高瀬愛奈は、きょとんとした表情を浮かべていた。本来、ここで高瀬がセリフを言うはずだったが、ボーッとしていて忘れたのだ。

この監督との些細《ささい》なやりとりがメンバーにとっては面白かったらしく、しばらくの間「高瀬だぞ」という言葉がブームになった。

実はそれまで、メンバーのなかで高瀬は少し近寄りづらい存在だった。ドラマの設定上、高瀬と向かい合って芝居をすることも多かった高本彩花は、高瀬と気軽に話せる関係になってからこんなことを打ち明けた。

「前は、まなふぃ（高瀬）ってすごい話しかけづらかったの。あんまり笑わないし何考えてるのかわかんなかったから。でも、実はすっごい変で面白い人なんだね」

高瀬は小学4年生から中学1年生までの間、親の仕事の都合でイギリスに住んでいたことがある。現地の学校に通う日本人は高瀬ひとりだったが、すぐに友達をつくってラクロスやテニス、数学クラブその他いくつもの部をかけ持ちするようになった。先生の話をノートに写すだけではなく、自分の手で教材を使って学ぶイギリス流の授業も楽しかった。

そしていよいよ日本に帰るというとき、高瀬は友達の前でこんな宣言をした。

「日本で有名人になってテレビに出るから、絶対見てね」

当時は夢や目標といえるほどはっきりとは意識していなかったが、ドラマやミュージカルが好きだった高瀬は、このときすでに芸能界への憧れを抱いていた。

しかし、楽しかったイギリス時代に比べて日本の学校は面白く感じられず、中学・高校を通して仲のいい友達もほとんどできなかった。その頃から思っていたのは、「生きていく上で笑うことは別に必要ない」ということだった。周りに合わせて無理に笑うよりも、ひとりでいるほうが楽だったのだ。

高3でけやき坂46のメンバーになってからも、高瀬はほかのメンバーとなかなか打ち解けなかった。面と向かって相手の名前を呼ぶのも恥ずかしかったので、向こうから話しかけられるまではいつも黙っていた。また、写真撮影のときに笑顔をつくるのが苦手だったので、口角を上げるための矯正グッズを使ってこっそり笑い方の練習をしたりもしていた。

グループに入ってからしばらくたった頃、『W-KEYAKIZAKAの詩』という曲のMV撮影が行なわれることになった。欅坂46とけやき坂46の全メンバーが参加する初めての合同曲だったが、両グループのなかで高瀬だけが学業の都合で撮影に参加できなかった。

MVはいったん公開されたものの、後に高瀬を交えて全員バージョンの再撮が行なわれることになった。そこで再びけやき坂46のメンバーが集まったとき、「よかったね」と喜んでくれるほかのメンバーに対して、高瀬はただ謝っていた。

「愛奈のせいで、ごめんね」

グループにとって大事な曲のMVを完成させることができたのは、本当によかったと思う。ただ、こうしてメンバーやスタッフに再撮の手間を取らせてしまったことが申し訳ないと思っていた。

いまだにメンバーと距離があった高瀬には、一緒に撮影ができることを素直に喜んでくれているほかのメンバーの気持ちが伝わっていなかったのだ。

そんな高瀬が実は愛すべきキャラクターだということに最初に気づいたのは、柿崎芽実だった。『Re:Mind』の現場でずっと高瀬の隣に座っていた柿崎は、勉強ができる割によくセリフを飛ばしたり、忘れ物をしたり、いつもボーッとしている高瀬のダメなところに気づいた。そして柿崎が高瀬のことをいじり始めると、ほかのメンバーも高瀬の周りに集まってくるようになった。やがて高瀬はこの現場で一番の人気者にさえなった。

高瀬のほうもドラマの撮影を通じて何かが変わってきていた。最初はアイドルとしての恥じらいが捨てられず、思い切り泣いたり叫んだりすることができなかったが、日を追うごとに自然と体が動いて感情表現ができるようになってきた。ずっとスタジオにいると、役と自分の区別がつかなくなる不思議な感覚も味わった。柿崎と最初に近づけたのは、役の上でもふたりがコンビだという設定があったからだった。

そしてドラマが終わってからしばらくたったある日、高瀬はメンバーたちからこんなことを言われた。

「まなふぃって、ドラマのときからすごい変わったよね。よく笑うようになったじゃん」

確かに自分が前とは違うことに高瀬自身も気づいていた。何より、メンバーと一緒に活動をしている時間が楽しく感じられるようになった。あの笑顔の矯正グッズはもう使うこともなく、いつの間にかカバンの奥にしまいっぱなしになっていた。

オーディションに落ちて芽生えた気持ち

『Ｒｅ：Ｍｉｎｄ』を通じて仕事の楽しさに気づいたもうひとりのメンバーが、高本彩花だった。

高本はもともとアイドルや芸能が特に好きなタイプではなかった。しかし高校2年生のとき、Ａ

KB48グループのメンバーが出演していたドラマ『マジすか学園』をたまたま見てハマってしまった。なかでも当時SKE48に在籍していた松井玲奈の大ファンになった。

皮肉なことに高本が好きになった直後に松井は卒業を発表したが、もう二度と見られないかもしれない松井の歌う姿に触れたくて、父親の運転する車で卒業コンサートを見に行った。それが初めて生で見たアイドルのライブだった。

この頃ちょうど結成されたのが欅坂46だった。実は高本はこの欅坂46のオーディションを受けている。「アイドルになったら松井玲奈さんに会えるかも」という単純な動機だった。

このときのオーディションには途中で落ちてしまったものの、初めて審査員の前で自己紹介をしたり歌ったりするという経験を通して、高本の中に新しい気持ちが芽生えていた。

「もし私がこのグループに入ってたら、今頃どんなことをしてるんだろう。あの制服を着て一緒にテレビに出たら、どんなふうに自己紹介するのかな」

欅坂46の冠番組『欅って、書けない?』を見ながら、高本は自分がアイドルになった姿を何度も何度も想像した。やがて番組に長濱ねるが登場し、新たにけやき坂46というグループがつくられると発表されたとき、高本はすぐにオーディションに応募したのだった。

そして数ヵ月後、けやき坂46のメンバーになって初めて長濱と会えた日、高本は涙が止まらなかった。自分も受けていた欅坂46のオーディションを最終審査直前で辞退し、結果的にけやき坂46の最初のメンバーになって、自分をアイドルの世界に導いてくれた人が、今目の前にいる。高本にとって長濱は特別以上の存在だった。

そんな高本がアイドルとしてさまざまな経験をするなかで、一番印象に残った現場が『Ｒｅ：Ｍｉｎｄ』だった。クランクインする前は「お芝居ってすごく怖いんだ」と思い込み、表現することを恐れていた。最初のシーンの撮影でも、うまく声を出せずに泣いてしまった。だが、一度思い切って声を出してみると、途端に演技することが楽しくなった。

何より、撮影現場の空気が好きになってしまった。この作品に関わっていたスタッフは皆仲がよく、メンバーに対しても決して怒らず成長を見守ってくれた。ドラマの設定上、物語の進行に合わせてひとりひとり登場人物が消えていったが、そのたびにメンバーの名前にちなんだ粘土細工をこっそりセットに忍ばせておいて、彼女たちを和ませてくれるような遊び心もあった。

そんな雰囲気のなかで、高本は裏方の仕事に強い興味を持つようになった。

「カメラの横についてるこれ、なんですか？　どうやって使うんですか？」

毎日のように自分の知らないことを発見してはスタッフに聞いてみた。自分も同じように仕事をしてみたくなって、「本番灯つけまーす！」と言って電気をつける係になったり、制作や装飾の仕事を手伝わせてもらったりもした。自分の役が出番を終えてオールアップしたときは、マネジャーに「明日も現場に手伝いに行っていいですか？」と聞いて却下されたほどだった。

最初はあんなに怖がっていたドラマというものが、こんなにすてきな人々の手で作られている。そのことを知って、もの作りに対する考え方が１８０度変わった。

それからの高本の目標は、もっと表現力を身につけて、いつかまた同じチームと仕事をすることになった。

ひらがなは芝居ができるチームになろう

この『Re：Mind』の主題歌には、けやき坂46の5曲目のオリジナルソング『それでも歩いてる』が使用された。

人生とは転ぶもの／膝小僧は擦りむくものなんだ／何度でも立ち上がれよ／俺はそれでも歩いてく／人生とは何なのか？／勝ち負けにどんな意味がある？／生まれてから死ぬ日まで／そうさ　それでも歩くこと／だから　それでも歩いてる

それまで彼女たちが歌ってきたような明るく爽やかなアイドル路線から一転して、フォークソング調で人生を歌い上げる奥深い曲だった。この楽曲のイメージに合わせ、センターには大人びた佇《たたず》まいと強い歌声を持つ齊藤京子が抜擢された。それまで長濱ねる単独か、長濱と柿崎芽実のWセンター体制が敷かれていたけやき坂46で、初めてセンターが代わった瞬間だった。

そのポジション発表は、ドラマの撮影と並行してダンスの振り入れをした際にあっさり伝えられた。スタッフが「じゃあセンター、京子」と言うと、齊藤が「はい!?」とすっとんきょうな返事をして、ほかのメンバーの笑いを誘った。けやき坂46らしいのどかなセンター交代だった。

また、少し前に加入したばかりの2期生9人のうち、渡邉美穂だけがこのドラマ本編の撮影に参加することになった。このために急遽行なわれた2期生内のオーディションを経て決まったことだった。

渡邉は出演が告げられたその日のうちにスタジオに向かい、そこで初めて1期生たちと顔を合わせた。ここから、2期生たちの物語も始まっていくことになる。

約2ヵ月に及んだドラマ『Re：Mind』の撮影。そのクランクアップの日、最後のシーンを見届けるためにメンバー全員が集まった。撮影がすべて終了した後、渡された花束を抱えたままひとりひとりが挨拶に立った。

子供の頃から女優になることが夢だった影山優佳は、「もっともっと大女優になって戻ってきます」と宣言した。メンバー内のまとめ役で、誰よりも長くスタジオにいた佐々木久美は「演技が初めての私たちで至らないところもたくさんあったんですけど、皆さんがほんとに優しくて楽しいドラマ撮影でした。一生の思い出です」とグループを代表して感謝の言葉を伝えた。

このとき、メンバーからスタッフに、この2ヵ月間の思いをつづったノートが贈られた。齊藤は与えられたページ内に思いを書ききれず、別の便箋《びんせん》3枚にびっしり書いた手紙を演出家の内片輝に手渡した。そこには、ワークショップで泣いてしまった後に「ありがとうございました」のひと言もきちんと言えなかったことを、その後もずっと後悔していたという秘めた思いもつづられていた。

内片は、当初から「ひらがなけやきは芝居ができると言われるチームになろう」と言ってメンバーたちを励ましてきた。そして彼女たちが真っすぐに努力した結果、確かにそうなれたと感じた。

また、芝居において最も大事な〝相手をよく見る〟という感覚を身につけてもらうため、ライブでもお客さんをよく見てほしいと言ってきた。それは結果として、演技だけではなく彼女たちのステージ上のパフォーマンスもレベルアップさせることになる。

こうしてけやき坂46にさまざまな成果をもたらしたドラマ『Ｒｅ：Ｍｉｎｄ』は、メンバーたちの心の中に宝物のような思い出を残し、クランクアップした。

SONG LYRICS #7

それでも歩いてる

Lyrics | 秋元康
Music & Arrangement | さいとうくにあき

掌《てのひら》を空に翳《かざ》し
目を細めていた青春の日々よ
この世界に反射する
何が眩しかったのだろうか?

あの頃　語り合った夢は
風に吹かれて流されていった
駄々広い大地を踏みしめて
古い太陽は沈んだのか?

下を向くなと誰かに教えられて
ただ　ずっと前だけを見て来た
馬鹿正直に生きてるだけじゃ
いつか躓《つまず》くものだと
今になって邪魔な石ころの存在を
知った

人生とは転ぶもの
膝小僧は擦りむくものなんだ
何度でも立ち上がれよ
俺はそれでも歩いてく

いくつかの苦い涙
拭うこともなく嗚咽した日々よ
運命だと信じ込んだ
愛は錯覚と言い訳するのか?

いっぱい抱きしめ合ううちに
腕の強さがよそよそしくなった
必要とはされないやさしさが
そう一番の不幸だった

希望を捨てるなと誰もが上から目線で
偉そうに腕組みをするけど
どこのどいつが傷ついたって
あんたは痛くないだろうって
そんな言葉吐き捨てたくなるのが
若さか

人生とは負けるもの
勝つことなんかないって知ればいい
負け方が大事なんだ
俺はそれでも生きている

夕焼けがいつしか
長い影を作って
そばに寄り添う
どの道を歩いて来ようと
なぜか　切なくて
泣きたくなる

人生とは転ぶもの
膝小僧は擦りむくものなんだ
何度でも立ち上がれよ
俺はそれでも歩いてく

人生とは何なのか?
勝ち負けにどんな意味がある?
生まれてから死ぬ日まで
そうさ　それでも歩くこと

だから　それでも歩いてる

HINATA ZAKA 46 STORY

第16話

1期生と2期生

誰も座っていない〝ねるちゃんの椅子〟

2017年11月6日、福岡サンパレスホールでけやき坂46の全国ツアー福岡公演が行なわれた。オープニングパフォーマンスでは、メンバーによるカラーガードが披露された。フラッグやライフルを使ってマーチングを盛り上げるカラーガードは、東村芽依が中・高のときに取り組んできたものだった。練習でほかのメンバーに教えることもあった東村は、この日のステージでもセンターに立って、最後は大きなライフルトスをキャッチしてパフォーマンスを締めた。

佐々木久美は、この公演からある〝ゲーム〟をするようになった。会場のファンの顔をひとつひとつ見回し、真顔で見ている客を見つけたらその人が笑うまで徹底的にハッピーオーラを振りまく。そして相手を笑顔にさせたら自分の勝ち——。ライブをより盛り上げるために彼女なりに考えてやっていることだったが、そこにはドラマで培った〝相手をよく見る〟という意識も生かされていた。

そしてドラマの主題歌でもあった『それでも歩いてる』も、ここで初めて披露された。この楽曲では、センターを務める齊藤京子に続いて全11人のメンバーがそれぞれソロを取っていく。けやき坂46の楽曲において全員にソロパートがある曲はこれが初めてであり、その緊張感が彼女たちの歌唱力を鍛えることになった。

この楽曲のパフォーマンスでは、小道具として12脚の椅子が用意された。中央に置かれた誰も座っていない一脚は、メンバーが〝ねるちゃんの椅子〟と呼んでいるもので、長濱ねるを含む12人でつくってきたけやき坂46の歴史を表すとともに、フォーメーション移動の多いこの楽曲の振り付けの基準点にもなっていた。

そして曲のラストでは、一列に並べた12脚の椅子をメンバーが次々と飛び越えていく。「生まれてから死ぬ日まで／そうさ　それでも歩くこと／だから　それでも歩いてる」という歌詞のとおり、今までけやき坂46が歩んできた過去を踏まえ、次の道へ進んでいこうとする意志を示していた。

すでにこのとき、けやき坂46の全国ツアーのファイナル公演が千葉・幕張メッセで行なわれることも発表されていた。そのキャパシティは2日間で計1万4000人。これまで回ってきた3000人以下のライブハウスとは比べ物にならない規模だったが、チケットは先行販売の時点で多くの落選者が出るほどの売れ行きだった。これはメンバーはおろかスタッフも驚くほどの結果だった。

売れ行きが好調だった最大の理由と考えられるのが、「ライブビューイング」だった。春から始まったこの全国ツアーでは、毎回、全国4ヵ所のライブハウスでライブビューイングと呼ばれる同時中継が行なわれていた。知名度の低かったけやき坂46にとってはチャレンジングな企画だったが、このライブビューイングを盛り上げるために毎回2名の欅坂46メンバーがライブに同行し、舞台裏レポートをするなどのバックアップも行なわれた。

この中継を通じて地方にも徐々にけやき坂46のファンが増えるとともに、2期生加入、長濱ねるの兼任解除という激動の道を歩んできたこの数ヵ月のグループの物語が、多くの観客に共有されることになった。

さらに、ファンの間では2期生たちも次の幕張のステージに立つのではないかという期待も膨らんでいた。8月に加入した2期生9人は、ここまでファンの前でパフォーマンスを行なう機会がなかったのだ。

こうしてけやき坂46は、グループ史上最大規模のワンマンライブへと向かっていった。

50m走で生まれた絆

合格直後から2期生のレッスンを指導していたダンサー/振付家のTAKAHIROは、初めて彼女たちと顔合わせをしたときのことをよく覚えている。

「よろしくお願いします!」

彼女たちの声の大きさと勢いに、肌がビリビリと震えるような感覚があった。欅坂46やけやき坂46の1期生とはまったく雰囲気の違う、新世代の子たちが入ってきたという印象を受けた。

その後、2期生たちは欅坂46の冠番組『欅って、書けない?』に6週にわたって出演。さらに雑誌の誌面も多く飾った。けやき坂46の1期生がグループを大きくしてきたことによって、次の世代への注目度が確実に上がっていた。

その2期生を含む20人で歌う初めての全体曲『NO WAR in the future』の振り入れは、福岡公演の後に行なわれた。1期生と2期生が一緒に踊るのはこれが初めてだった。加入した頃の1期生にはとうてい踊れなかったような難しい振り付けにも臆さず、積極的についてくる後輩たちを見て、1期生たちは「2期の子たちすごいね」と口々に言い合った。

だが、周りからどう見えていても当の2期生たちは不安で押し潰されそうだった。

最年少でバレエ経験者の濱岸ひよりは、同じくバレエ経験者の佐々木久美とシンメトリーのポジションに立ち、バレエの技を披露することになった。しかし初めての合同レッスンのプレッシャーで息もできないほど緊張していた濱岸は、重要なポジションに抜擢されて「私なんかでごめんなさい、ごめんなさい」と内心は萎縮しっぱなしだった。欅坂46の曲に出会って人生が変わったというほどグループに思い入れの強かった丹生明里《にぶあかり》も、1期生とハグをするシーンで極端に遠慮してしまい、この日はひと言も先輩に話しかけられなかった。

そんな彼女たちを励ましたのが同じ2期生の渡邉美穂だった。

「みんな大丈夫だよ！　1期さんは優しいから！」

『Ｒｅ：Ｍｉｎｄ』の撮影にひとりだけ参加していた渡邉は、いち早く1期生たちとの関係を築いていた。特に加藤史帆とは先輩後輩を超えて友達のように接することのできる仲になっていた。

渡邉が加藤と話すようになったきっかけは、ドラマの現場で加藤からふられたたわいもないひと言だった。

「ねぇ、埼玉出身でしょ？　私も埼玉好きだよ」

その後、『欅って、書けない？』の企画で50ｍ走をすることになった際、予選で加藤から「一緒に走ろう？」と誘ってもらった。そして渡邉に僅差で勝った加藤は、息を切らせながら「やっぱり速いねぇ」と笑った。

欅坂46／けやき坂46のメンバー38人が参加したなかで、このときのふたりのタイムは加藤が1位、渡邉が2位という好成績だった。そして一緒に全力で走ったことをきっかけにして、ふたりの距離は一気に縮まった。

「ひらがなに入ってくれてありがとう」

グループ屈指の運動神経を誇る加藤史帆は、もともと小学5年生から中学3年生までソフトテニスに打ち込んでいた。クラスのなかではさして目立つタイプではなかったが、中学の部活では都大会常連という実力者だった。その当時は、うまい先輩の後ろにぴったりついて黙々と技を学んだり、毎日家の前でひたすら壁打ちをしていた。

後にけやき坂46に入ってからも、加藤がこうした生まじめさを見せる場面は多かった。

レッスンが始まった当初、ダンスに苦戦していた加藤にマネジャーがなんの気なく「レッスンはちゃんとしなよ」と言うと、加藤はこう応えた。

「はい、頑張ります。私、ちゃんと踊れるようになりたいし、ひらがなけやきをもっといいチームにしたいんです。明日は1時間早くスタジオに入って、レッスンの前に自主練してもいいですか?」

一方で、何事に対しても弱気でネガティブなところがあるのも加藤の一面だった。

初めて雑誌の撮影をしたとき、写真を撮り終わった瞬間に加藤はこらえていた涙をポロポロとこぼした。撮影中、カメラマンの後ろにいたスタッフたちが「あの子かわいくないね」と言っていると勝手に思い込んでいたのだ。また、全国ツアーの大阪公演で『制服と太陽』のセンターに指名されたときも、仲のいい佐々木久美に「なんで私なんだろう、センターなんてできない」と弱音を吐き、延々泣き続けた。

加藤にとって、アイドルとして活動するということは、自分の弱い心と戦う日々そのもののことだった。

やがてグループに2期生が加入し、ドラマの撮影現場に渡邉美穂がひとりでやって来たとき、加藤は彼女の気持ちがよくわかる気がした。自分も中学の頃、同学年のなかでひとりだけ先輩と大会に出て、寂しさとプレッシャーを感じながら必死にプレーしていた記憶があったからだ。

今まさにそんな思いを抱いている渡邉を少しでもリラックスさせてあげたくて、加藤はたわいもない話をふったのだった。

実は渡邉にも加藤と似たところがあった。小学生のときから10年間バスケに打ち込み、高校ではキャプテンとして県大会常連の部を率いていた彼女にも、確かに体育会系のストイックさがあった。根はネガティブで、いつも自分の弱い心と戦っているところも、加藤と共通していた。

かつて彼女たち2期生の募集が発表されたとき、加藤はスタッフから「この募集はひらがなにとっていいことしかない」と説明されても、気持ちがついていかなかった。しかし、もともと乃木坂46の大ファンでアイドル好きだった彼女は、初めて2期生たちと挨拶したときにはもう気持ちが切り替わっていた。

「こんなかわいい子たちがひらがなに入ってきてくれたんだ。私たちずっと漢字（欅坂46）さんのアンダーって言われてたのに、そんなグループに入ってきてくれて、本当にありがとう」

こうしていよいよけやき坂46は20人体制となり、幕張のステージを迎えるはずだった。しかしそこに至る道には、まだ大きな試練が待ち受けていた。

HINATAZAKA46 STORY

第17話

10人で迎えたツアーファイナル

本番2日前に起こったアクシデント

2017年春から始まったけやき坂46初の全国ツアーは、残すところ千葉・幕張メッセでの2days公演のみとなった。今回のセットリストに含まれていた楽曲は、2日間で計20曲。ここで初披露となる新曲『NO WAR in the future』をはじめとするけやき坂46の全オリジナル曲に加え、これまでに歌ってきた欅坂46の曲や洋楽メドレーも並んでいた。

さらにタップダンスやドラムマーチなど、全国ツアーの各会場で披露してきたパフォーマンスもすべて上演されることになっていた。1期生たちが約9ヵ月にわたって行なってきた全国ツアーのまさに集大成といえる内容だった。

そしてこの千葉公演で新たに披露される予定だったのが、ローラースケートのパフォーマンスだった。しかし、子供の頃にやったことがあるというメンバーが多かったにもかかわらず、それは意外にも今までのどのパフォーマンスよりも難しかった。

練習ではヘルメットに加え手首・肘・膝のプロテクターを完全装備していたが、何度も転ぶうちに恐怖心にとらわれるメンバーも出てきた。特に苦手意識があった佐々木美玲や高本彩花は、恐る恐る滑ってはすぐに手すりにつかまってばかりいた。また、最初から「できる気がしないんだけどどうしよう、ねぇどうしよう」と不安を口にしていた齊藤京子は、滑る前の足踏みの練習にさえ苦労していた。

そんな状況のなか、より本番に近い環境で練習するために早朝から都内の大型ローラースケートリンクを借り切ってリハーサルを行なうことになった。ここでも、慣れない広いリンクとよく滑る床の上でメンバーたちは頻繁に転んでいた。やがて講師が彼女たちを集めて口頭で説明を行なっているとき、異変が起きた。

「ちょっと気持ち悪くて……」

柿崎芽実がその場にしゃがみ込んだまま動けなくなってしまった。その顔は、驚くほど真っ青だった。すぐにスタッフが彼女を病院に連れていった。

夕方になってリハーサルスタジオで再び楽曲の練習を開始したとき、スタッフにつき添われて柿崎が戻ってきた。その左腕は三角巾でつられていた。

その柿崎の姿を見た瞬間、齊藤は「まさか」と鳥肌が立った。朝の時点で柿崎がそれほどの大ケガをしているとは誰も予想していなかったのだ。

スタッフの口から経過報告が行なわれた。

「見てのとおり、柿崎は転んだときに左腕を骨折しました。今度の幕張のライブにも出られません」

その衝撃的な言葉に、ほとんどのメンバーは泣きだしてしまった。幕張のライブのわずか2日前のことだった。

上を向いて涙を流さない

長野県で生まれ育った柿崎芽実は、子供の頃からなぜか人より注目される存在だった。幼稚園や小学校の学芸会では、自分では立候補していないのに推薦でお姫さま役をやった。活発で友達が多く優等生だったこともあり、中学では所属していた美術部の部長や生徒会書記も務めていた。

けやき坂46のオーディションの合格発表の際も、スタッフから壇上の中央に立つように指示されたし、グループの最初のオリジナル曲『ひらがなけやき』でも長濱ねるとWセンターを務めた。

また、加入当時14歳でグループ最年少だった柿崎は、メンバーから〝ひっつき虫〟と言われるほどの甘えん坊だった。しかし、時に激しい一面をうかがわせることがあった。

グループの3曲目のオリジナル曲『僕たちは付き合っている』で、センターの長濱ねるの後ろの1・5列目という微妙なポジションを与えられた際は、悔しくてたまらなかった。センターから外されたことがいやだったのではなく、自分の実力不足をわかった上で「下げるんだったらこんな中途半端なところじゃなく、もっと後ろにすればいいのに」と思ったからだった。

　また、けやき坂46のライブで柿崎がセンターを務めていた『二人セゾン』で、ソロダンスを井口眞緒が担当することになったときは、「センターの芽実ちゃんがやればいいのに、なんで私なの」といつまでもぐずぐず泣いている井口に本気で腹を立てた。

「泣いても何も変わらないんだから、決まったことはやるしかないでしょ」

　柿崎自身もセンターを務めるなかで何度も泣くことがあったが、「できません」と言って逃げたことは一度もなかった。その負けん気の強さと一度決めたことをやり抜こうとする姿勢は、気高さを感じさせるほどだった。

　そんな柿崎が、幕張のステージを目前にして大ケガを負ってしまった。実は転んで手をついた瞬間に「やったな」と自分でもわかったが、病院でレントゲンを撮ってもらってあらためて骨折という診断結果を聞かされたとき、柿崎は初めて大泣きした。それは医者が驚くほどの取り乱しようだった。

　けやき坂46のメンバーとして頑張ってきた1年半の成果を見せるライブに、自分は参加できない。その事実をこの時点ではっきりと悟ったからだった。

　しかしその数時間後、リハーサルスタジオに戻ってきた柿崎は、ほかのメンバーが泣きじゃくるなかでじっと上を向いて涙がこぼれるのをこらえていた。その胸のうちにはこんな思いがあった。

「ここで私が泣いちゃ絶対にダメなんだ。今みんなの気持ちが乱れたら、幕張のライブを成功させられない」

柿崎のライブ不参加に伴い、本番直前のこのタイミングですべての楽曲のフォーメーションが変更されることになった。それは、「芽実の分までほかのメンバーでカバーして、最高のライブを届けよう」というチームの選択だった。

そのリハーサルの間中、柿崎はスタジオから一歩も離れずにメンバーたちが踊る姿をじっと見つめていた。一番悔しいはずなのに涙をこらえている柿崎の心中を思うと、メンバーですら誰も声をかけられなかった。しかしその気高い姿は、その場にいた者の心を強く刺激した。

いつも弱気だったはずの加藤史帆は、スタッフから「泣いたってしょうがないだろう」と言われて、はっきりと言い返した。

「私は悲しくて泣いてるんじゃありません。悔しくて泣いてるんです」

柿崎と幕張のステージに立てないという悔しさが、メンバーたちの闘志に火をつけていた。

このとき、激しい気迫を放つ先輩たちの姿をスタジオの隅で見ていたのが、2期生たちだった。スタッフも熱くなって声を張り上げるような異様な空気に当てられ、2期生の何人もが感情を高ぶらせて涙をこぼした。ここで見たリハーサルの光景こそ、彼女たちのその後の姿勢に決定的な影響を与えることになる。

そんな嵐のような2日間を経て、いよいよライブの開催日がやって来た。

私たちはここでとどまってはいられない

2017年12月12日、けやき坂46の「ひらがな全国ツアーファイナル」初日公演が開催された。ライブはけやき坂46にとっての初めてのオリジナル曲『ひらがなけやき』で幕を開けた。当初センターに立っていた長濱ねるも柿崎芽実もいない、10人だけのパフォーマンスだった。

柿崎はこの日もステージ横のモニターに張りついてじっとメンバーたちを見ていた。ライブが始まった直後は、自分がそこに出られない悔しさと、自分のせいでローラースケートの披露も中止になってしまったことに対する申し訳なさで何度も涙があふれてきた。

だが、このときステージに立っていたのは10人だけではなかった。ライブ前の円陣に柿崎も参加した際、誰からともなく「ねるちゃん」という声が上がると、佐々木久美が声を張って指示した。

「ねるちゃんの分も空けて！　12人で、全力でやろう！」

1期生たちにとって今までの集大成となるライブだからこそ、長濱ねるも柿崎も含めた12人分のハッピーオーラを届けるという意識が、彼女たちの胸にはあった。

そして広い幕張のステージで、たった10人であることを感じさせないくらい大きく踊る仲間たちの姿を見ているうちに、袖にいた柿崎の気持ちも変わっていった。

「ライブって、見ているだけでこんなに元気が出るんだ。自分も頑張ろうって勇気をもらえるんだ。私はほんとにひらがなけやきのみんなが大好きなんだな」

この日、メンバーたちが衣装替えやユニット曲の交代のためにステージ横を通るたびに、柿崎は笑顔で「頑張って！」と声をかけ続けた。

また、これからのグループの未来をつくっていく2期生たちも、ここで最初の一歩を踏み出した。ライブ中盤、2期生がひとりずつ登場し自己PRをした後、1期生も合流して『NO WAR in the future』が初披露された。四つ打ちのビートに、拳を振り上げてジャンプする振りを多用したパワーのある楽曲だった。

間奏では、メンバー全員でつくる大きな「ひ」という人文字が、ステージ真上のカメラでとらえられた。大人数になったことで初めてできたダイナミックなフォーメーションだった。

2番のAメロでは、1期生と2期生がふたりひと組になって次々と前に出てポーズを決めるというパートも用意されていた。実は、この振り付けは1期生と2期生の融合を促すとともに、「メンバーにカメラを意識させる」というテーマも隠されていた。

彼女たちの先輩の欅坂46のライブでは、メンバーの顔も判別がつかない逆光のなかでパフォーマンスを行なうという演出が多用されている。その幻想的な光景は観客に陶酔をもたらすとともに、ほかのアイドルのステージとは一線を画すグループのカラーにもなっていた。けやき坂46のライブにおいても、欅坂46の楽曲をパフォーマンスする際は基本的にこの演出プランが踏襲されていた。

しかし、欅坂46とは違うけやき坂46らしさを表現するために新たに加えられたのが、モニター越しのアピールだった。それぞれのメンバーがカメラに抜かれるタイミングを意識し、観客にアピールしていくというこのスタイルは、アイドルのライブにおいてはごくオーソドックスな方法論であり、大先輩の乃木坂46が最も得意とするところだった。

後にこのモニター演出はさらに進化していくが、こうしてアイドルらしく見せる楽曲とクールに見せる楽曲を使い分けていくという点で、乃木坂46と欅坂46のハイブリッドともいえるスタイルをけやき坂46はすでに試みていた。

ライブのラストでは、柿崎芽実を含む1期生のみで『W－KEYAKIZAKAの詩』を歌唱した。左腕をけやき坂46のフラッグで包んだ柿崎がマイクを取ると、満席の会場から割れんばかりの歓声が起きた。

「今、このステージに11人全員で出ていることが本当に幸せです」

柿崎をはじめとするけやき坂46の1期生たちは、グループに加入した頃、「欅坂46にアンダーグループはいらない」と一部のファンから言われたことを昨日のことのように覚えていた。それが今やこの広い幕張メッセをけやき坂46のタオルが埋め尽くす光景を見て、信じられない心持ちがするとともに、言い表せないほどの幸せを感じていたのだった。

そして2日目のライブの最後のMCで、佐々木久美はこう語った。

「私たちはねるちゃんひとりから始まった12人で頑張ってきて、次に11人になってしまって、また20人に増えたんですけど……。でもずっとねるちゃんの意志は継いでるし、こうやって私たちのことを好きって応援してくださる方が増えてるし、だから私たちはここでとどまっていられないなって思うんです。まだまだ未熟な私たちですけど、9人の後輩も増えて、もっともっと頼もしく、カッコいい、ハッピーオーラで包まれたグループを今の20人で育てていきたいなって思っています」

ひと言ひと言に思いを乗せるように彼女が話す間、満席の会場は一瞬も聞き漏らすまいと静まり返っていた。モニターには、この1年半のことを思い出して涙を流すメンバーたちの顔が映し出されていた。

柿崎芽実の骨折という不測の事態を乗り越えて行われたけやき坂46最大のライブは、こうして幕を下ろした。しかし、その直後に彼女たちはまたしても大きな試練に直面することになる。

HINATA ZAKA 46 STORY

第18話

武道館3daysという挑戦

本番直前に飛び交った「勝ちに行こう！」

年が明けた2018年1月。欅坂46／けやき坂46の日本武道館3days公演の開催が発表された。内訳は、1月30日にけやき坂46が、同31日と2月1日に欅坂46がそれぞれワンマン公演を行なうというものだった。音楽の聖地ともいわれる武道館での単独公演は、両グループにとって初めての挑戦だった。

だが事態は急変する。1月中旬、スタッフから「重要な話がある」と言われて集まったけやき坂46のメンバーたちは、思わぬことを告げられた。

「ひらがなけやき、あなたたちに武道館を3日間任せたいと思っています。やってもらえますか？」

突然の問いかけに、佐々木美玲は頭が真っ白になってしまった。答えを出す以前に、何を言われているのかさえうまく理解できなかった。ほかのメンバーも似たような状態で、「できますか？」

というスタッフの再三の問いかけにも応えられず、うつむくばかりだった。

実はこの直前に、欅坂46のセンターを務める平手友梨奈が、全治1ヵ月のケガにより武道館への参加を見送ることになった。それを受け、スタッフと欅坂46のメンバーが話し合った結果、武道館公演までの残り時間のなかで平手のポジションを埋めて観客の求めるレベルのパフォーマンスをすることは難しいと判断された。そこで、すでに単独で全国ツアーを成功させてひと回り大きくなったけやき坂46に、3日間すべてを任せてみようという話になったのだった。

この決断は、運営サイドとしても、けやき坂46のメンバーたちを信じるしかない賭けであった。こうなった以上、けやき坂46のメンバーは腹を決めて武道館に立つしかなかった。

だが、メンバーの胸にはさまざまな思いがあった。齊藤京子は「単独で3日間なんて、体力が持つのかな。私、どうなっちゃうんだろう」と、その規模に不安を感じていた。佐々木久美は、「私たちだけで3日間なんて客席が埋まるはずないし、漢字さん（欅坂46）のライブを見たかったっていうファンの人がどう思うのか想像すると……怖い」と弱気になっていた。高本彩花は「きっと最後には漢字さんもライブをすることになるんじゃないかな。ファンの人たちと同じように、私も漢字さんのライブが見たいから」と、元どおり2グループで公演ができるのではないかという淡い期待を断ち切れずにいた。

そんな地に足がつかないような心境だったにもかかわらず、ライブの内容は今までよりはるかに負担が大きいものだった。まず、ツアーから大きくコンセプトを変えてまったく新しい演出にしたために、振り付けや曲中のフォーメーション移動が大幅に変更された。

例えば欅坂46の『語るなら未来を…』は、けやき坂46のメンバーにとってほとんど踊ったことがない不慣れな曲だったが、今回の公演ではステージに組まれた2階建てのセットを上下に行き来して踊るという難易度の高い演出になった。

人一倍パフォーマンスをそろえることにこだわりを持っていた佐々木美玲は、特にユニット曲の完成度が低いことに不安を感じ、積極的にリハーサル後の自主練を引っ張っていた。しかし、目指しているレベルにはたどり着けず気持ちが焦るばかりだった。

また、2ヵ月後に出る欅坂46のシングルの制作期間とちょうど重なっていたこともあり、リハーサルに割ける期間は実質1週間程度しかなかった。しかも井口眞緒や潮紗理菜、影山優佳らはその少ないリハーサル日さえも学業の都合で参加できないことがあった。こうした場合は、代役のダンサーを立ててリハーサルを行ない、その動画を見ながら家で自主練するしかない。メンバー全員で集まってパフォーマンスをおさらいし、精度を上げていくという振り固めの作業ができるような状況ではなかった。

とにかく全員がやるべきことを覚えるのに必死で、メンバーたちの顔からは笑顔が消えていった。本番直前、通しの最終リハーサルを行なった後、演出家がメンバーを集めて厳しい言葉をかけた。

「みんな、いつものハッピーオーラがない。武道館でやる覚悟ができてないのか？」

チケットは先行販売の時点で会場のキャパシティを大きく上回る応募数に達していた。メンバーやスタッフの予想以上に、ファンはけやき坂46の武道館公演に期待していた。

これを受けて、スタッフもメンバーを鼓舞した。

「これだけの人が待っていてくれるんだから、もう勝ちに行くしかないだろう。伝説のライブにしようよ」

もう逃げることができないところまで来てしまった。だったら、この不安な気持ちを乗り越えて、ピンチをチャンスに変えるしかない――。

土壇場になって、メンバーの間でこんな言葉が飛び交うようになった。

「武道館、勝ちに行こう!」

「伝説のライブにするよ!」

こうして、3日間で計3万人を動員するという、グループ最大の挑戦が幕を開けた。

けやき坂46のカラフルな世界

1月30日、けやき坂46の単独ライブ「ひらがなけやき日本武道館3DAYS!!」の初日公演が開演。今回の武道館公演のオープニングでは、華やかなロングコートに身を包んだメンバーたちがステージ上でステッキやハットを使ってダンスを繰り広げた。ステージにはカラフルな電飾が施され、今までにない大掛かりなセットが組み上げられていた。

Ｚｅｐｐ　Ｔｏｋｙｏに始まった前年の全国ツアーでは、ライブハウスのステージを前提としたシンプルな演出でパフォーマンスをしてきたが、この武道館で初めてテーマ性のあるショー形式の演出を試みたのだった。そのテーマは〝サーカス〟。武道館を巨大なサーカス小屋に見立て、メンバーたちが次々と出し物を披露していくという趣向だった。

アリーナ席から天井近くまでを客席が埋め尽くす、すり鉢状の武道館の中心に立ったとき、佐々木久美は全身に鳥肌が立った。「武道館は今までの会場と全然違う。まるで３６０度、お客さんに囲まれてるみたい。お客さんのコールが会場に響いて、地鳴りみたいに聞こえる」。また、本番直前までメモを必死に読み返すなど、珍しくパニック状態に陥っていた潮紗理菜は、ステージに立った瞬間に気持ちが一変した。「ここに立ってると、まるで宇宙の真ん中にいるみたいだな。お客さんのサイリウムも星みたいに見える。ここまで来るのは大変だったけど、こんなにすごい景色を見せてもらえるなんて、私たちは死ぬほど幸せなんだ」

けやき坂46のライブでも恒例になっていた楽曲『二人セゾン』では、全国ツアーと同様に井口眞緒がソロダンスを担当した。そのパフォーマンスは、幕張メッセのステージで見せたものよりもさらにクオリティが上がっていた。

実は武道館でソロダンスをすることになったとき、井口は今までになく頑強《がんきょう》に拒否した。

「武道館３ｄａｙｓなんて絶対にいっぱいニュースになるのに、そこで一番ヘタな私がソロで踊るなんて、さらし者じゃないですか。ツアーも終わったんだからほかの人にやってもらいたいです」

しかし、涙を流しながらも数え切れないほど練習を重ね、少しずつ成長する姿を見せてきた井口だからこそ、武道館でもこの大役を務める資格があった。

スタッフやメンバーたちからほとんど叱咤《しった》されるように説得された結果、井口もついに腹をくくった。自分の踊っている動画を見直して、「私のこととここの動きがキモいんですけど、どうすればちゃんとしたダンスになりますか？」とダンスの先生にひとつひとつ確認し、武道館のステージ裏でも練習を続けた。その結果、「今までで一番の出来」と自分でも思えるパフォーマンスができた上に、ファンの間でもその上達ぶりが話題になった。

このときの井口のたった30秒のソロダンスには、1年近くに及ぶ努力の時間と、人は頑張れば成長できるというメッセージが確かに宿っていた。

そしてこの武道館公演のハイライトのひとつが、『100年待てば』という曲だった。まだ長濱ねるがけやき坂46のメンバーだった頃から歌われている彼女のソロ曲で、この武道館公演では、けやき坂46の1期生全員でカバーした。ステージにはメンバーのほかにピエロや大道芸のパフォーマー、ダンサー、キッズダンサーも登場し、サーカスとミュージカルを合体させたようなポップな世界を展開した。

実は、こうしてメンバー以外の人間が本格的にステージに上がるのは、欅坂46／けやき坂46のライブでは初めてのことだった。それは、「みんなと一緒に楽しく盛り上がる」というけやき坂46の開かれた雰囲気を形にした演出だった。そしてそのカラフルな世界観は、スタイリッシュなモノクロームの欅坂46の世界観と好対照をなし、両グループの違いを際立たせることになった。

そんな重要な役割を担った曲が長濱ねるのソロ曲だったことは、けやき坂46が彼女から始まったという歴史が導いた必然だったのかもしれない。この日、武道館の客席に長濱の名前が入ったタオルをいくつも見かけた高瀬愛奈は、「ねるちゃんはもういないけど、やっぱりここにいるんだな」と感じた。

その長濱ねるも2日目のステージを客席で観覧しており、終演後、メンバーの元を訪れて感想を伝えた。

「今日はひらがならしいハッピーオーラ満載のステージで、本当に本当に感動したよ。『100年待てば』も、みんなで歌ってくれてありがとう」

そう言って泣きだしてしまった長濱を見て、加藤史帆は「ながる（長濱）がなんで泣くの」と笑って言った。

長濱はけやき坂46と欅坂46を兼任していた頃、常に「漢字のマネじゃない、ひらがならしさってなんだろう」と自問していた。しかし、残されたメンバーたちはいつの間にか〝ハッピーオーラ〟という答えをちゃんと見つけ、こうして笑顔で活動していたのだった。

また、前年の幕張メッセでお披露目のステージを踏んだばかりの2期生も、さらにパワーアップしたステージを見せた。ソロダンスや『NO WAR in the future』のほかに、日替わりでセンターを代えながら乃木坂46の曲を3曲披露。カバー曲とはいえ、欅坂46ともけやき坂46とも違う新しい風をステージに吹かせたのだった。

そしてこのライブのアンコールで初披露されたのが、1期生が歌う新曲『イマニミテイロ』だった。それはこの武道館公演を象徴するような一曲であり、けやき坂46の未来への覚悟を問うた曲だった。そのセンターに抜擢されたのが、佐々木美玲だった。

午前4時に送ったメッセージ

佐々木美玲は、けやき坂46に入った頃から「なんでもできるすごい子がいる」と長濱ねるも驚いたほど、歌、ダンスともにポテンシャルの高いメンバーだった。彼女自身は前に出ようとするタイプではないので目立たなかったが、グループ一のダンス力を持つといわれる東村芽依でさえも、よく美玲に教えてもらったりしていた。

その美玲が、ドラマ『Re:Mind』の頃から急速に存在感を増していることにスタッフは注目していた。それまでは後列端のポジションを与えられることが多かったが、ステージ上での美しい立ち姿はセンターにふさわしいオーラを放っていた。そんな彼女に、これから新しい一歩を踏み出そうとしているけやき坂46の顔として白羽の矢が立てられたのだった。

だが、人と比べられることや競争が苦手な美玲は、それまでセンターというポジションを意識したことがなかった。この曲のポジション発表の際も、「センター、佐々木美玲」と言われて、本人は「2列目の真ん中のことかな」と思ったという。そのときは、彼女が自分で状況を理解するより先に、周りのメンバーから自然と拍手が起こった。

なかでも、潮紗理菜は感極まって泣いてしまった。『誰よりも高く跳べ！』で美玲とシンメトリーのポジションになって以来、〝永遠のシンメ〟と言ってお互いに認め合う仲だった。いつも「私はいいから」と言って人に譲ってばかりいる優しい性格の美玲が、やっと認められたのだと思うと、潮は自分のこと以上にうれしくなった。

「みーぱん（美玲）はいつもニコニコしていて、太陽みたいで、ひらがなけやきを象徴する人だと思う。私たちにとって、胸を張って自慢できるセンターだよ」

この発表があった日の夜、初めてのセンターという重圧から眠れなかった美玲は、午前4時にメンバーのLINEグループにメッセージを送った。

「今日、センターって言われてすごくビックリしました。私は握手会も全然人気がないし、かわいくないし、センターなんてできるのかなって不安だけど、みーぱんなりに一生懸命頑張ります」

その『イマニミテイロ』のMV撮影が行なわれた日。美玲はモニターに映る自分の硬い表情を見て、早速落ち込んだ。

「私、これじゃなんにも表現できてない。ただの〝無〟の顔だ」

そんな彼女に、振り付けを担当したTAKAHIROは「今までに悔しいと思ったことを思い浮かべて」とアドバイスした。

ある日　突然　大人たちから／「やってみないか？」って言われて／どうするつもりだ？臆病者よ

こんなフレーズで始まる『イマニミテイロ』という曲は、武道館を任されることになった彼女たちの心境そのものを描いたような曲だった。その試練から逃げずに立ち向かうための原動力こそ、〝今に見ていろ〟という気持ちだった。

誰かの背中越しに／世の中　眺めてた／自分の番が来ても／パスはできないルール／イマニミテイロ　どういう色だ？／唇噛み締めながら頑張って来た色／心の奥で何度も呟《つぶや》いた／言葉は何色？いつの日にかミテイロ

美玲は、この曲を歌いながら過去の悔しかったことを思い出してみた。例えば、握手会にぜんぜん人が集まらなかったこと。「欅共和国２０１７」でアンコール後の挨拶に立てなかったこと……。すると今にも涙があふれそうになった。

それは欅坂46へのライバル心などではなく、その背中越しに向こうをうかがいながら、前に踏み出そうとしなかった自分に対する悔しさだった。欅坂46が大好きな美玲の中にも、「自分たちは自分たちで、ひとつのグループとして前に出なきゃいけないんだ」という気持ちが芽生え始めていた。

この曲の圧巻は、２番のサビ以降のパフォーマンスだった。「イマニミテイロ」と歌いながら、メンバーたちが笑顔で拳を突き上げていく。過去の悔しさも立ちはだかる大きな壁も、笑顔で乗り越えようとするけやき坂46らしさが表されていた。

武道館で初めてこの曲を歌ったとき、ラストで笑みを浮かべて〝ひらがなポーズ〟をする美玲の顔がモニターに映ると、会場からは温かい拍手が送られた。それは、実に彼女らしい優しい笑顔だった。

しかし、最終日となる3日目の終盤、誰もが驚くサプライズが待っていた。

伝説の〝誰跳べ〟ダブルアンコール

『イマニミテイロ』の披露後、メンバーたちが次の曲に移るために動きだした瞬間だった。モニターに突然、こんなメッセージが表示された。

「メンバーのみなさん　3日間完走　本当にお疲れ様でした！」

そしてこの3日間の武道館公演のダイジェスト映像が流れた。昨日や一昨日のことなのに懐かしささえ覚えて、メンバーたちは目に涙を浮かべた。だが、本当のサプライズはここからだった。

「武道館公演を成功させたひらがなけやきのさらなる成長に…次なる試練」

その〝試練〟という二文字に、ステージ上のメンバーたちは悲鳴を上げた。サプライズといえば、つらい思いをした記憶しかない彼女たちにとって、次の言葉を知るのは恐ろしいことだった。しかし、続けて表示されたメッセージは予想もしていないものだった。

「ひらがなけやき　単独アルバム！　発売決定!!」

メンバーたちの間から、今度は爆発するような歓喜の声が上がった。思いがけずうれしい発表を受け、顔をグシャグシャにして抱き合うメンバーたちに、会場からも地鳴りのような歓声が送られた。

発表の余韻が続くなか、グループを代表して佐々木久美が短くコメントした。

「こんなにも夢が早く叶うとは思ってなかったので、ほんとにびっくりなんですけど……。うれしいです。ありがとうございます」

単独でのCDリリースは、前年のツアー中にメンバーが自主的に話し合って決めた目標のひとつだった。今まで欅坂46名義のCDのカップリング曲しか歌ったことがなかった彼女たちにとって、自分たちの名前で作品を出すことは最もシンプルで明確な目標であり、それだけに一番遠いもののようにも感じていた。だが、1年近くにわたるツアーを完走し、武道館3days公演というとてつもない挑戦に勝ったけやき坂46は、今や単独リリースに十分見合うグループになっていた。

そしてこの日のラストは、観客からのダブルアンコールに応えて『誰よりも高く跳べ！』を披露した。まだ持ち歌がほとんどなかった頃から、観客の心をつかむために試行錯誤を続け、今やグループの代表曲といえるまでに育ててきた曲だった。

いつも中心になって声を張り上げている久美は、このダブルアンコールに今までにない空気を感じた。

「私たちが声を出したら、今日はその何倍も声が返ってくる。すっごく楽しい！」

演出スタッフがインカムを通して「煽《あお》れ煽れ！　今会場つかんでるから、もっと煽れ！」と檄《げき》を飛ばすと、影山優佳が「皆さん！　もっともっと盛り上がっていくぞー！」と声が裏返るほどに絶叫した。

楽曲の力に引っ張られ、メンバーも会場もリミッターが外れていた。『誰よりも高く跳べ！』という曲の真のポテンシャルが発揮された瞬間だった。

ライブ後、誰もがやりきったという手応えとともに気持ちのいい疲労を感じているなか、柿崎芽実は不思議な感覚にとらわれていた。

「また明日もここでライブがあるような気がするな。このままもう一回でも、3daysをやれそう」

このけやき坂46の武道館公演は、情報番組やネットニュースでも大きく取り上げられ、「あの武道館3daysを成功させた、今一番勢いのあるアイドルグループ」という評価が高まった。この大きな挑戦は、確実に彼女たちの明日につながり、グループを取り巻く環境を変えることになったのだった。

イマニミテイロ

Lyrics | 秋元康
Music | 前迫潤哉、Yasutaka.Ishio
Arrangement | Yasutaka.Ishio

ある日　突然　大人たちから
「やってみないか?」って言われて
どうするつもりだ?臆病者よ

今の僕たちじゃ無理だって
もちろん　みんなわかってるよ (HA-)

だけど　なぜか　すぐその場で
喧嘩を買うように頷く
やるしかなかった　正直者よ

きっと試されてるのだろう
無理難題　押し付ければ
絶対　ギブアップするって…

誰かの背中越しに
世の中　眺めてた
自分の番が来ても
パスはできないルール

イマニミテイロ　どういう色だ?
唇噛み締めながら頑張って来た色
心の奥で何度も呟《つぶや》いた
言葉は何色?　いつの日にかミテイロ

いつか見てたあの夢よりも
実物はこんな大きくて
二の足を踏んだ小心者よ

もっと時間があればなんて
負け惜しみ　言いたくもなるさ (HA-)

誰も超えて行かなきゃいけない
自分の中の橋があるんだ
さあ　渡ろうぜ　腰抜けどもよ

責める者はいないだろうって
自己弁護は見苦しいよね
黙って立ち去ればいい

安全地帯にいて
後悔をするより
たとえ傷ついても
一番前で泣こう

イマニミテイロ　どういう色だ?
苦しい時に何度も　夢に見て来た色
願ったことは必ず叶えるよ
気持ちは何色?　言ってみたいザマアミロ

無謀だと言われたけど
逃げるわけには　いかないんだ
こんなに広い世界で
僕たちは歌う

イマニミテイロ　どういう色だ?
唇噛み締めながら頑張って来た色
心の奥で何度も呟《つぶや》いた
言葉は何色?　いつの日にかミテイロ

HINATA ZAKA 46 STORY

第19話 ひらがなとは何か？

「次の曲は2期生がセンターでもいい」

武道館公演後の2月12日、けやき坂46の2期生による初単独イベント「おもてなし会」が開催された。これは、先輩の欅坂46や、けやき坂46の1期生たちもそれぞれ行なってきた、グループ伝統のイベントである。武道館公演を成功させたけやき坂46の勢いを示すかのように、その舞台には千葉・幕張メッセという大会場が用意された。

同地は、前年の全国ツアーファイナルで2期生がステージデビューを飾った場所でもあった。当時は1期生との合同曲1曲だけのパフォーマンスだったが、今回は7000人の観客を前に8曲の歌唱を含むパフォーマンスを披露し、そのポテンシャルの高さを知らしめた。

そして2月下旬、けやき坂46のメンバーたちに朗報がもたらされた。春からグループの冠番組が2本同時にスタートするというのだ。それまで欅坂46の冠番組『欅って、書けない？』などに出演することはあったものの、あくまで先輩の番組にゲストとして出ていると思っていたメンバーたちにとっては夢のような話だった。

齊藤京子は、アイドル活動をする上でテレビの影響力がいかに大きいかを身をもって知っていた。グループに加入した当初、『欅って、書けない？』で自分の声の低さやラーメン好きというキャラクターを引き出してもらえたおかげで、早くからファンに注目されて握手会の人気も上昇し、そのおかげで後にセンターを任せてもらえるまでになれたと考えている。だが、そんな自分たちが冠番組を持てる日が来ることを具体的には想像していなかった。

「今まで、グループの目標を聞かれたら『冠番組が持ちたいです』って言ってたけど、夢のまた夢すぎて口にするのも恥ずかしかったな。でも、まさかその夢が叶っちゃうなんて、私たちはなんて恵まれてるんだろう」

このけやき坂46の冠番組『ひらがな推し』と『KEYABINGO！4　ひらがなけやきって何？』は、ともに4月にスタート。また、グループ全員で出演する初舞台『あゆみ』も4月から5月にかけて上演されることになった。

たった1年ほど前には、ほとんど握手会しか稼働がなく、欅坂46にくっついて歌番組に出ても照明も当てられなかったけやき坂46。その頃からは想像もできないほど目まぐるしい日々を送りながら、高本彩花は不思議な心持ちがしていた。

「頑張ろうと思っても頑張れる場所がなくて、どうすればいいかわからなかったあの頃とは全然違うな。でも、あの頃の記憶があるから、今の忙しい状況がすごくうれしく感じられるんだ。このまま頑張れば、私たちも乃木坂さんや漢字さん（欅坂46）みたいな立派なアイドルになれるのかな」

しかし、メンバーたちにとっては別の意味で予想もしていなかったプロジェクトも動きだした。

「坂道合同新規メンバー募集オーディション開催」

乃木坂46、欅坂46、けやき坂46という〝坂道3グループ〟が合同でオーディションを行なうというのだ。ふたつの先輩グループに並んで、まだ単独デビューもしていないけやき坂46も1グループに数えられていたことは、業界関係者やファンの間で話題になった。しかも、このプロジェクトが発表された時点では、けやき坂46の2期生たちは活動を始めてまだ半年しかたっていなかった。彼女たちが動揺したのは当然のことだろう。

そんな2期生たちの姿は、ちょうど1年前に追加メンバーオーディションの開催を知ったときの1期生たちの姿に重なった。もっといえば、長濱ねるが加入してけやき坂46の結成が発表されたときの欅坂46メンバーたちの心境も、同じようなものだったろう。

2期生たちのことを気にかけながら、潮紗理菜は自分たちが1年前より確実に強くなっていることに気づいた。

「私たち、2期生の募集を知ったときはあんなに泣いたのに、今度は全然不安を感じてない。きっと、2期生が入ってきてくれたおかげで番組や舞台もできるようになって、グループが前に進んだことを知ってるからなんだ。また新しく3期生が入ったら、ひらがなにはもっともっと明るい未来がやって来るんだ」

すでにこの頃から、小坂菜緒をはじめとする2期生は雑誌の表紙も飾るようになっていた。彼女たちの露出が増えることによって、日に日にグループの知名度が上がっていることを1期生たちも感じていた。

加藤史帆は、ある日こっそりスタッフに本心を打ち明けた。

「私、次の曲は2期生がセンターでもいいと思ってるんです。だってかわいい子が真ん中にいたほうがいいじゃないですか。私は後ろからその子を支えてあげたいなって思います」

武道館の後に訪れた環境の変化が、メンバーたちを精神的にも成長させていた。まさにそんな時期に人生の決断を果たしたのが、グループ最年長の井口眞緒だった。

思い描いていた人生設計が崩れたとき

井口眞緒がけやき坂46のオーディションを受けた理由は、「審査員を驚かせるため」だった。

当時、女子大に通っていた井口は、友人グループのなかでもムードメーカーで、毎日のようにカラオケに行っては音痴な歌で友達を笑わせていた。そんなある日、いつものようにAKB48の曲を歌ってアイドルごっこをしていると、友人から「眞緒、アイドルになりなよ。眞緒がオーディションに来たら絶対に審査員がビックリするよ」と言われた。そしてその場でスマホで検索して見つけたのが、けやき坂46のオーディションだった。

軽いノリで応募したので本人もまさか受かるとは思っていなかったが、審査中に行なわれたSHOWROOM配信でも何時間もハイテンションでしゃべり続ける井口の存在は話題になり、ついに最終審査にも合格してしまった。けやき坂46のメンバーとしてデビューしてからも、テレビや握手会で全力で歌い、臆さず人気女優のものまねをするような井口のキャラクターは、ファンの間にあっという間に浸透していった。

しかし一介の女子大生だった女の子がなんの準備もないままアイドルになり、メディアで注目されたことによって、悩みも生まれた。初めて撮ったMV『誰よりも高く跳べ！』がYouTubeで公開されると、コメント欄は井口のダンスのへたさをあげつらったり面白がるような声で埋まった。

それまではただ自分が楽しいと思うことをしていただけなのに、気づけば不特定多数の人々から評価を下される立場になっていた。

「名前も顔もさらしてこんなに叩かれるなんて、もう私の人生は終わった。就職も結婚も無理。いっそのこと改名して、人生やり直したい！」

ダンスのレッスンでもいつも怒られてばかりで憂鬱《ゆううつ》になったが、同じ大学3年生の佐々木久美が張り切って踊っているのを見ると、「この人は私と違う世界の人間なんだな」と勝手に疎外感を抱いたりもした。前は一緒に遅くまで遊んでいた友人たちがLINEグループに投稿する楽しそうな写真を見ながら、井口はアイドルになったことを完全に後悔していた。

グループ3曲目のオリジナル曲『僕たちは付き合っている』をもらった頃は、大学4年を目前にしたタイミングだった。この頃にはもうグループを辞めて就職活動をする気でいた。実際に「辞めるって事務所に伝えてくる」と言ってほかのメンバーから泣いて引き留められたこともあった。

しかし、辞めたいという気持ちが頂点に達したとき、不思議なことに心は別の方向に動き始めた。それは全国ツアーの幕開けとなったZepp Tokyo公演で『二人セゾン』のソロダンスを任されたときのことだ。

「ライブが終わったら絶対に辞めてやる」と思いながら潮に付き合ってもらい、泣きながら自主練をしていたものの、本番ではやはり振りの一部を間違えてしまった。そのとき井口はこう思った。

「次はもっと上手に踊りたいな。とにかくみんなの足を引っ張りたくない。目標は、一公演通して一回も間違えないこと」

残念ながら、武道館公演を含めて井口が一度も間違えずにステージを終えられたことはない。しかし、ライブを重ねるにつれて「みんなと頑張っていきたい」という気持ちはどんどん大きくなっていくのだった。

以前は「大学を出て就職して結婚する」という人生設計にこだわっていた井口は、武道館公演を終えて大学を卒業した頃、シンプルな答えにたどり着く。

「そういえば私、別にアイドルでダメになっても新潟の実家に帰ればいいじゃん。今まで〝食いっぱぐれたらどうしよう〟ってことばっかり心配してたけど、人生一回きりなんだし、楽しいことしなきゃ損じゃん」

そう思うと急に気持ちが楽になった。カラオケで友達を笑わせたりSHOWROOMで破天荒なことをしていた頃の自分が、輝いて見えてきた。

そこであらためて自分のやりたいことを考えた結果、「自分のお店を持っていろんな人とお話したい」と思うようになった。サラリーマンやアイドルファンが訪れるスナックのような店をつくって自分がママになれば、毎日楽しく過ごせるだろうと考えたのだ。

井口はさっそく握手会で「スナック眞緒」という架空の店を開店し、2期生の宮田愛萌《まなも》を誘ってブログやSHOWROOMでこの企画を発信し始めた。すると、そのアイドルらしからぬ発想と行動力が話題になり、けやき坂46の冠番組でもコーナー化された。

この「スナック眞緒」もアイドルとしての自分も、その後どうなっていくのかはわからなかった。しかし井口は、本気で楽しんでいるときの自分が一番生き生きとしていることをもう知っていた。

〝ひらがなとは何か〟を探してきた時間

もとは「欅坂46のアンダーグループ」としてオーディションが行なわれたけやき坂46。しかし〝アンダー〟が具体的にどういうものなのか、どんな立ち位置のグループなのかは明確にされないまま、けやき坂46のメンバーは手探りでグループの存在意義を探してきた。

２０１７年の全国ツアー中には〝ハッピーオーラ〟というモットーも生まれ、グループのカラーが少しずつはっきりしてきた。その全国ツアーのことを、影山優佳は「〝ひらがなとは何か〟を探す時間だった」と振り返る。

やがてグループは長濱ねるの兼任解除、2期生の加入を経て武道館3days公演を成功させるまでに成長した。その次なる展開としてアルバムデビューが発表されたことは、それまでほぼライブだけで育てられてきたこのグループが、新しい段階に踏み出したことを示していた。

常にグループの先頭に立って自分たちの思いを言葉にしてきた佐々木久美は、今ならけやき坂46は欅坂46と違うグループだと言えると感じていた。

「今まで、グループのことを説明するときは『漢字さんの活動を受け継ぎつつハッピーオーラをモットーにして……』って言ってきた。でも、アルバムデビューも決まって2期生も増えた今、やっと『自分たちは漢字欅とは別のひらがなけやきっていうグループです』って言えるようになれたかもしれない。これから私たちひらがなけやきは、メンバーの仲のよさが伝わる、見ていてハッピーな気持ちになれるグループになりたい」

今やグループを取り巻く環境は大きく変わったが、佐々木美玲は加入した頃からやりたいことが一貫している。

「ひらがなのみんなで車に乗って、47都道府県ツアーがしたい。それから、老人ホームで踊ったり、メンバーのみんなとおじいちゃんおばあちゃんのお手伝いもしてみたい」

子供の頃にインドネシアに住んでいたことがあり、英語や中国語、スペイン語も得意な潮紗理菜も、夢はずっと変わっていない。

「いつか海外でライブをして、日本と世界をつなげる懸け橋になりたいな。最近は握手会にも海外から来てくださる方が増えたし、今度は私たちが向こうに行って、歌で〝ありがとう〟っていう気持ちを伝えたい」

たとえどれだけ遠い夢だと思われても、諦めない心でグループを軌道に乗せてきたけやき坂46の1期生たち。その意志を受け継ぎ、グループを大きく羽ばたかせるのは、2期生たちの役割だった。

HINATAZAKA46 STORY

第20話 選ばれた者たち

夢を追いかける同世代の少女たち

ここで、時計の針を2017年4月6日まで巻き戻す。

その日、東京・代々木第一体育館で欅坂46のデビュー1周年を記念するライブが行なわれていた。前年の同日、1stシングル『サイレントマジョリティー』でデビューした欅坂46が、その後1年の間にリリースした4枚のシングルの収録曲をすべて披露するという、グループ最大規模のライブだった。

この日、富田鈴花はひとりでこのライブを見に来ていた。過去には音楽好きな家族と共に韓流グループから日本のアイドル、オルタナティブロックまで、さまざまなアーティストのライブに足を運んだことがあったが、ひとりで会場に来たのはこれが初めてだった。大ファンだった欅坂46のステージをどうしても見たくて、やっと手に入れたチケットだった。

目の前で激しいダンスを繰り広げる欅坂46のメンバーを見ながら、富田は胸の高鳴りを感じていた。

「私と同じ世代の女の子たちが、こんなふうに夢を追いかけてるなんて、すごいな」

この日は、欅坂46のCDのカップリング曲を歌っていたけやき坂46もライブに出演し、数曲を歌った。『僕たちは付き合っている』では、メンバーたちが手を振りながらトロッコで会場内を移動していった。

もとは欅坂46のファンから入ったものの、けやき坂46の加藤史帆の握手会にも行ったことがあった富田は、「ひらがな（けやき坂46）は、欅坂とはぜんぜん違って〝アイドル〟してるんだなぁ」と感じた。

そしてアンコールが明けた直後、サプライズ発表が行なわれた。

「緊急告知！」

「ひらがなけやき　増員決定！」

「今夏オーディション開催」

矢継ぎ早にスクリーンに映し出される文字に、会場は大きくどよめいた。富田は、ふいに隣にいたファンから声をかけられた。

「これ、受けないの？」

富田はとっさに笑顔を作りながら、「いやいや、まさか」と返した。しかし、心の中ではもう応募する気になっていた。

実はそれまでに何度か、芸能事務所のスカウトを受けたことがあった。一度、大手事務所の面談を受けたこともあったが、そのときは縁がなく所属には至らなかった。だが、そうしたことがきっかけになって心の中に未練のような気持ちが芽生えていた。

そんな富田にとって、けやき坂46の追加メンバーオーディションの発表の場に居合わせたことは運命としか思えない出来事だった。目の前のステージに立つ女の子たちのように、自分にも夢を追いかけるチャンスが巡ってきたのかもしれない――。

しばらくしてオーディションの受付が始まると、富田はすぐに応募した。

「私もあんなふうに笑えるのかな」

けやき坂46の追加メンバーオーディションが動きだすと、スタッフは予想を超えるその反響の大きさに驚かされた。応募総数は、約1万5000通。この時点では、歌番組に出ても照明も当たらないバックダンサー扱いで、単独デビューどころか今後どうなるのかさえわからなかったグループに、これだけの応募が来たことは驚くべき事実だった。何より、けやき坂46のファンだという子や、けやき坂46のライブを見たという応募者も多かったことが意外だった。

この年の3月に始まったけやき坂46の単独ツアーは、全国のライブハウスでライブビューイングによる同時中継が行なわれていた。これによって、けやき坂46のファンの裾野は確実に広がっていた。

そのライブビューイングを見ていたひとりが小坂菜緒だった。小学生のときにAKB48のファンになって以来、アイドルが好きになり、乃木坂46や欅坂46を家族ぐるみで応援していた。しかし、テレビやCDといったメディアを通してしかアイドルに触れる機会がなく、ライブやコンサートを見たことはなかった。

そんな彼女が中学3年生のとき、けやき坂46のファンだという学校の友達から誘われて、初めてライブビューイングというものを見に行くことになった。

5月31日、けやき坂46の全国ツアー大阪公演が開催。地元在住だった小坂は、別会場のスクリーンでけやき坂46のメンバーたちが歌う姿を見ていた。

この日のライブは、グループとしても今までの路線からの方向転換を試みた重要な回だった。欅坂46のイメージの強い『サイレントマジョリティー』や『不協和音』のカバーは封印し、『制服と太陽』や『微笑みが悲しい』といった優しい雰囲気の楽曲をセットリストに組み込んだ。観客に笑顔を振りまきながら歌うメンバーたちの姿は、ライブビューイングのスクリーン越しにもキラキラと輝いて見え、会場を明るく楽しい空気で満たした。

そのうち、小坂の胸のなかに今まで考えもしなかった思いが浮かんできた。

「アイドルって、こんなに人を笑顔にすることができるんだ。私もアイドルになったら、あんなふうに笑うことができるのかな」

振り返ると、小坂は小学校に上がった頃から学校が好きではなかった。成績はよかったが、友達があまりできなかったために居心地が悪かったのだ。一時期はわざと明るく振る舞って目立つ女子の輪に入ったこともあったが、本当は行きたくない遊びの約束にも付き合っているうちに、「これはホントの私じゃない」と感じてまた距離を置くようになった。

中学校に入ると、さらに引っ込み思案な性格になり、家の外に一歩出るだけでも周りの目を気にするようになった。学校でも特定の親友以外との関わりを閉ざして、いつもおとなしくしていた。

「こんな私と話してても、みんな楽しくないんやろなぁ」

面白くもなければ、明るくもない自分が嫌いだった。だが、けやき坂46のようなグループに入れば、そんな自分を変えられるんじゃないかと思った。

彼女がライブを見たまさにその日、けやき坂46の追加メンバーオーディションの応募受付が始まった。小坂は、人生で初めて自分から一歩を踏み出した。

その後、けやき坂46のライブの明るく楽しい雰囲気をもう一度味わいたくて、次のライブビューイングには自分から友達を誘って行った。

両親の前で拇印を押した〝誓約書〟

「どうして？　どうして私はオーディションを受けちゃダメなの？　理由を教えてよ」

宮田愛萌は、ビリビリに破かれた書類を前に母親を問い詰めていた。それは、けやき坂46のオーディションの1次審査の合格通知だった。激しい怒りから、母親に対する言葉遣いはむしろ恐ろしいほど冷たく鋭いものになっていた。

ひとり娘として育てられた宮田は、幼い頃から読書と勉強が何より好きな子だった。自ら進んで中学受験をして、お嬢さま校といわれる私立校に入学すると、今度はアイドルに目覚めた。テレビや広告、雑誌、どこを見回してもＡＫＢ48のメンバーを目にする時代だった。一番のファンだった大島優子をはじめ、かわいい女の子たちが頑張って踊っている姿を見ると、胸がときめいた。

だが、アイドルのＣＤを買ったりアイドルが出ている歌番組を家のリビングで見ることはできなかった。いわゆるオタク文化に抵抗があった母親の前では、アイドルの話題を出すことすらいけないことだと思っていた。

だが、抑圧されればされるほど彼女のなかの憧れは強くなっていった。宮田は、アイドルのみならず母親が禁止するマンガやアニメにもどんどんのめり込んでいった。そして高校2年生のとき、「友達がチケットを当てたから」という言い訳をして一度だけ見に行かせてもらった声優アーティストのライブが、彼女のなかに忘れられない印象を残した。

「私もあんなかわいい衣装を着て、ステージの上で踊ってみたい」

高校までは自分も部活のダンス部やバレエ教室で踊っていたが、大学生になって踊ることから離れると、ライブに対する思いはいっそう強くなった。

けやき坂46の追加メンバーオーディションの応募受付が始まったのは、彼女が大学に入ってからまだ2ヵ月もたっていない頃だった。「挑戦して失うものなんてないんだから、やりたいことは全部やる」がモットーだった宮田は、親の反応も考えずこっそりこのオーディションに応募したのだった。

だが、郵送されてきた1次審査の合格通知をそれとは知らずに母親の前で開封してしまったことから、修羅場が訪れた。大学に入るまではコンビニに行くにも送り迎えをしていたひとり娘が、勝手にアイドルのオーディションを受けていたことに母親は激怒し、宮田の目の前で書類をビリビリに破いてしまったのだ。

しかし、娘も黙ってはいなかった。母親にしつこく食い下がり、最終的には父親を味方につけて両親の前で誓約書を書いた。

「大学は4年で卒業する」

「司書の資格を取る」

こうした条件をいくつも書き出した紙に拇印《ぼいん》まで押して、やっとオーディションを受けられることになった。

だが、両親は自分たちの娘がまさか本当にアイドルになれるとは思っていなかった。宮田が最終審査を経て合格した日の帰り道、車の中で母親が「ほんとにやるの?」と聞いた。それに宮田ははっきりと答えた。

「うん、やるよ。だって、ここまで来ちゃったんだから！」

もともと、宮田は友達と遊ぶより両親と出かけるほうがいいというくらい家族が好きだった。今まで親の言うことには何ひとつ逆らったこともないつもりだった。だが、このオーディションに関しては、最初から最後まで自分の意志を貫いた。

そういえば、自分ではもう覚えていないが、小さい頃は意志を絶対に曲げない頑固な性格だったと親から聞かされたことがある。

宮田は、もはやあきれ顔の母親を横目に「私って、意外と強かったんだな」と思った。

落選者たちが残していった置き手紙

ところで、最終審査の日、宮田には印象に残っている出来事がある。審査を前にして、10人程度のグループに分けられた候補者たちは、グループごとに控室で待機することになった。宮田のグループの部屋では、全員がひととおり自己紹介をしたものの、後はみんな黙って審査に呼ばれるのをひたすら待っていた。

気まずい空気が流れるなか、隣の部屋からにぎやかな声が聞こえてきた。

「あー！」

どうやら隣の部屋の候補者たちが発声練習をしているようだった。続いて、大きな声で歌ったり自己紹介の練習をしたりする声が聞こえてきた。

このとき、宮田の部屋で合格したのは彼女ひとりだったが、その隣の部屋からは小坂菜緒、富田鈴花、丹生明里、松田好花《このか》、渡邉美穂と、5人もの合格者が出た。

彼女たちの部屋では、富田や渡邉がものまねをしてほかの候補者を笑わせるなど、最初からいい雰囲気ができていた。誰かが「最後の審査だから全力を出したい」と言ったのがきっかけで、みんなで壁に向かって「あー！」と声を出す練習もした。

そして「みんな頑張ろうね」と誓い合ってステージ裏に移動し、これから審査に臨もうというとき、感極まってお互いにハグをした。このとき、小坂と渡邉も「頑張ろうね」と言って抱き合った。初対面なのに、自分たちでも思いがけない行動だった。後にけやき坂46のメンバーとして活動を始めてからも、このふたりの関係は不思議な形で絡み合っていくことになる。

最終審査でも、彼女たちのグループはお互いの自己PRに対しても後ろで笑ったりと、いい空気のまま進んだ。そして審査結果が発表されると、合格者だけがそのまま残って写真撮影を行なうことになった。このとき別の部屋からは、宮田のほかに金村美玖《みく》、河田陽菜《ひな》、濱岸ひよりの3人が合格していた。

しばらくして小坂や渡邉らが待機部屋に戻ると、そこに落選した女の子たちの姿はもうなかった。ただ、机の上に置き手紙だけがあった。

「私たちの分も頑張ってね！　応援してる！」

その下に、落ちた子たち全員の名前が書かれていた。この置き手紙と、審査前に携帯で撮り合った写真だけが、彼女たちがここにいたことを証すものだった。

２０１７年８月13日。この日の最終審査を経て、９名のけやき坂46新メンバーが決定。1万5０００人の中から選ばれた新メンバーたちは、けやき坂46の２期生として新たなスタートを切ることになった。

そして、先輩の1期生たちの活動が「漢字欅（欅坂46）とは違う、ひらがならしさ」をゼロから模索していく旅だったとすれば、2期生の活動は「選ばれた者の責任」と向き合う日々になっていった。その責任のひとつが、選ばれた者は自分自身も何かを選ばなければいけない、ということだった。

そんな厳しい選択に早速直面したのが、濱岸ひよりだった。

泣きはらした目で見上げたホテルの天井

濱岸は、3歳のときに姉の影響でバレエを始めた。さらに小4になると教室を変え、厳しい先生の指導を受けるようになった。足のマメが潰れて血まみれになってもレッスンを続け、学校にいるときもバレエのノートを見返すような毎日だった。将来は、先生のように自分もバレエを教える側の人間になるのだと当たり前のように思っていた。

一方、小学生の頃からファッション誌が好きだった彼女は、ティーン誌から20代向けのファッション誌までいくつもの雑誌を読んでいた。目的はキレイなモデルを見ること。中学生になって有名誌のオーディションを受けられる年齢になると、自分も応募して2年連続で最終候補者になる一歩手前まで進んだが、目前で夢を叶えることはできなかった。こうして落ち込んでいた濱岸に、「こんなのもあるよ」と母親が勧めてくれたのが、けやき坂46のオーディションだった。

もともと濱岸は長濱ねるのファンでもあった。当時は欅坂46／けやき坂46の唯一の兼任メンバーだった長濱の特徴的な声やかわいい顔に強く惹《ひ》かれていた。バレエの発表会よりはるかに大勢の前で、キラキラした衣装を着て踊っている姿にも憧れた。濱岸はこのけやき坂46のオーディションに応募して、見事に合格した。

しかし、すぐに予想もしていなかったことが起こった。彼女が知らないうちに、母親がバレエ教室に連絡して辞めることを伝えていたのだ。

「なんで勝手に先生に電話したの!?　なんでなんでなんで!?」

実はこのとき、濱岸は初めて大きな役に選ばれ、すでに2ヵ月間にわたってレッスンを行なっていた。もう振り付けも完璧に覚えて、衣装も届いた段階だった。10年以上バレエを続けてきて、夢にまで見た大舞台がすぐ目の前にあった。

濱岸は思わず家を飛び出して、ＬＩＮＥで先生に連絡した。

「私、役を降りたくありません。絶対にバレエは辞めません」

家に帰りたくなくて、外でさんざん泣いていると、車で探しに来た父親に見つかった。そして父親はそのまま濱岸をホテルまで送ってくれた。親公認の家出だった。

テレビを見る気もシャワーを浴びる気にもならず、濱岸はひとりベッドの上に寝転がった。泣きはらした目で天井を見ていると、いろんな考えが浮かんできた。いつも味方をしてくれる母親が、自分からバレエを奪った理由、けやき坂46に合格したことの意味――。

このとき、濱岸は初めて気づいた。

「私、どっちもは無理なんだ。アイドルになったら、バレエを辞めなきゃいけないんだ。お母さんはそのことをわかってたから、私のために先生と話してくれたんだ」

それまで、濱岸は自分がバレエもアイドルもどちらもやれると漠然と思っていた。しかし、けやき坂46のメンバーになるということは、バレエを辞めて住んでいる福岡から上京し、アイドルとして新しい生活を送ることを意味していた。選ばれた者は、自分も何かを選ばなくてはいけない。その残酷な事実をこのとき初めて知った。

バレエ教室を辞めた濱岸は、その後、発表会を見に行くことさえできなかった。自分が立つはずだった舞台に誰かが立っているのを見ることに、耐えられそうになかったからだ。

こうして、それぞれの事情を抱えた9人の少女たちは、美しくも厳しいアイドルの道へと踏み出していった。

HINATA ZAKA 46 STORY

第21話

「逃げたい」とつづった日々

メンバー内のオーディション

2期生の9人がオーディションに合格し、グループに加入したばかりの9月上旬。「テスト撮影をする」という名目で、メンバーたちは地方在住組と関東在住組の2組に分けて呼び集められた。しかし、集まったメンバーはスタッフから思いもよらないことを告げられる。

「先日、ひらがな（けやき坂46）のドラマが始まると発表されました。実はその重要な役がひとり決まっていません。それをこれからオーディションで選ぼうと思います」

この直前の8月末、千葉・幕張メッセで行なわれた欅坂46初の全国ツアーのファイナル公演で、けやき坂46の初主演ドラマ『Ｒｅ：Ｍｉｎｄ』の制作が発表されていた。ドラマは10月からスタートする予定で、おおまかなストーリーやキービジュアルも公開されていた。

2期生たちも客席でこの発表を見ていたが、まさか自分たちに関わってくることだとは思っていなかった。まだレッスンさえも始めていなかった彼女たちは、ファンと同じ目線でステージ上の欅坂46やけやき坂46のメンバーたちを見上げていたのだった。

唐突にオーディションを行なうことを告げられ、混乱する2期生たちをよそに、それぞれの名前が書かれた黄緑色のビブスとオーディション用の台本が手渡された。そしてたった15分後に、このビブスを着てテレビ局のプロデューサーや監督、そしてテレビカメラの前で演技を披露することになった。

この日、山口県から上京していた河田陽菜は、アイドルになってから初めて取り組む仕事に意気込んでいた。その内容が歌やダンスではなく、しかも9人のなかからひとりしか選ばれない演技のオーディションだったことは予想外だったが、「やるからには選ばれたい」と素直に思っていた。

しかし、実際に審査員たちの前に出ると、何度もセリフをつっかえてしまった。頭の中でイメージしていた自分の姿と、今演技をしている自分のあまりの落差に心が折れ、どんどん声が小さくなっていった。

「どうしよう、どうしたらいいのか、全然わからない」

そのまま立て直すことができず、河田のオーディションは終了した。終わってから審査員に感想を求められたが、こぼれそうな涙をこらえて顔を前に向けるだけで精いっぱいだった。

テレビや映画で俳優たちが当たり前のようにやっていることがいかに難しいか、自分が「できる」と思っていたことさえいかにできない人間なのか、このオーディションを通じて全員が思い知らされた。

しかし、そのなかで審査員も驚くほどの演技を見せたメンバーがいた。それが渡邉美穂だった。台本の内容は、好きな先輩が自分の親友に告白したことを知るというふたり芝居だった。ほかのメンバーが親友思いの女の子を演じるなか、渡邉は監督のアドバイスを受けて台本の解釈を変え、まったく同じセリフのまま悪女のようなキャラクターを作り上げた。

女優になることが夢だった丹生明里は、渡邉の芝居する姿を後ろから見て「あ、このコが受かるな」と直感した。渡邉の相手役を務めた富田鈴花も、やりながら「私も受かりたいけど、相手が美穂だったら仕方ないな」と思った。

オーディションから2日後、渡邉はドラマが撮影されていたスタジオに呼び出された。そして自分がオーディションに合格したことと、この日のうちに撮影に合流することを告げられた。

「私が選ばれたのは間違いだったんだ」

「渡邉美穂です。初めまして。精いっぱい頑張りますので、よろしくお願いします」

緊張で激しく打つ胸を押さえながら、渡邉はスタジオの入り口でけやき坂46の先輩たちに向かって挨拶をした。2期生の彼女が1期生たちと会うのは、これが初めてだった。

対する1期生も、渡邉が参加することを知ったのはこのときのことだった。拍手で迎え入れながらも、たったひとりでやって来た後輩とどう接していいのか戸惑いもあった。

そんななか、誰よりも積極的に渡邉の近くに寄り添おうとしたのが影山優佳だった。影山は渡邉を自分の隣に座らせ、活動のことを話したり、一緒に渡邉のサインを考えたりした。

このとき渡邉は知らなかったが、すでに影山には2期生との関わりがあった。彼女たちがドラマのオーディションの際に手渡された黄緑色のビブスは、その後もレッスンなどの際にずっと使っていくもので、いわばアイドルであることを示すユニフォームだった。その胸の部分には、サインペンで大きくメンバー名が書かれていた。ある日、事務所でマネジャーが2期生のためこのにビブスを用意しているのを見かけた影山は、「私にもやらせてください」と言ってペン入れの作業を手伝ったのだ。このときもう2期生の名前は完璧に覚えていた。

もともと、影山は追加メンバーのオーディション中から、ファン向けのメッセージサービスで「○番ちゃんはすごくまじめな子です」「○番の子はこんな特技があります」と候補者の紹介をしていた。そんな彼女が、こうしてひとりでやって来た後輩と、人見知りな1期生たちの間を取り持とうとしたのだった。

そうしたサポートがあったものの、演技未経験の渡邉は撮影に関してはずっと苦しんでいた。演出家からはたびたび「感情がついてきていないよ」と言われた。クランクイン前に何度かワークショップを受けさせてもらい、「自然な生理（感情）から発した芝居」を教えられた1期生たちとはそもそものスタートラインが違った。のみならず、設定上ほかのメンバーとは違う特別な役どころだった渡邉は、ひとりだけプロの俳優たちを相手に演技をすることもあった。

ある日、渡邉はロケで若手の俳優とふたりきりのシーンを撮影することになった。彼女がグループに入る前にもテレビで見たことがあった、演技派の俳優だった。

その日も演出家からいくつも指示を受け、何度も撮り直した。プロの俳優を前にセリフを口にしながら、「自分はこんなにも演技ができない恥ずかしい人間なんだ」と思い、胸が苦しくなった。

帰りのロケバスの中で、渡邉はひとり静かに泣きながら思った。

「ドラマに出るのは絶対に私じゃないほうがよかった。私がオーディションで選ばれたのは間違いだったんだ」

渡邉は、印象に残ったことや心に浮かんだことがあるとメモに残しておくというくせがある。このドラマの撮影中、そのメモにはこんな言葉が書き連ねられた。

「つらい」

「逃げたい」

「辞めたい」

希望を持って入ったはずのアイドルの世界で、渡邉は最初からギリギリの毎日を送ることになった。

渡邉美穂は、小学生のときから地元のチームでバスケットボールをやっていた。もとは姉の練習を見学していたとき、「試合があるから出て」と言われていきなり試合デビューをしたのだった。

小さい頃から男の子よりも活発で運動神経もよかった渡邉は、すぐに頭角を現し、大会に出ると「あいつはどこのチームだ」と噂になるほどのプレーヤーになった。天性の素質があったことは確かだが、それ以上に渡邉には誰にも負けないある強みがあった。

中学のバスケ部に入ると、同じ学年に自分より技術のあるライバルが現れ、ポイントガードのポジションを奪われた。そのとき、渡邉が思ったのは「誰よりもコート内を走り回ろう」ということだった。なかなかスタメンにはなれなかったが、毎日の練習でほかの部員を圧倒するほど走り回り、最終的にはポイントガードに復帰してゲームキャプテンを務めるまでになった。さらに、高校でも部のキャプテンとしてチームを埼玉県ベスト8まで率いた。このひたむきに努力できる才能こそが、誰にも負けない渡邉の強みだった。

そんな彼女には、実は周りに隠していた夢があった。小さい頃からAKB48やハロー!プロジェクトが好きだった彼女は、アイドルになることをずっと夢見ていたのだ。

中学2年のとき、一度オーディションの応募用紙をプリントアウトまでしたことがある。しかしそのときは「私には部活があるから」と思い直して応募しなかった。本当は、自分に自信がなくて応募できないことを部活のせいにしていた。

そんな彼女だったが、高校3年の進路相談の席で、思い切って教師と母親に打ち明けた。

「私は大学に行かずに芸能の世界を目指したいです」

このとき、大人たちは大反対した。母親からは「普通に大学に行って、普通の道を歩んでほしい」と言われた。

いつもは「自分のやりたいことをやればいい」と言うくせに、いざ進路を決める場面になると娘のやりたいことを認めてくれない母親に腹が立った。そして、結局自分は何も決定権のない子供なんだという無力感から、涙が出てきた。話はまとまらず、混乱したまま校舎を出たところで携帯を地面に投げつけた。

しかし、母親はここにきて理由もなく反対したわけではなかった。実は、渡邉は高校2年のときに一度だけ乃木坂46の3期生オーディションを受けたことがある。バスケを言い訳にすることをやめ、一大決心をして応募したのだった。

しかし、これにあっけなく落ちると、ショックでしばらくふさぎ込んでしまう。実は人一倍ナーバスな性格で、このときも部屋にこもってずっと泣いている娘を見ていた母親は、また娘が傷つかないように「普通の道を歩んでほしい」と言ったのだった。

だが、渡邉は芸能界を目指すことに反対する親を説得するために、まずパソコンで書類を作った。もともとドラマや映画が好きだった渡邉は、乃木坂46のオーディションに落選して以来、女優を志すようにもなっていた。その演技にかける思いだけではなく、アルバイトをしながら養成所で勉強をすることや、オーディションを受けて事務所への所属を目指すことなど、女優になるための計画を文章にまとめた。自分がいかに本気かを知ってもらおうと思ったのだ。

そんなときに募集が始まったのがけやき坂46の2期生オーディションだった。一度はアイドルの道を諦めた渡邉だったが、「オーディションに受かればもう反対されないはず」と思ってこれに応募した。

そして見事に合格し、親を驚かせるつもりで家に帰ったとき、意外にも母親は涙を流しながら言った。

「お母さんはあなたのやりたいことに反対してたわけじゃないの。あなたの将来を応援してるから」

そして渡邉と母親は、ふたりでしばらく泣いた。

同期にも相談できなかった悩み

そんな思いをして入ったアイドルの世界で、渡邉は最初からつまずいてしまった。しかも、女優になりたいと思ってからは毎日のように映画を見て、ノートに作品の感想や目標とする女優の名前、自分がすべきことをつづっていたほど憧れた演技の仕事で、「逃げたい」とまで思うようになった。

約2ヵ月の撮影期間の後、ドラマ『Ｒｅ：Ｍｉｎｄ』の撮影はクランクアップ。最終日の挨拶で、1期生は口々に「もっとこの現場にいたい」と言った。その場にいたたったひとりの2期生である渡邉は、最後に挨拶をした。

「私は2期生のなかで、ひとりだけってプレッシャーが……。うれしいって思うことだったんですけど……」

嗚咽《おえつ》しながら、最後は絞り出すように「本当にありがとうございました」とだけ言った。

思えば、「できなくて当たり前」という前提でワークショップを受け、撮影をするなかでほかのメンバーと共に少しずつ成長を実感していった1期生たちとは違い、オーディションで選ばれた渡邉は「できなければいけない」というプレッシャーと闘ってきた。そんな悩みを同期に相談することもできず、「選ばれた者の責任」とひとりだけで向き合ってきた。最後の挨拶での涙は、その抑えていた苦しみがあふれ出したものだった。

やがてほかの2期生たちも、けやき坂46というグループのメンバーに選ばれた責任を実感することになる。

HINATA ZAKA 46 STORY

第22話 先輩の背中

2期生だけが先に踊った振り入れ

2期生がグループに加入してからしばらくたった頃、いよいよレッスンが始まった。初めてのダンスレッスンでは、洋楽を流しながら基礎的なステップを教わった。みんなでストレッチをした際に、クラシックバレエ経験者の松田好花や濱岸ひよりが開脚をしてみせると、体の硬いメンバーとのあまりの差に、思わず笑いが起きた。

ボイストレーニングでは、誰が一番長く発声できるかを競い合った。いつも最後まで残るのは富田鈴花と渡邉美穂だったが、決まって富田が酸欠でフラフラになり、みんなを笑わせるという流れが定番になっていた。

また、欅坂46の冠番組『欅って、書けない?』で、1期生たちと共に欅坂46と運動会形式で対決した際も、先輩たちに臆せず運動神経のよさを見せた。その明るい雰囲気に、スタッフも「2期生は元気だね」と驚いていた。

しかし、そんな楽しい時間はすぐに終わる。２０１７年10月発売の欅坂46の５thシングル『風に吹かれても』に、けやき坂46の４曲目のオリジナル曲『ＮＯ ＷＡＲ ｉｎ ｔｈｅ ｆｕｔｕｒｅ』が収録されることになった。このシングルの制作前に長濱ねるは欅坂46専任となっており、それと入れ替わるようにして２期生が活動をスタートしていた。この『ＮＯ ＷＡＲ…』は、20人体制になった新生けやき坂46の最初の全体曲だった。

すでにレコーディングは１期生と２期生で分かれて済ませていたが、ダンスの振り入れは一緒に行なうことになった。２期生たちにとって、１期生たちと踊るのはこれが初めてだった。

しかし、全員がリハーサルスタジオに集まると、振り付けを担当していたＴＡＫＡＨＩＲＯが開口一番に言った。

「今から曲を流すので、２期生の皆さんだけで踊ってみてください」

この前日、ダンサーたちが見本として踊った動画がメンバーに送られてきていた。ただ、「覚えてくるように」とは言われていなかったので、２期生の大半は動画を見て雰囲気を確認しただけだった。新しい曲の振り入れというからには、学校の授業のようにいちから教えてもらえるものだと思っていた。もしついていけなくても、１期生の踊りに合わせていればなんとかなるはず——。

一列に並ばされた２期生たちは、曲が流れると、動画で見たうろ覚えのダンスを踊った。なかには棒立ちで固まったままのメンバーもいた。

中高のときに創作ダンスを踊る部活に入っていた宮田愛萌は、その当時と同じように4時間ほどかけて予習してきていた。しかし、サビ以外はダンサーがどんな動きをしているのかよくわからず、すべての振りは覚えられなかった。

「私もちゃんと踊れてないけど、みんなもっと踊れてない。もう絶望的、ヤバイ。1期さんに『2期生はやる気がない』って思われたらどうしよう」

それまでのレッスンのように笑いが起こることなど当然なく、先輩たちがじっと見守る重い空気のなかで、2期生たちのダンスが終わった。「次は1期生の番か」と思ったが、そのまま全体で振り入れが始まった。

いざ一緒にやってみると、1期生たちの覚えるスピードの速さに2期生は驚かされた。もともとダンスに苦手意識があり、レッスン中に固まってしまうこともあった小坂菜緒は、1期生についていけずにパニックになり、その場にいることさえ怖くなってしまった。ステージやレッスン場では、フォーメーションの中央を「0」とし、そこから離れるに従って「1」「2」「3」……と番号を振って立ち位置の目安にするが、それさえ2期生はこの日初めて教えられたのだ。そんな状態で「次は上手1.5から下手1.5に移動して」など次々と指示を受けた。小坂だけではなく、全員が「今度は何を言われるのか」と身がすくむ思いがした。

一方、2期生のなかでは誰よりも振り覚えがよく、ある程度予習もしてきていた渡邉美穂は、あらためてTAKAHIROから振り付けを教わりながら「アイドルの踊りってこんなに難しいの?」

と困惑していた。初めての曲はアイドルらしいかわいいダンスをするものだと思っていたのに、『NO WAR…』の振り付けは、イントロからブレイクダンスのように脚を広げて全身でビートを刻む激しいものだった。今までのけやき坂46のオリジナル曲よりもはるかに難易度が高い。あの『ひらがなけやき』で、1期生たちがてこずっていたメンバー同士の交差とは比較にならないスピードで立体交差を行なうシーンもあった。

いったい、なぜ最初に自分たち2期生だけが踊らされたのか？　しかも、こんなに難しいダンスを先輩たちと同じスピードで覚えるのは、無理があるんじゃないか？

彼女たちの頭にさまざまな疑問が浮かんだ。しかし、ひとつはっきりしていたのは、このダンスが踊れるようにならなければステージには立てないということだった。

実はこのとき、2期生だけを最初に踊らせたことには明確な意図があった。彼女たちが1期生の姿を見てそれをまねることは、この先いくらでもできる。しかし、ほかに何もまねるものも比べられるものもない状態で、初めてダンスの振り入れを経験できるのはこれが最初で最後だ。ここで自分自身を〝主観〟で見つめ、自分の実力と向き合わせることが、2期生だけを最初に踊らせた理由だった。

さらに、何も知らない新人だからといって簡単な振り付けを用意するのではなく、1期生たちと同じレベルで、同じスタートラインから振り入れをしたことにも理由があった。彼女たち2期生は、1期生がつくり上げてきたけやき坂46のパフォーマンスを後退させることなく、最初から高いレベルでステージに立つことが求められていた。そのためには当然、1期生たちの何倍ものスピードで成長しなければならない。それが後から入ってきた者の務めだった。

こうして、初めての振り入れは2期生たちに緊張感と危機感を抱かせることになった。しかし、その後さらに大きな経験が彼女たちを待っていた。

リハーサルで見た1期生の輝き

2017年3月からけやき坂46の1期生たちが行なってきた全国ツアーは、同年12月12、13日に行なわれる千葉・幕張メッセ公演でファイナルを迎えることになった。そして2期生たちもここでステージデビューを飾った。

2期生はグループ加入直後から多くの雑誌やテレビで取り上げられていたが、お披露目のステージはこのときまで踏んでいなかった。この初ステージで踊るのは、あの振り入れの日から1ヵ月間ずっと練習してきた『NO WAR…』。待ちに待ったライブに、メンバーたちは心を躍らせていた。

しかし、その本番2日前になって誰も予期していなかったことが起こる。1期生の柿崎芽実が左手首を骨折し、ライブに出られなくなってしまったのだ。

すでにライブの準備は佳境を迎えていた。ショックで涙を流す1期生たちと、腕を三角巾でつりながらも泣かないように上を向いている柿崎。その様子を、2期生たちもリハーサル室の片隅で見ていた。感受性が強い富田は、「今まで一緒に頑張ってきたのに、悔しいな」と、1期生たちの気持ちに共鳴して泣いてしまった。ほかにも、何人もの2期生が目に涙を浮かべていた。

しかし、彼女たちの心により強い印象を残したのはその後の光景だった。柿崎の不参加を受け、すべての楽曲のフォーメーションを修正することになった。リハが再開された直後は重い空気に支配されていたが、身じろぎもせずに仲間が踊る姿を見つめる柿崎に応えるように、1期生たちのダンスは熱を帯びていった。つられたスタッフも大声を出すような激しいリハーサルは、何時間も続いた。

ひとつのライブをつくるために、これだけの汗が流されている。そして、けやき坂46のハッピーオーラの裏には、こんな命がけの思いがある……。リハーサル室の床の上に座ってじっと1期生たちを見ていた2期生は、アイドルであることの厳しさをここで初めて知った。

そしてこのとき、華やかな衣装ではなく黄緑色のビブスを身に着け、化粧もせず髪を振り乱して踊る先輩たちを見ながら、宮田愛萌は不思議なことを感じていた。

「1期さん、今、すごくキラキラしてる。ステージの上とは場所も格好も違うけど、一生懸命頑張ってる姿は、ライブと同じように輝いてる。これが本当のアイドルなんだなぁ」

以後、ここで見た先輩たちの背中が、2期生たちの追いかけるべき目標になった。

カッコいいと思ってもらえる先輩に

「さあ次は、皆さんお待ちかね、あの子たちの登場です！」

佐々木久美が叫ぶと、モニターに「けやき坂46　2期生」という文字が映し出された。

ついに訪れた全国ツアーファイナル公演の初日。2期生たちが出演することは事前に告知されていなかったので、観客席はこのサプライズに沸いた。

まずは金村美玖がステージに飛び出して挨拶をした。

「皆さーん！　美玖を、〝推すし〟かない！」

好きな〝お寿司〟にかけて自分で考えたキャッチフレーズだった。そして自己紹介とともに特技のアルトサックスを披露し、「今日は盛り上がっていくぞー！」と声が裏返るほど絶叫して締めた。五十音順で先頭の金村から最後の渡邉美穂まで、9人のメンバーが次々と登場し、7000人の観客の前で自己紹介を行なった。

その内容は、メンバーが自分たちで考え、スタッフのチェックを受けてブラッシュアップしたものだった。しかし、リハーサル期間の一部がちょうど学校の修学旅行と重なり、事前のチェックを受けられなかった金村は、本番当日のリハーサル時に「早口で聞き取りづらいから考え直すように」と言われた。ただでさえ初めてのステージで緊張していたので、頭の中がパニックになって泣きながら考え直した。

やがてライブが開演してファンの歓声が聞こえると、楽屋にいたほかの2期生たちも感情がたかぶって次々と泣きだした。自分たちの出番が来るまでの間、誰も椅子に座らずそわそわしていた。

それでも、9人で円陣を組んで声を出すと気持ちが切り替わった。

「謙虚！　優しさ！　絆！　キラキラ輝け欅坂46！　ひ！」

欅坂46から受け継いだかけ声に、〝ひらがなけやき〟の〝ひ〟を加えて、1期生たちが使っていたものだった。最年長の宮田愛萌が、最後に「2期生いくぞー！」と付け加えた。

欅坂46に出会って人生が変わったという丹生明里にとって、この円陣に加わることは夢のひとつだった。

「あぁ、私たち、今から1期さんと一緒のステージに立つんだな。私も本当にこれからアイドルとして活動していくんだ」

事前に演出家から「ステージから見るとお客さんは米粒みたいに小さいから、緊張しなくて大丈夫」と言われていたが、実際にステージに立つと客席のファンの顔がよく見えて戸惑った。しかし、けやき坂46のグループカラーである黄緑色のサイリウムの強烈な光は、まるで別世界にいるような見たこともない景色をつくり出していた。

この自己紹介で、富田鈴花は自作のラップを披露し、観客とコール&レスポンスまでした。9人とも初ステージとは思えない思い切りのよさがあった。

そしていよいよ1期生と共に『NO WAR…』を披露するときが来た。

NO WAR／愛し合ってるかい？／世界の人と…／やさしくありたいんだ／〝好き〟になってみ

よう／NO WAR／許し合ってるかい？／微笑むだけで／心は通じるんだ／〝平和〟始めよう／NO WAR in the future

お互いを理解し合い、争いのない未来をつくろうというメッセージを感じる曲だった。しかしこのとき、理解し合うことが必要だったのはけやき坂46の1期生と2期生だった。

実は初めて『NO WAR…』の振り入れをした日、1期生の佐々木美玲は後輩たちの前で涙をこぼした。2期生たちはその姿を見て「体調が悪いのかな」と思っていたが、長濱ねるを含めた12人のけやき坂46に誰よりも愛着を持っていた美玲は、新しいメンバーと踊っていることが悲しくなって泣いてしまったのだ。

しかしそんな美玲も、ツアーファイナルを前に自分たちのリハを真剣に見つめる2期生の姿に触れ、気持ちが変わっていた。

「この子たちにカッコいいと思ってもらえる先輩になりたい」

実は、ちょうど1年前の2016年12月に行なわれた「欅坂46初ワンマンライブ in 有明コロシアム」の際、けやき坂46の1期生たちも、同じように欅坂46メンバーのリハーサルを見学していた。当時は3曲しか歌える曲がなかったけやき坂46は、自分たちの曲よりはるかに難しいダンスをいくつも立て続けに踊る先輩たちを見て、心を揺さぶられていた。

そこで見た先輩たちの背中は、「ステージの上で輝くためには努力が必要なこと」と、「その努力をする姿が一番カッコいいということ」を教えてくれた。今、美玲も後輩たちにそのことを伝えようとしていた。

　残念ながら、この初めてのステージで1期生と2期生の壁が完全になくなったわけではない。振り付けのなかには先輩・後輩でハグをするシーンや、一緒に考えたポーズを決めるパートもあったが、まだまだぎこちなかった。しかし、20人の新生けやき坂46は、この幕張の地で確実に最初の一歩を踏み出した。あとは時間がお互いの壁を取り払ってくれるはずだった。

　だが、このお披露目の直後に、2期生たちの関係にひびが入るような出来事が起こる。

NO WAR in the future

Lyrics｜秋元康
Music & Arrangement｜ツキダタダシ

LALALALALA…

僕たちはわかってるよ
一番　大事なもの
奪い合ってるダイヤには
何も価値がない

傷つけ血を流し
何を手にするのか?
憎しみのドミノ倒し
誰か止めてくれ!

大きな雨雲が
この空　覆っても
さあ　みんなで声を上げようぜ!
光　求めるなら
風を吹かせるしかない
その足を踏みならせ!

NO WAR
愛し合ってるかい?
世界の人と…
やさしくありたいんだ
"好き"になってみよう
NO WAR
許し合ってるかい?
微笑むだけで
心は通じるんだ
"平和"始めよう
NO WAR in the future

そばにいる誰かのため
遠くの誰かのため
感情を譲り合えば
分かり合えるだろう

遥かな地平線
闇が近づいても
いや　何も恐れることはない
どんなに暗い夜も
やがて朝陽　昇るんだ
その拳　振り上げろ!

NO WAR
話聞いてるかい?
目と目合わせて
言葉わからなくても
"好き"を伝えよう
NO WAR
語り合ってるかい?
そして最後に
抱き締め合えばわかる
"友よ"歩こうぜ

LALALALALA…
NO WAR in the future

悲しみの涙を
何度拭った時
そう　世界は一つになるのか?
戦いを望まない
僕たちはここにいると
さあ　声を上げようぜ!

NO WAR
愛し合ってるかい?
世界の人と…
やさしくありたいんだ
"好き"になってみよう
NO WAR
許し合ってるかい?
微笑むだけで
心は通じるんだ
"平和"始めよう
NO WAR in the future

LALALALALA…

HINATAZAKA46 STORY

第23話 ポジション

メンバーの間にできた見えない壁

年が明けた2018年1月中旬。新しいアーティスト写真を撮影するため、けやき坂46のメンバーたちがスタジオに集められた。1期生が撮影を行なっている間、2期生たちはメイクを済ませて新しい衣装に着替え、控室で待っていた。

コンクリートの壁で囲まれたその部屋は、倉庫のように薄暗くて寒かった。

やがてスタッフがやって来てメンバーに告げた。

「今からポジションを発表します」

来る3月に発売を予定していた欅坂46の6thシングル『ガラスを割れ！』に収録される2期生だけの初のオリジナル曲『半分の記憶』のポジション発表だった。楽曲を歌うときのポジションは、グループアイドルにとってはメンバーの序列にも等しい重要なものだった。2期生たちにとって、この日のポジション発表は不意打ちのようなものだった。

一列に並んでこれから発表を聞こうとしているメンバーたちの姿を、密着カメラが撮影していた。重苦しい雰囲気に、誰もが緊張を感じた。

2列目、1列目と、たんたんとメンバーの名前が読み上げられていく。

「センター、小坂」

センターに指名されたのは、小坂菜緒だった。その両隣には渡邉美穂、河田陽菜が立ち、3人でフロントを構成した。ほかの6人のメンバーは2列目に回った。

発表が終わると、2列目下手の端にいた富田鈴花は泣きだしてしまった。

「わかってはいたけど、なんでこんなに悔しいんだろう」

グループに入る前は、「後ろの一番端でもいいから合格したい」と思っていた。しかし、いつの間にかポジションや立ち位置を意識するようになってしまっていた。

2列目上手の端にいた濱岸ひよりも、ポロポロと涙をこぼし始めた。

「私が前に行けない気はしてたけど……こんなに差をつけられるんだ」

自分の立っている場所から見ると、フロントの3人はとても遠くにいるように感じられた。まるで自分は彼女たちのバックダンサーとしてここにいるような気がしてきた。ほかにも、何人かのメンバーが泣きだした。

実は、彼女たちがポジションを気にしてしまうのには理由があった。けやき坂46の2期生は、

2017年8月に合格してから12月に幕張のステージに立つまで、4ヵ月の期間があった。その間、メディアには頻繁に取り上げられていたが、そこですでに差がつき始めていた。

小坂は当初から2期生のセンター候補として多くの雑誌の誌面を飾っていた。渡邉美穂も、集合写真の撮影の際は小坂と並んでセンターに立つことが多かった。しかし、ほかのメンバーに声がかかることは少なかった。

あるとき、松田好花、河田陽菜、濱岸ひよりの3人で集まって話をする機会があった。松田は京都府、河田は山口県、濱岸は福岡県の出身で、3人ともけやき坂46の活動のために上京してきたメンバーだった。

いつものようにとりとめのない話で笑っていたはずが、いつの間にか「どうして自分たちは雑誌の撮影にも呼ばれないんだろう」という話題になった。ホームシックも手伝って濱岸が泣いてしまうと、河田と松田もボロボロと涙を流して「私たちこれからどうすればいいんだろうね」と悩みを語り合った。

そんなナーバスな時期が続いていたなかで行なわれたポジション発表。2列目のメンバーだけではなく、フロントに選ばれた3人も複雑な思いを抱えていた。

河田陽菜は、それまでの活動で決して目立つ存在ではなかった。彼女自身、フロントに抜擢されたことに最も驚き、その戸惑いから涙をあふれさせた。

「フロントに立てたらうれしいのかなって思ってたけど、実際に前に行くとこんなに複雑な気持ちになるんだ。ダンスも歌もダメな自分がここにいるのを、みんなどう思ってるんだろう……。メンバーの顔を見るのが、怖い」

誰とでも分け隔てなく接していた渡邉美穂も、このときは後ろのメンバーになんと声をかけていいのかわからず、ただ隣の小坂菜緒の背中に手を置いていた。その小坂は、うつむいて涙をこらえながらこんなことを考えていた。

「私がセンターで納得してる子なんて、ひとりもいないんだろうな。ダンスも歌もうまくてみんなから信頼されてる美穂がセンターだったら、みんな喜んでたんだろうな」

アーティスト写真の撮影に呼ばれるまで、2期生たちは長い時間、暗くて寒い部屋で待っていた。ストーブのそばで2列目の6人が泣いたり慰め合ったりしているなか、フロントの3人は部屋の隅でうつむいていた。2期生の間に見えない壁ができていた。

そんななか、同期の仲間たちの様子に気を配りながら、泣いている子を見つけては抱き締めているメンバーがいた。それが2期生のなかで最年長の宮田愛萌だった。

傷ついた人を癒やす〝共感〟の力

中高一貫の女子校に通っていた宮田は、所属していたダンス部で女の子たちの複雑な人間関係をいやというほど見てきた。部員数100人を数えるダンス部は、学校のなかでも目立つ生徒たちが集まる花形の部活だった。文化祭の日は、講堂で行なわれるダンス部の発表を見るために校舎から人が消えるといわれるほどだった。

しかし、部員間には常に〝差〟が存在していた。発表会の配役やポジションだけではなく、部内での影響力や、先輩から気に入られているかどうかなど、いくつもの微妙な差が重なり合って存在していた。

大人の社会以上に複雑な年頃の女の子たちの人間関係のなかで、悩みを抱えている仲間に接するとき、宮田はいつもこんなふうに声をかけるのだった。

「うん、そうだよね。つらいよね。わかるよ」

正論で解決法を示すのではなく、ただ相手の気持ちに寄り添うこと。その〝共感〟の力が、一番人を癒やしてあげられることを彼女は知っていた。

そして、けやき坂46の2期生が初めてポジションを告げられた日も、泣いているメンバーを見てとっさに宮田が取った行動は、ただ抱き締めて共感してあげることだった。

そんな宮田の中には、グループにおける自分の理想のポジションがあった。

「私はみんなの〝保健の先生〟みたいになりたい」

宮田は高校の3年間、保健委員を務めていた。保健委員や保健室の教諭は、ケガ人や病人がいなくても、常に周りに気を配って仲間が快適に過ごせる環境をつくることが仕事だ。そんな役割をけやき坂46の一員としても実践したいと思っていた。

そんなふうにして宮田たちが落ち込んでいるメンバーのケアに努め、ギクシャクした空気をなんとか変えようとしているなか、日本武道館3days公演のリハーサルが始まった。

命をかけた乃木坂46のカバー

2018年1月30日から2月1日にかけて行なわれることになった、けやき坂46の武道館3days公演。当初、けやき坂46は初日の1日だけを担当し、残りの2日間は欅坂46が公演を行なうことになっていたが、急遽けやき坂46だけの単独公演に変更されていた。

武道館を3日間、自分たちだけで埋めるという大きな試練に不安を感じていた1期生たち。一方、1期生についていく立場だったこのときの2期生にとって、今回の3days公演は自分たちの力をアピールする大きなチャンスだった。

武道館では、2期生は全体曲『NO WAR in the future』に加え、彼女たちだけで乃木坂46の3曲を日替わりで披露することになった。それぞれの曲のセンターは、小坂菜緒、河田陽菜、渡邉美穂のフロント3人が任された。

だが、レッスンに入ってもメンバーたちの気持ちはひとつにまとまらなかった。それぞれの曲をどう見せればいいのかわからないまま、お互いにダメ出しをし合って雰囲気を悪くしていた。今までみんなのお手本のような存在としてレッスンを引っ張ってきた渡邉でさえ、「早くこの時間が終わってほしい」と思うほどだった。

しかし、公演数日前になって彼女たちの意識は大きく変わる。そのきっかけになったのが、この3曲のカバーにかけるスタッフの言葉だった。

「初日の『おいでシャンプー』は、ひらがな（けやき坂46）らしくハッピーオーラを出そう。2日目の『君の名は希望』では、お客さんに感動を届けよう。そして最終日の『制服のマネキン』で、2期生もダンスができるということを見せる。この3曲で、ひらがなの持つ良さを全部ぶつけよう」

すでに前年の全国ツアーファイナル公演から、けやき坂46は、乃木坂46のアイドル性と欅坂46のクールさを兼ね備えたハイブリッドなステージングを試みていた。そんなけやき坂46の振り幅をすべて見せられるのがこの3曲だった。

これを聞いたメンバーたちは、みんなで話し合って「一曲一曲に命をかけよう」と決めた。そしてレッスンが終わっても全員で残り、自主練を繰り返した。

そして迎えた武道館公演。けやき坂46の新メンバーたちが乃木坂46の楽曲を日替わりでカバーするという驚きも手伝って、2期生の出演するパートは観客を大いに沸かせた。特に『制服のマネキン』は、欅坂46もけやき坂46の1期生たちもデビュー直後に1度ずつ披露したことのある、〝坂道シリーズの伝統の一曲〟だった。最終日にこの曲のイントロが流れた瞬間、会場はすさまじい盛り上がりを見せた。

ここでセンターを務めた渡邉美穂は、自分たちのダンスに呼応する会場を見て、今までに感じたとのない快感を覚えた。

「ステージに立つことって、こんなに気持ちいいんだ。私、アイドルになったんだな」

曲数は少なかったものの、持てる力を出し切った2期生たちは、出番を終えた後はモニターで先輩たちの踊る姿を見ていた。アンコール明けに1stアルバムの発売がサプライズ発表されると、ステージ上の1期生たちと同じように抱き合って喜んだ。

しかし、彼女たちが後輩として先輩の後ろに立っていられたのもここまでだった。武道館公演を終えてから2日後には、2期生だけの初単独イベント「おもてなし会」のレッスンがスタートした。

半分の記憶

Lyrics｜秋元康
Music｜吉田司、村山シベリウス達彦
Arrangement｜若田部誠

人の波にさらわれて　どこへ連れ去られたか?
こんな好きでいるのに　君のことを見失ったよ
後を追って　名前を呼んで　走り回ったけれど
黄昏《たそがれ》のこの街にすべて紛れてしまった

(さよならか)僕のせいだ
些細《ささい》な綻《ほころ》びに
心引き裂かれて行く
間に合わない

愛は感情の忘れもの
君はもうここにはいないんだ
思い出が少しずつ崩れ落ちて闇の中へ
想像の悲しみは　きっと止めることができただろう
目の前の現実はただ自分を責めたくなる
君は(僕を)僕は(君を)忘れられるのか聞きたいんだ
半分の記憶

やがて街に色がつき　夜が始まった頃
なぜか腹立たしくて　君を少し嫌いになった
自分勝手で　わがまま過ぎて　付き合いきれないって
影のないアスファルト　全部　文句吐き出した

(謝るか)君のせいだ
小さな誤解から
二人戻れなくなった
あの場所まで

キスは情熱の探しもの
ふいに知った唇の感触
お互いの価値観が同じだって信じてた
理屈っぽいしあわせは　たぶん掴むことができたけど
正直なふしあわせ　そう抵抗できなかった
キスは(過去を)キスは(未来)語っていたのか知りたいんだ
半分の憂鬱

愛は感情の忘れもの
君はもうここにはいないんだ
思い出が少しずつ崩れ落ちて闇の中へ
想像の悲しみは　きっと止めることができただろう
目の前の現実はただ自分を責めたくなる
君は(僕を)僕は(君を)忘れられるのか聞きたいんだ
半分の記憶

HINATA ZAKA 46 STORY

第24話 2期生だけのイベント

自分たちの限界を試される内容

日本武道館3days公演を終えてすぐ、けやき坂46の2期生たちは「おもてなし会」に向けたリハーサルを開始した。おもてなし会とは、学校の部活動を模した出し物やミニライブによって、メンバーたちが観客をもてなすという趣向のイベントである。かつて欅坂46やけやき坂46の1期生たちも行なってきた新人の通過儀礼ともいえるものだった。

けやき坂46の2期生たちにとっては、これが初めて自分たちだけで行なう単独イベントになる。しかも、会場は前年に彼女たちがお披露目を飾った幕張メッセ。そのお披露目のライブや武道館公演を経験し、すっかりステージに立つことの楽しさに目覚めたメンバーたちは、このおもてなし会の開催を心待ちにしていた。

しかし、2期生に課されたおもてなし会の内容は、想像以上に難易度が高かった。生バンドでの演奏や一輪車のパフォーマンスに加え、ミニライブでは初挑戦の6曲を含む計8曲を披露するというのだ。先輩たちが行なってきたおもてなし会に比べると格段にハードルが上がっていた。

それまでは1期生のおかげで大舞台を経験させてもらってきた2期生たちにとって、自分たちだけでどこまでできるのか、限界を試されているような内容だった。

まず、部活動の練習は音楽部と運動部に分かれて行なわれた。

金村美玖、河田陽菜、富田鈴花、松田好花の4人が所属する音楽部では、生演奏による欅坂46のユニット曲のカバーに加え、和太鼓のパフォーマンスを披露することになっていた。この和太鼓に関しては、中学で和太鼓部に入っていた松田が講師となり、バチの持ち方の指導から曲のアレンジまで行なった。しかし、慣れないメンバーたちは、できては潰れるマメとひどい筋肉痛に悩まされた。

また、生演奏でキーボードを任されていた河田は、与えられた練習時間だけではとても追いつかず、仲のいい濱岸ひよりに付き合ってもらって毎晩遅くまで自主練をした。それでも、ベッドの中に入ると不安が頭をもたげ、「どうかおもてなし会を1週間延ばしてください」と心の中で願うのだった。

小坂菜緒、丹生明里、濱岸ひより、渡邉美穂が所属する運動部では、一輪車の習得に最も苦労させられた。それまで一度も一輪車に触れたことがなかった濱岸は、何度練習してもうまく乗れず、講師に「自転車じゃダメですか?」と本気で交渉する始末だった。

この音楽部と運動部の練習に加え、メンバー全員が参加するダンス部のレッスンや、ミニライブで披露する楽曲の振り入れなど、やるべきことは山ほどあった。

毎日のように続く長時間のリハーサルで、一様に疲れた表情を浮かべるメンバーたちに、あるとき宮田愛萌がこんな話を伝えた。

「ねぇ、知ってる？　音楽部でやってる和太鼓って、〝欅〟の木で作られてるんだって！」

それを聞いたメンバーたちは、「すごい偶然だね！」と急に元気になって盛り上がった。仲間たちの励みになればと、ネットで仕入れてきた豆知識だった。

宮田は唯一、本番で司会進行の役割を担う放送部に割り振られていた。ほかのメンバーたちが部活動の練習をする間、宮田はスタジオでその様子を見学していたが、そこで起こったエピソードを文章にして自主的にリポートすることにした。それは、けやき坂46に加入する前に大学の広報課で学生記者をしていた頃に覚えた仕事だった。

こうして、それぞれが自分のやるべきことに取り組み、イベントの本番当日を迎えた。

2期生による『誰よりも高く跳べ！』

2018年2月12日、幕張メッセでけやき坂46の2期生によるおもてなし会が開催された。

7000人のファンを前にして、まず音楽部の4人がパフォーマンスを披露した。複数の楽器を扱える上に、音楽経験も豊富な富田と、高校の軽音部でバンドを組んでいた松田のふたりがギターを担当し、欅坂46のユニット曲『チューニング』を披露した。そこに金村美玖がサックスで、河田陽菜がキーボードで伴奏を加えた。さらに、和太鼓のパートも松田をリード役にして無事に演奏を終えた。

小坂、丹生、濱岸、渡邉の運動部は、懸案だった一輪車でも難しいターンやコンビネーションを決め、一度も失敗しなかった。続いて挑戦したダブルダッチでは、濱岸が見事な側転まで披露した。最後は、渡邉美穂がバスケのロングシュートを一発で決めた。

実は、本番当日のリハーサルでは、このバスケのシュートも一輪車も一度も成功させることができなかった。メンバーたちは、失敗したときにステージからはける段取りも練習していたほどだ。すべてがうまくいったのは、練習期間から通してもこの本番が初めてだった。

かつて1期生のおもてなし会を行なったときも、練習やリハーサルでは一度も成功しなかったにもかかわらず、本番で完璧に特技披露をこなしたということがあった。まるで舞台上での勝負強ささえも、先輩から後輩へ受け継がれているかのようだった。

そしてダンス部では、松田のタップダンスやインド舞踊、富田の殺陣《たて》といったメンバーの意外な特技を織り交ぜたパフォーマンスを繰り広げた。最後に放送部の宮田愛萌が、リハーサル中のメンバーたちのエピソードを詳細にファンに伝えた。

だが、それぞれの特技や勝負強さでステージが成立するのはここまでだった。ミニライブは、どのメンバーも歌詞と振り付けを覚えるのに精いっぱいで、とても完成度を高める段階には達していなかった。

このおもてなし会当日の朝、富田はレッスンのときに撮ってもらった動画を復習するつもりで見返してみた。すると、振りが間違っている箇所やフォーメーションがそろっていないところをいくつも見つけ、愕然とした。慌ててメンバーに連絡し、「ここところが間違ってるから直そう」と提案した。準備不足のまま大事なテストを受けるような、焦りと悲観が入り交じった気分だった。

それでも、メンバーたちは本番では全力で笑顔を絶やさず踊った。それがけやき坂46のメンバーとして一番大切な〝ハッピーオーラ〟の示し方だったからだ。特に『誰よりも高く跳べ！』を歌っているときは、自然と笑顔があふれてきた。

2期生たちにとって、この曲はけやき坂46のオーディションの課題曲としても踊ったことのある、思い入れが強いものだった。そしてあの武道館公演の最終日のダブルアンコールで、会場が揺れるほどの盛り上がりを先輩たちがつくり出したのを、彼女たちは間近で見ていた。

それまでミスしないことばかりを考えて踊っていた宮田は、この曲で初めて客席を意識した。

「私たち、今、本当にファンの方の前で踊ってるんだ。私たちが皆さんの目を見てジャンプすると、一緒に跳んでくれる。ファンの方と一緒に盛り上がるのって、こんなに気持ちよかったんだ」

観客と一体化して盛り上がれるこの曲のパワーが、メンバーにパフォーマンスすることの楽しさを教えてくれた。

このライブパートでは、松田好花がMCを担当した。和太鼓の指導から数々の特技披露までこなした松田は、このイベント全体のMVPといってもいいメンバーだった。

最後の締めの挨拶で、彼女はこんなふうに話した。

「私たちひらがなけやきの2期生は、去年の8月にオーディションに合格してから、明日で半年を迎えます。こんなにたくさんの機会をいただいているからには、私たちもひらがなけやきの1期生の先輩にまずはしっかりと追いついて、20人でひらがなけやきなんだって言ってもらえるように頑張りたいです」

終演後、ステージを降りたところで濱岸が「やりましたー!」と宣言すると、みんなで「おー」と拍手をして盛り上がった。リハーサル期間中から、何かひとつでも前に進むたびに必ずやっていた2期生たちのお約束だった。

こうして毎日朝から晩まで一緒に過ごし、ひとつのステージをつくったのは、2期生たちにとって初めての経験だった。これをきっかけに、彼女たちの結束力は格段に強まった。

あらためて知った1期生のすごさ

実は、この日仕事が休みだった一部の1期生たちは、2期生のおもてなし会を見学していた。そしてイベントが終わってから、みんなで感想を語り合った。

柿崎芽実が「2期生ってMCでもちゃんと前に出れてすごいよね。私たち、最初の頃は全然しゃべれなかったのに」と言うと、潮紗理菜が「そうだね。みんな元気でいっぱい動くし、勢いがすごいよね！」とつけ加えた。

今回のミニライブの大半の曲は、1期生たちがずっと歌ってきたものでもあった。自分たちの曲をほかの人間がパフォーマンスするのを見るのは、彼女たちにとっても初めての経験だった。

そして、客席から見た2期生のパフォーマンスを通じて、自分たちの課題も見つかった。例えば『誰よりも高く跳べ！』では、そろえる部分はそろえないと全体が締まらないということや、『永遠の白線』では完璧なラインをつくらないと〝未来へ続くまっすぐな白線〟を表現することができないことに気づいた。パフォーマンスにこだわりがある佐々木美玲は、「スタジオを借りてもう一回いちから全部振り入れしたいね」と熱く語った。

後日、2期生たちの元にもこのおもてなし会の模様を収録したDVDが届けられた。イベントの直後はそれなりに達成感と安堵《あんど》に包まれていたが、あらためて自分たちのステージを見ると、記憶の中にある印象とはまったく違っていた。

松田や濱岸と一緒にDVDを見ていた河田は、自分が何度も振り付けを間違えていただけではなく、終始視線が定まらずきょろきょろしていたことを知って恥ずかしくなった。だが、振りを間違えていたり、余裕のない様子で踊っているのは河田だけではなくほぼ全員だった。

当日の朝もダンスについて意見していた富田は、振りが最も単純な『W-KEYAKIZAKA

の詩』でさえもばらばらで不格好だったことに驚いた。

「みんな、持ってるペンライトの角度も動きのアクセントも、全然そろってないじゃん。2期生って、みんな個性が強くて特技も持ってるけど、まとまってパフォーマンスするのはまだまだダメだったんだ。あれだけそろえられる1期さんって、本当にすごいんだな」

ミニライブでほとんどの曲のセンターを務めた小坂菜緒は、「もっとできたんじゃないか」という後悔の念にとらわれていた。

「私、ただステージに立つことに精いっぱいで、自分の限界を超えられてなかった。『誰よりも高く跳べ！』も、もっとファンの方を盛り上げることができたはずなのに……。もう一度、同じセットリストでリベンジしたい」

このおもてなし会は2期生たちにとって悔しさの残るものとなった。そしてその気持ちが、後に彼女たちを大きく飛躍させることになる。

しかしその前に、またしても予想もしていなかった活動が始まった。それが、けやき坂46の1期生と2期生が初めて本格的に交わる機会にもなった。

HINATA ZAKA 46 STORY

第25話 初めての舞台

ひとりの「私」を全員で演じる

2018年3月、「坂道合同新規メンバーオーディション」の開催が発表された。〝坂道シリーズ〟と呼ばれる乃木坂46、欅坂46、けやき坂46の3グループが、合同で新規メンバーのオーディションを行なうというものだった。その前代未聞の規模もさることながら、まだ単独デビューもしていないけやき坂46の名前がそこにあったことにファンは驚かされた。

さらに、春から初の冠番組『ひらがな推し』がスタートすることに加え、欅坂46の冠番組『KEYABINGO!』シリーズのひとつとしてけやき坂46だけが出演する『KEYABINGO!4 ひらがなけやきって何？』も放送されることが発表された。グループを取り巻く状況が劇的に変わろうとしていた。

そんななか、彼女たちはまた新たな挑戦をすることになった。舞台『あゆみ』の上演である。この作品は彼女たちにとって初めての舞台出演作となるだけではなく、1期生と2期生がそろって本格的に活動をする最初の機会となった。

その上演に向けた稽古は3月中旬から始まった。今回の演出を担当した赤澤ムックは、顔合わせの際のメンバーの印象を「全員がそろって清楚でおとなしかった」と記憶している。どこのグループにもいるお調子者や我の強い子がひとりも見当たらないばかりか、佐々木美玲が不安と人見知りから泣いてしまうと、何人かが連鎖して泣きだしてしまうという緊張のしようだった。

稽古初日は、実際の台本を使った本読みと〝おままごと〟が行なわれた。このおままごとは、舞台経験者がひとりもいないけやき坂46のメンバーに、まずは舞台で演技をするとはどういうことかを知ってもらうために行なわれたものだった。例えば、ひと言もしゃべらずに歩いてくる数名のメンバーを見て、誰が父母を、誰が娘を、誰が犬を演じているのか当てさせるといった内容だった。こうしたゲームのような稽古を通じて、何もない空間で〝役の体〟を表現するという演劇の基礎を学んだ。

そんななか、佐々木久美が大げさにふざけてみたり、丹生明里や松田好花が思い切って犬を演じてみせたことで、メンバーたちは少しずつリラックスして稽古に入ることができた。

実はこの本読みとおままごとの様子を見ながら、スタッフの間ではすでに配役が練られていた。気鋭の劇作家である柴幸男が書いた『あゆみ』という戯曲は、どこにでもいる平凡な女性の一生を描いた物語である。しかし、そのひとりの女性を出演者全員で演じるという特殊な構造を持っていた。例えば、ある役者が主人公の幼稚園時代を演じた後、別の役者が小学生時代を引き継ぐという具合に、ひとりの「私」をリレーのように受け渡していくという仕掛けだった。

アイドルが出演する舞台としてはかなり変則的な作品だが、『あゆみ』は高校演劇などで好んで取り上げられる戯曲だった。この作品は、老練なプロの俳優ではなく、若い人間がいきいきと演じることで爽やかな感動を呼び起こすような不思議な力があった。けやき坂46の初舞台に『あゆみ』が選ばれたのは、舞台未経験のメンバーたちの持つ素の魅力、完成されていない素材感を生かすためだった。

今回の公演では、20人のけやき坂46メンバーを10人ずつに分け、「チームハーモニカ」と「チームカスタネット」の2チーム制で公演を行なうことになった。まず最初に配役が決まったのは、物語の最初と最後に主人公を演じる「私1」だった。チームハーモニカの私1は渡邉美穂が、チームカスタネットの私1は佐々木美玲が指名された。

実は、初めの本読みのときから演出家の赤澤の目には渡邉と美玲の素質が突出して見えていた。しかも、ふたりのよさはまったく対照的だった。

渡邉は物語に自分の心が動かされた瞬間、その感情を声に乗せられるという得難い才能があった。その本能的な芝居には、まるで野性児のような魅力が備わっていた。逆に、美玲は自分の芝居を俯《ふ》瞰《かん》的にとらえ、コントロールできる能力があった。彼女は自分が求められている芝居をこなした上で、舞台全体の形をつくっていくことさえもできた。

さらに、各メンバーの適性や舞台に立ったときのバランスを考慮して、私1〜10までの配役が決定された。

個性が反映されたふたつの『あゆみ』

稽古は連日7、8時間にわたって行なわれた。初めは舞台のサイズに合った声が出せずに苦労するメンバーが多かったが、松田好花が思い切って大きな声で演じてみせると、スタッフが「松田の声にみんな合わせて」と指示し、それが稽古の基準になった。

佐々木久美は、このやりとりを見ていて意外に感じた。

「好花ちゃんって、京都出身のはんなりした子かなって思ってたけど、実際はチャレンジ精神旺盛ですごいハキハキしゃべる子なんだ」

それまで、1期生と2期生はライブでも合同で歌う曲がほとんどなく、こうして長い時間をかけて一緒に作品をつくり上げた経験もなかった。この稽古のなかでようやく、彼女たちはお互いのキャラクターを知っていくことになった。

また、ドラマ『Re：Mind』で演技を経験していた1期生も、初めての舞台の芝居には苦戦させられていた。齊藤京子は、東村芽依と会話を交わすあるシーンになると、笑いが込み上げてきてどうしても演技ができなくなった。そこで相手役を務める東村も一緒になって笑ってしまうので、芝居が進まずに稽古が中断されることもあった。

齊藤は大事なところで笑ってしまう自分のくせが何かの病気のせいではないかと真剣に思い、ネットで調べたりもした。とにかく、東村と稽古場では一切話さないようにして距離を取り、なんとか笑いをこらえることにした。

だが、齊藤や東村だけではなく、濱岸ひよりや河田陽菜も稽古中にどうしても笑ってしまうというくせに悩まされていた。実はこれは、舞台で芝居をすることにまだ恥ずかしさや不安を感じているために起こってしまう身体的な反応だった。齊藤も、台本のセリフをすべて覚え、不安がなくなってきた頃から稽古が楽しくなり、笑うくせは自然とおさまっていった。

1ヵ月以上にわたって続いた稽古も、終盤になるとチームハーモニカとチームカスタネットに分かれて行なわれるようになった。そして数日ぶりに一緒に稽古をしたとき、お互いのチームの芝居の変化にメンバーたちは驚かされた。

1期生や年上のメンバーが多かったハーモニカは、声も通りやすく、安定した演技を見せていた。反対に、2期生を中心に若いメンバーの多かったカスタネットは、それこそ打楽器のようににぎやかで元気な印象になっていた。

こうして、ふたつの『あゆみ』はいよいよ本番の舞台にかけられた。

本番前日に足されたあるセリフ

4月20日、舞台『あゆみ』のチームハーモニカ公演が本番初日を迎えた。まずはマスコミに向けた昼のゲネプロ公演が行なわれた。

舞台は何もない真っ白な空間。そこに白い衣装をまとった10人のメンバーがハーモニカを吹きながら入ってくる。以後90分間、物語が終わるまで彼女たちはずっと舞台上に残り、複数の役を演じながら、時に観客のようにほかのメンバーの演技を見守った。

初めて客席を前にして演技をするメンバーたちは、中盤までは硬さも感じられたものの、終盤で主人公が自分の一生を振り返るシーンになるとぐっと作品世界にのめり込んでいった。

私1を演じていた渡邉美穂が、小学生の頃の友人に「ごめんなさい」と謝る場面になると、渡邉だけではなくそれを見ていたメンバーたちも感極まって涙を流した。そして最後に「楽しかったなぁ」というひと言を残して、このひとりの女性の物語は閉じられた。

実はこの「楽しかったなぁ」というセリフは、もともとあった戯曲に唯一、書き加えられたものだった。それは、渡邉美穂の本能的な芝居を爆発させるために、そして佐々木美玲の小さくまとまろうとする芝居を壊すために、本番前日になって付け足されたものだった。

しかし、このゲネプロ公演を迎えるまで、渡邉は深刻な悩みのなかにあった。『Ｒｅ：Ｍｉｎｄ』で挫折を味わっていたこともあり、自分の演技に自信が持てなかったのだ。稽古中は、ほかのメンバーがどんどん成長していくなかで自分だけが置いていかれているような気がして毎日プレッシャーを感じていた。気がつくと、泣きながら理由もなく手を洗い続けていた日もあった。

しかも、そんな悩みを渡邉は誰にも相談できなかった。昔から「悩みがなさそう」「元気で明るいね」と言われてきた渡邉は、けやき坂46に入ってからさらに周りの評価と本当の自分とのギャップに悩むようになった。テレビでMCの芸人とバスケ対決をしたり、力強いダンスでステージを引っ張る渡邉のことを、多くのファンは「強気で何事にも動じない体育会系の女の子」だと思っていた。そんな評価に人知れず悩みながら、舞台でも重要な役を任され、どんどん気持ちが沈んでいった。

そんな状態で迎えた本番当日。ゲネプロの幕が開く直前になって、演出の赤澤からこんなことを言われた。

「今日は泣けるよね？　期待してるから」

最後のシーンで泣くほどの熱演を見せてほしいということだった。これから初めて舞台に立とうとする人間にはプレッシャーになるような言葉だった。

しかし、ゲネプロが始まると渡邉は自分でも想像していなかったほど役に入り込み、最後は感情を込めて「楽しかったなぁ」というセリフを口にした。自分で納得のいく演技ができたのは、この日が初めてだった。

実は、本番直前に声をかけた赤澤のほうは、渡邉の演技についてはまったく心配していなかった。野性のような感性を持った渡邉なら、舞台の上に立つと必ず物語のなかに入っていけると確信していたからだ。

そして3日後の4月23日、チームカスタネットも本番初日を迎えた。ハーモニカと同様、彼女たちも昼にゲネプロ公演を行なった。メンバーたちは舞台冒頭からにぎやかにカスタネットを鳴らしながら登場した。年長組が多かったハーモニカに比べ、若いメンバーが中心のカスタネットは、ところどころセリフが聞き取れない部分もあり、技術不足を感じさせた。しかし、粗削りな躍動感があり、観客の目にはいきいきとして映った。

ハーモニカもカスタネットも、初日の公演後に演出家による長いダメ出しの時間が設けられた。そこで、カスタネットは「もっと演技の枠を壊せ。舞台を吹っ飛ばすくらいの気持ちでやろう」と何度も言われた。

この言葉によって、2日目以降のカスタネットの『あゆみ』は、まったく違うものになっていく。そのなかで、舞台の本当の面白さに目覚めて大きく成長できたのが、丹生明里だった。

HINATAZAKA46 STORY

第26話 千秋楽の日の涙

公演を重ねるごとに変わっていく舞台

チームカスタネットによる『あゆみ』の本番2日目。富田鈴花の演じる「私」が、金村美玖演じる職場の後輩に背負われて帰るシーンで、富田が大げさに酔っぱらった演技をしてみせた。この富田の芝居を見て、客席よりも舞台上のメンバーたちのほうがくすくすと笑ってしまった。

実はこの演技は富田のアドリブだった。演出家の赤澤ムックは、稽古中からずっと自信なさげでまじめに考えすぎているように見えた富田のために、特定の箇所でアドリブを入れるように指示していたのだった。「のびのびと舞台を楽しんでほしい」という意図だった。

この2日目の公演を機に、富田だけではなくカスタネットのメンバーたちの芝居はどんどん変わっていった。初日のダメ出しで言われたとおり「演技の枠を壊」して、本来の元気さを舞台で発揮するようになっていった。

こうしたムードは〝隊長〟の存在によるところも大きかった。舞台が初日を迎える直前、ハーモニカとカスタネットの各チームでひとりずつ、隊長が指名された。この隊長とは、これからメンバーたちで公演をつくっていくにあたって、ストレッチや円陣などをまとめる役割だった。ハーモニカの隊長には、それまでもグループ全体を引っ張ってきた佐々木久美、カスタネットの隊長には、メインの「私1」も演じる佐々木美玲が指名された。

美玲は後輩の多いチームのなかでも積極的におどけたりしながら、メンバーたちが常に明るい気持ちで舞台に立てるように努めた。ある日の円陣では「トイレの人まで聞かせるぞ！」と張り切って叫んでメンバーを笑わせた。また、メンバーたちがカスタネットを叩きながら登場する舞台冒頭のシーンでは、事前にチームのＬＩＮＥグループで「明日は〝動物園〟でいこうね」などと提案し、みんなで思い思いの動物を演じてみたりもした。こうして、先輩や後輩も関係なく、公演を重ねるごとにメンバーたちは距離を縮めていった。

ある日の本番直前。金村美玖が舞台袖で開演を待っていると、１期生の柿崎芽実が「にゃー」と猫のものまねをしながら絡んできた。たったこれだけのことでも、金村にはうれしかった。

実はそれまで、金村は自分が先輩たちから嫌われているんじゃないかと思い込んでいた。１期生のなかで唯一、学業のことなどを相談できる仲だった影山優佳に、「私、嫌われてますよね？」と本気で尋ねたこともあった。しかし、『あゆみ』の公演中、メイクも待ち時間もずっと１期生たちと一緒にいるうちに少しずつ壁はなくなっていった。

また、舞台上に流れる独特な空気もメンバーたちに影響を与えていた。公演期間が半ばに差しかかった頃、柿崎と富田は、気がつくと本番の舞台の上で手をつないで歩いていたことがあった。それまでは、単に目を合わせて歩きだすというだけのシーンだった。大勢の観客の前で芝居をするとき、体のなかから湧き上がってくる静かな興奮が、彼女たちを前へ前へと動かしていた。

カスタネットだけではなく、チームハーモニカのメンバーたちも公演を重ねるごとにどんどん変化していった。子供の頃からミュージカルや演劇が好きだった高瀬愛奈は、少しずつ芝居の細部に自分の味をのせていって演出家を感心させた。また、稽古中から声がうまく出せず、演技にムラがあった東村芽依も、公演の後半になると自分で芝居を立て直せるようになっていた。そんなハーモニカの舞台を支えていたのが加藤史帆だった。加藤の演技は、本人も気づかないうちに舞台全体の芝居の空気感、リズムの基準になっていた。

そんなチームハーモニカ、チームカスタネットの全体を通して、影山優佳や松田好花らと共に芝居への高い適性を見せたのが丹生明里だった。演出の赤澤は、丹生の聞き取りやすくて特徴的な声と華のある雰囲気に、商業演劇のヒロインそのもののような資質を感じたという。何より、楽しんで舞台で演技をする丹生の姿は輝いて見えた。

人生を変えた「君は君らしく」

ふたりの兄がいる家庭で育った丹生明里は、外でも目立つタイプの兄たちとは違って、いつも周りの目を気にするような内気な女の子だった。小学校の授業参観でも一度も手を挙げられず、母親から心配されたりもしていた。

そんな丹生が剣道を始めたのは小学3年生のときだった。道場で稽古をする兄たちを見て「剣道やってるときのお兄ちゃんたち、カッコいいなぁ」と思い、自分も竹刀を振るようになったのだった。

しかし彼女にとって剣道は決して楽しいものではなかった。試合会場に行くと「丹生君の妹なの？じゃあ強いんだね」と声をかけられたが、強豪だった兄たちとは違い、ほとんど一度も試合で勝てたことがなかった。

「明里、お兄ちゃんたちのおこぼれみたいに試合に出させてもらってるのに、いつも負けてみんなの足を引っ張って……。なんで剣道なんてやってるんだろう」

いつしか稽古に行くのもいやがるようになった娘に、母親はこう言った。

「明里、〝継続は力なり〟だよ。ずっと続けてれば、いつか芽が出て、花が咲くから」

その言葉を信じて、丹生は稽古も素振りも休みなく続けた。時には家で兄が稽古をつけてくれることもあった。

そして中学3年のとき、個人戦で初めて県大会まで進むことができた。このとき、自分が勝ったことを喜んでくれる仲間たちを見て丹生は思った。

「あんなに弱かった私なのに、みんな見捨てずに優しくしてくれて、私は仲間に恵まれてたんだなぁ」

こうして剣道時代に仲間から支えられた経験が、後の彼女の行動規範をつくっていく。

そして高校1年生のとき、彼女の人生を変える出会いが訪れた。その年に発表された欅坂46のデビュー曲『サイレントマジョリティー』を聴いて、その歌詞の一節に衝撃を受けたのだった。

君は君らしく生きて行く自由があるんだ
それまでずるずると剣道を続けてきたものの、本当に自分がやりたいことがなんなのかよくわからなくなっていた。そんな自分に、『サイレントマジョリティー』の歌詞が勇気を与えてくれたように感じた。そしてその思いが、そのまま自分のやりたいことにつながっていった。

「今度は私がアイドルになって、誰かを勇気づけたい」

こうして丹生明里は、けやき坂46の2期生としてアイドルの世界に足を踏み入れることになった。

活動を始めてからも、彼女は何度も母親の言葉に救われた。うまくいかないときは「明里は明里のやり方でいいんだよ」と肯定され、悩んだときは「自分で決めたことじゃないと本気になれないでしょ？」と決断を後押しされた。そんな母の励ましや剣道時代の仲間からもらった優しさを返すように、同期の金村美玖らメンバーたちの悩みを聞いて、相談に乗ったりした。

そんな丹生自身は、アイドルになりたいと誓った日からある方面に興味を抱くようになっていた。演技の世界だ。それまでただ好きで見ていたドラマも、もし自分が表現する側に立ったならと思って見ると、「こんなふうに演技して人に感動を届けられるって、なんてすごいんだろう」と思うようになった。

演技に憧れていた彼女にとって『あゆみ』は待ちに待ったチャンスだった。演出家から高い評価を受けながらも、毎日少しずつ演技を工夫していった丹生は、あるときふとスタッフからこんなことを言われた。

「演技するの、好きなの？　いつもすごく楽しそうに演技してるのが伝わってくるから」

これを聞いて、丹生は自分が間違っていなかったと思えた。楽しんで取り組んでいれば、きっと誰かがそれを見てくれる。そして、自分が楽しんでいる姿が人の心を動かす。

『あゆみ』が千秋楽を迎えた日。演出家の赤澤は、メンバーの前で初めて涙をこぼしながら、ここまで誰ひとり欠けずに完走してきた彼女たちの手をひとつひとつ取ってメッセージを伝えた。そのとき丹生にはこんなことを言った。

「あなたが傘を持って演技をしてたシーン、あのとき、私には一輪の花がパッて咲いたように見えたよ。あのときのあなた、すごく輝いてたよ」

手を取って語りかけられていた丹生も、大粒の涙をこぼしながら思った。

「どのシーンにも、どのセリフにも、どの役にも、ちゃんと意味があったんだ。『あゆみ』がそのことを教えてくれた。初めての作品が『あゆみ』で、ほんとによかったな」

自分の過去と重なった「尾崎さん」

初日から数えて約2週間後。5月5日にチームハーモニカが、翌6日にチームカスタネットが千秋楽を迎えた。各チーム12回の公演を行なうなかで、何度も「私」の物語を繰り返し、舞台は進化していった。

それまでドライにメンバーたちと接してきた演出家の赤澤は、前述のように千秋楽が終わるとメンバーの前で大号泣した。実は、毎日彼女たちの本番を見ながらどの客よりもボロボロと涙をこぼしていたのが赤澤だった。

いつもは人前で涙を見せない齊藤京子も、千秋楽後に「素直に前向きに演技をして、自分から研究しようとしてる姿がよかったよ」と言われ、うれしくて泣いてしまった。

そんななか、小坂菜緒は胸にしまっていた思い出を話した。

「実は私、『尾崎さん』と同じような経験があるんです」

小坂は、主人公の子供の頃の友人「尾崎さん」を主に演じていた。物語のなかで、主人公は尾崎さんを傷つけてしまったことをずっと後悔していたが、大人になってからやっと謝ることができる。そして尾崎さんに許してもらえたことが、この舞台のクライマックスになるという重要な役どころだった。

小坂はこの役を演じるとき、いつも〝自分のままで〟舞台に立っていた。実は小坂自身、小学生のとき、クラスの目立つ女子と無理をして付き合っていたために、大事な友達が離れていってしまったという経験があった。彼女が人と関わることが怖くなったのはこのときのことが原因だった。

そんな思い出とともにこの役を演じていたことを赤澤に伝えると、「あなたが一番ステキな尾崎さんを演じてたよ」と言って抱き締められた。小坂も顔をグシャグシャにして泣きながら「私は尾崎さんをやれて、ほんとによかったな。楽しかったな」と思った。舞台が終わる寂しさと充実感の入り混じった、不思議な感覚が胸に広がった。

こうして、初めて取り組んだ舞台の仕事は、ライブやメディアの活動では得られないものをけやき坂46のメンバーたちに与えてくれた。そして、1期生と2期生で一緒に作品を作り上げたこの経験が、ステージ上でも生かされるときが来た。

HINATA ZAKA 46 STORY

第27話 走り出す瞬間

自分たちでつかみ取ったアルバム

2018年5月中旬。けやき坂46のメンバーたちは新曲のMV撮影に臨んでいた。

1期生と2期生を合わせた20人で歌うオリジナル曲『期待していない自分』。グループにとっては久々の全体曲だったが、この曲は今までのけやき坂46の曲とは大きく異なる意味合いを持っていた。それまで、彼女たちの楽曲はすべて欅坂46のシングルのカップリング曲として制作されてきたが、この曲はけやき坂46名義で初めてリリースするアルバムのリード曲だった。

約3ヵ月前、武道館3days公演の最終日に発表された単独アルバムの制作がいよいよ始まったのだ。

楽曲のセンターを務めるのは佐々木美玲。武道館で披露した1期生曲『イマニミテイロ』に続き、このアルバムを通してセンターを務めることになった。

美玲はこの『期待していない自分』の歌詞をもらったとき、「私たちの本音を見抜かれてるのかな」と思ったという。

いいところ何もない／僕に何ができるんだろう／誰よりも自分のこと／わかってないんだ／青空のせいじゃない／ずっと見上げてたわけじゃない／期待しないいってことは／夢を捨てたってことじゃなくて／それでもまだ何か待ってること

ネガティブなところがある美玲は、今までずっと「自分は前に出なくていい」と言ってきた。しかし、心のどこかではこう思う自分もいた。

「私たちにだってできる。ひらがなけやき（けやき坂46）だけで前に立つことだってできるんだ」

そんな本心が歌詞のなかに隠されているように感じられた。MVのラストは、彼女たちの強い意志を表すような激しいダンスシーンで締めくくられた。

このダンスシーンは、3日間にわたって行なわれたMV撮影の最終日に収録された。ロケーションは地上100mを超す超高層ビルの屋上。白を基調とした衣装に身を包んだ20人のメンバーが、風に向かって一斉に走り出し、夕景をバックに全力で踊る。

このシーンの撮影は困難を極めた。遮るもののないビルの屋上で、立っていることさえ難しいほどの強風がメンバーたちに吹きつけていた。すでに撮影時間は予定より押していた上に、日没も間近に迫っていた。グループに加入してから初めてMV撮影を経験する2期生たちは、たった数分のMVを作るためにこれほどの労力がかかっていることに驚くとともに、いつ終わるともしれない撮影に気力と体力を奪われていた。

そんななか、佐々木久美が突然大きな声を上げた。

「はい！」

強風に負けないよう、スタッフの指示にありったけの声で返事をしたのだった。それを聞いたほかのメンバーもまねをして大声で返事をしているうちに、不思議と元気が湧き上がってきた。そして最後のカットは、再び風に向かって力強く走り出す瞬間の彼女たちをとらえて終わった。

実はこのとき、すでにアルバムのタイトルも決まっていた。けやき坂46の記念すべきデビューアルバムのタイトルは『走り出す瞬間』。これは、グループの総合プロデューサーを務める秋元康が考案した候補のなかから、メンバーたち自身で選ばせてもらったものだった。「自分たちでつかみ取ったアルバムだから、自分たちの思いを込めたものにしてほしい」というスタッフの思いから、彼女たちがタイトルを決めることになったのだった。

そしてメンバー全員で相談をした結果、ほとんどのメンバーが推したのがこの『走り出す瞬間』だった。たとえどんなに強い風が吹いても、目の前に誰もいない自分たちだけの場所へ踏み出そうとしている彼女たちにとって、これほどふさわしいタイトルはなかった。

そしてこのアルバム発売に合わせ、首都圏と名古屋、大阪を回る「『走り出す瞬間』ツアー２０１８」が行なわれることになった。

新曲18曲を披露するためのリハ

けやき坂46が初めて自分たちの曲だけで行なうライブ。それは、メンバーたちにとって待ちに待ったものだったが、新曲が多い分、リハーサルのスケジュールは過密なものになった。

新曲の振り入れとライブのためのリハーサルは同時進行で行なわれた。まず昼帯の時間に振り入れ。全体曲だけではなく、1期生・2期生ごとの曲やユニット曲もあるので、全メンバーが絶えず稼働した。そして夕方からはリハーサル。ここで振り入れをしたばかりの曲をセットリストどおりにつなぎ、演出を加えていく。そして翌日はまた振り入れ、リハーサル。毎日がこの繰り返しだった。

この前年、欅坂46のアルバムのツアーに帯同していたとき、1期生たちが担当していた新曲は『永遠の白線』だけだった。その当時のことを思い出して、加藤史帆はあらためて先輩たちがやっていたことの難しさを実感した。

「そういえば、漢字さん（欅坂46）もずっとリハの合間に振り付けの確認したりしてたな。私も今、毎日家に帰って習ったことを練習してるのに、ぜんぜん覚えられない。アルバムのツアーをやるって、こんなに大変なことだったんだ」

また、武道館3days公演までは1期生と2期生で歌う全体曲は1曲しかなかったので、20人でリハーサルを行なう機会もほとんどなかった。しかし、このアルバムツアーのためのリハーサルであらためて2期生と一緒に踊りながら、1期生の潮紗理菜はかつての自分たちのことを思い出していた。

「2期のみんな、こんなに大変なのにすっごくやる気に満ちてキラキラしてる。私たちも全国ツアーをやっていた頃は、こんなふうだったのかな。それにしても、2期の子たち、私たちが手を貸す必要がないくらい覚えるのも早くてすごいな」

今回のリハーサルでは、スタッフも2期生に対して指示のペースを緩めることはなかったし、彼女たちも先輩と同じスピードでリハに食らいついていた。武道館公演以来、2期生たちもおもてなし会や舞台『あゆみ』を経て成長していた。何より、おもてなし会のミニライブで納得のいくパフォーマンスができなかったという悔しさが、彼女たちのやる気に火をつけていた。

ある日、2期生曲の振りを入れた際、指導していたダンサーから「1期はいつも自分たちで振りを確認して直す時間をつくってるけど、2期はどうする？」と聞かれた。先輩がやっていることを彼女たちがやらない理由はなかった。それ以来、2期生も振りを直す時間をもらい、メンバー同士で意見を出し合ってダンスを固めていく作業を行なうようになった。

そうして毎日のように振り入れとリハーサルを行なっているうちに、気がつくと新曲の数は18曲に達していた。さらに、これまで歌ってきた既存曲全10曲もアルバムに収録されることになった。こうして、けやき坂46のデビューアルバム『走り出す瞬間』は、計28曲を収録した大作といっていい内容になった。

だが、当初は5月に予定されていたアルバムの発売日は約1ヵ月延期されることになった。そのため、アルバムリリース前にツアーの初日が幕を開けることになり、その新曲の多くをステージ上で解禁していくという珍しい事態が起こった。

2日目には新しい振り付けに修正

6月4日、神奈川県・横浜市のパシフィコ横浜で『『走り出す瞬間』ツアー2018』の初日公演が行なわれた。

ライブでは、冒頭から新曲が3曲披露された。なかにはラジオでも解禁されていない完全初披露の曲もあった。だが、けやき坂46の新たな出発を見届けようとするファンの期待感は大きく、パフォーマンス中も大きな歓声が起きた。

そしてMCの時間になると、佐々木久美がファンに伝えた。

「先日、メンバーの影山優佳が活動休止を発表しました。今回のツアーにも参加できないんですけど、影（影山）の前向きな選択を私たちは全力で応援してるし、影は今日もひとりずつに手紙を書いて『頑張ってね』って言ってくれたので、影に恥ずかしい姿を見せることはできません。19人で影の分まで頑張っていくので、応援よろしくお願いします」

この直前、1期生の影山優佳が学業専念のため活動を休止することが発表されていた。そのことをステージ上でファンに直接伝えられない影山のために、久美がまずこの報告をしたのだった。

そして彼女もまた、このライブ直前に重大な発表を行なっていた。やっと正式にけやき坂46のキャプテンに任命されたのだ。

そもそも末っ子で人についていくタイプだった久美は、グループのなかでは年長者だというだけの理由でリーダー的な役割を任されていた。仕事の現場で先頭に立って挨拶をしたり、メンバーのまとめ役を期待されることは性格的に好きではなかったが、2期生が入ってきた頃から考え方に変化が出てきた。

「今までは同期だけだったけど、後輩ができて、グループの人数も増えたから、誰かがまとめないとなんにも進まない。それをいやだっていうのは時間の無駄だし子供っぽいから、私にできることなら頑張ってやろう」

そして武道館公演や『あゆみ』を通して彼女のキャプテンシーはますます磨かれていき、このデビューアルバムのツアーのタイミングで満を持してキャプテンに任命されたのだった。

「さぁ皆さん、盛り上がっていけるのか！　もっと声出せるぞ！」

武道館の頃よりはるかに自信に満ちた声で佐々木久美が客席を煽り、ライブは再開された。

この日披露したのは21曲。うち新曲は15曲。あれだけの過密スケジュールで振り入れとリハーサルを行なった割には、大きなアクシデントもなく無事に初日を終えることができた。しかし、本当にクリエイティブな作業が始まるのはこの後だった。

ライブ終了後、スタッフの間である曲に関する意見が飛び交った。1期生が歌う『こんな整列を誰がさせるのか？』の振り付けについてだった。

自分たちを服従させようとする権力に異議を唱えるこの曲は、今回のセットリストのなかでもキーとなるものだった。この『こんな整列…』をきっかけにして、ライブはけやき坂46らしい明るくハッピーな雰囲気から一転、シリアスな展開に移るのだ。

この初日に披露されたバージョンの振り付けでは、メンバーたちは操り人形のように無機質な動きを強いられて踊っていた。しかし、スタッフの間で議論が続くうちに、「ひらがならしく、抑えつけられていても自然と体が動いてしまうような」ダンサブルな振り付けに変更されることになった。

実は、これはメンバーたちの希望でもあった。齊藤京子はこの曲をもらったとき、そのビートの強いエレクトロニカサウンドに驚きながらも、すぐにアルバムの中でも一番好きな曲になった。

「この曲、絶対〝踊る〟やつな気がする。振り付けてもらうのが楽しみだな」

ダンスが好きなメンバーが多いけやき坂46だけに、みんな期待して振り入れに臨んだが、予想に反して無機質な振りであっという間にレッスンは終わってしまった。それで後からマネジャーに「もっと踊る曲がやりたいです」と言っていたのだった。

だが、変更のための現場の作業は壮絶だった。初日が終わったその日の深夜に、振付師のTAKAHIROがダンサーを集めて振りを作り直した。そしてメンバーたちは翌日の本番前のわずかな時間のなかで振り入れを行なった。そのほかにも、初日のライブを通して数十点に及ぶ〝直し〟がメンバーに伝えられており、各自で修正を確認するという作業があった。

昨年のツアーや武道館を経て成長していた1期生たちも、このときはさすがに焦りでピリピリした。誰もが頼りにしていた佐々木美玲でさえ、「変更が多すぎて頭がいっぱいです」と泣き言を言うほどだった。

だが、それでも妥協しないのがこのチームだった。2日目には『こんな整列…』の大幅な変更を含め、あらゆる点で細かい修正を加えたパフォーマンスを披露した。さらに直しは毎日のように発生し、3日間続いたこのパシフィコ横浜公演、そして翌週行なわれた東京国際フォーラム公演と、一日として同じ内容のライブはなかった。

こうしてツアーのステージが進化を遂げていくなかで、いよいよ『走り出す瞬間』がリリースされる日がやって来た。そしてそのアルバムリリース後のライブでは、メンバーたちでさえ驚く出来事が待っていたのだった。

SONG LYRICS #11

期待していない自分

Lyrics｜秋元康
Music｜kyota.
Arrangement｜生田真心

道の途中で躓《つまず》いて
振り返って見ても何もない
わずかな段差でもあれば
言い訳できたのに…

いつも僕だけ一人
うまくいかないのは　なぜ?
背中丸めて　俯《うつむ》きながら
答えを探そうか?

青空のせいじゃない
ずっと見上げてたわけじゃない
期待しないってことは
夢を捨てたってことじゃなくて
それでもまだ何か待ってること

足元　ずっと見ていれば
躓《つまず》くことなんてないだろう
景色見ない人生が
幸せなのかな

慎重に生きろなんて
大人たちは言うけれど
行きたい方へ歩きたくなる
いけないことなのか?

雨空は悪くない
傘で空が見えなかっただけ
その日の天気次第で
下を向いたり見上げてみたり
そんな落ち着かない青春よ

いいところ何もない
僕に何ができるんだろう
誰よりも自分のこと
わかってないんだ

青空のせいじゃない
ずっと見上げてたわけじゃない
期待しないってことは
夢を捨てたってことじゃなくて
それでもまだ何か待ってること

第28話

ひらがなを強くしたい

思い出の詰まった「長かったね」のひと言

2018年6月20日、けやき坂46のデビューアルバム『走り出す瞬間』がリリース。それに先立ち、けやき坂46のメンバーたちはいくつかの班に分かれて全国のCDショップでキャンペーンを行なった。

まずはセンターの佐々木美玲、キャプテンの佐々木久美を中心にした6人がマスコミを前に会見を行なった。そこでアルバムリリースを迎えた今の心境を聞かれた加藤史帆は、こんなふうに答えた。

「アンダーとして集められた私たちが、こうやって単独アルバムを出させていただくことは夢のようで、いつも応援してくださる皆さんのおかげだと思っています。ありがとうございます」

欅坂46の〝アンダーグループ〟と告知されていたけやき坂46のオーディションを受け、彼女たちがアイドルとして活動を始めてからすでに2年が過ぎていた。あの頃はけやき坂46名義で単独デビューをするなど夢にも思っていなかった。

その後、都内の大型CDショップに行くと、店内は自分たちのアルバムやポスターだけではなく、メンバーひとりひとりを紹介する店員の手書きポップなどで埋め尽くされていた。

ふと気づくと、1期生たちの歌う『永遠の白線』がBGMとして流れてきた。それは、2017年の夏、欅坂46のツアーのステージなどで彼女たちがずっと歌ってきた大切な曲だった。

あのとき一緒にステージに立っていた長濱ねるは欅坂46専任になり、代わりに2期生たちが加入してきて、こうして20人で単独アルバムをリリースすることができた。

美玲が、近くのメンバーにだけ聞こえるほどの小さな声でつぶやいた。

「長かったね」

そのひと言に数え切れないほどの思いが詰まっていた。隣でそれを聞いていた加藤史帆が大粒の涙をこぼすと、言った本人の美玲や久美も一緒になって泣いてしまった。

けやき坂46のデビューアルバム『走り出す瞬間』は、発売初週に15万枚を売り上げ、オリコン週間アルバムランキング1位を獲得。また、デジタルアルバムのダウンロードランキングでも1位を記録。CD、配信で2冠を達成することになった。

こうした華々しい結果を受け、ツアーは折り返し点となる大阪公演を迎えた。

大阪で起こった〝ひらがな〟コール

6月27日、大阪フェスティバルホールで「『走り出す瞬間』ツアー2018」大阪公演の初日が行なわれた。

ここに至るまでにメンバーたちは再び細かい修正点を確認し、パフォーマンスを進化させていた。特にモニターに映ったときの表情やダンスの見せ方は、それぞれ何度も過去の映像を見返してかなり細かいところまで意識するようになっていた。

しかし、この日の観客の盛り上がりには逆にメンバーたちが驚かされることになった。特に本編ラストを飾る曲『車輪が軋《きし》むように君が泣く』では、会場から大きな歌声が上がった。前回の東京公演の際にも「一緒に歌ってください！」とステージ上から呼びかけていたが、アルバム発売後初となったこの大阪公演では、それまでとは比べ物にならないほどメンバーと観客の歌声が一体化していた。発売されたばかりのアルバムをファンが熱心に聴いて覚えてきてくれたのだった。

やがて本編が終わって、ステージ裏でメンバーたちが次の衣装に着替えているとき、客席からアンコールの声が聞こえてきた。

「欅坂46！　ひらがな！　欅坂46！　ひらがな！」

それまで、彼女たちのライブでは先輩の欅坂46と同じ「欅坂46！」というコールが使われていた。そこに一部のファンが「ひらがな」というひと言を加えたことにより、続けると「ひらがなけやきざか46」と聞こえるようにアレンジされていたのだった。

自然発生的に起きたこのコールを耳にして、潮紗理菜はファンの大きな愛情を感じた。

「ひらがな（けやき坂46）のファンの方って、なんてすてきなんだろう。こうやって毎回いろいろ考えてくださって、私たちと一緒にライブをつくってくれる。こんなふうに会場と一体になれるライブが、私たちのやりたかったことなんだ！」

この大阪公演で、けやき坂46とそのファンにしかつくれないライブができたことに誰もが手応えを感じていた。

しかし、そのステージの裏側は生易しいものではなかった。5月にアルバムの制作に入ってからというもの、ツアーの公演だけではなく、握手会、プロモーション、番組収録と、メンバーたちは日々走り続けていた。本人たちさえ気づかないうちに大きな疲労がたまっていた。

大阪公演初日の本番前、会場に入ってリハーサルを行なっていたとき、渡邉美穂は腰に激痛を感じた。歩くのもつらいほどの痛みだった。このツアー中は「毎回100パーセント全力でやる」と決め、自宅でも毎朝セットリスト順にすべての曲を踊っていたという渡邉の体は、すでに悲鳴を上げていた。

周りのメンバーもすぐにこの異変に気づいた。しかし、痛みを隠して「大丈夫だから」と言う渡邉に、小坂菜緒は怒るように言った。

「このまま無理して、途中でツアーに出れなくなったらどうするの？　周りがどれだけ心配してるかわかってる？　つらいならつらいって言わなきゃ、怒るよ」

小坂にとって、渡邉は特別な存在だった。自分が2期生のセンターに指名されたときは「なんでもできる美穂のほうがふさわしいのに」と思ったし、初めて歌入れした音源を聴いたときも「私の声、ぜんぜん聞こえないし、これは美穂の曲なんだ」と感じた。小坂はずっと渡邉のことを意識していた。

しかし、センターに立つ自分をずっと隣で支えていてくれたのも渡邉だった。

「美穂が隣にいないライブなんて、考えられない」

いつしか、渡邉は小坂にとっていなければならない大切な存在になっていた。

結局、渡邉は小坂の言うとおりにマネジャーに症状を打ち明け、急遽スポーツドクターが呼ばれることになった。そして本番直前までマッサージを受けた結果、症状が劇的に改善され、本番はステージに立つことができた。

19人のメンバーがひとりも欠けずにツアーを続けるということは、それだけで非常に難しいことである。事実、濱岸ひよりもバレエ時代につくった足の古傷が再発し、衣装ごとに目立たない色のテーピングを施してステージに立った日もあった。約1ヵ月間で10公演を行なうという密度の高いスケジュールのなかで、けやき坂46のメンバーたちはステージに立ち続けることの難しさも学んでいった。

そんななか、誰よりも熱い気持ちを持ってパフォーマンスしていたのが河田陽菜だった。

グループとしても最前列へ

「将来の夢は、1位ピアニスト、2位アイドル、3位ケーキ屋さんです」

これが河田陽菜が保育園の卒園アルバムに書いた夢の内容だった。理由は覚えていないが、なぜかその頃からアイドルが好きだった。

小学4年生のとき、一度だけAKB48の前田敦子と握手をしたことがある。初めて触れるアイドルの手は驚くほど温かくて、涙が出そうになった。帰りの電車の中でその思い出を噛《か》み締めながら、子供心に「アイドルってこんなに人を幸せにできるんだな」と思った。

前田敦子がAKB48を卒業してからも、乃木坂46や欅坂46を追いかけていた。そんな彼女に転機が訪れたのは高校生になってからだった。

乃木坂46の神宮球場でのライブを収めたDVDの発売告知CMで、齋藤飛鳥らメンバーが「神宮、最高！」と叫んでいるのを見て、胸が感動で締めつけられるように感じたのだった。

「もしかして、私、アイドルになりたいのかな」

そう思ったときにちょうど募集されていたのが、けやき坂46の2期生オーディションだった。

しかし、このオーディションに合格して憧れていたアイドルの世界に入ったものの、河田は自分に自信が持てずに悩む日々を送っていた。それぞれ特技を持っている同期たちとは違って、自分には人より優れたところがないし、不器用で声も小さいことがコンプレックスだった。そんな彼女が2期生のなかでフロントメンバーに選ばれ、活動していくなかで、一番自信をなくしていたのがこのツアーの始まった頃だった。

あるとき、初日の公演の模様を収めた映像をほかのメンバーたちと一緒に見る機会があった。そこに映る自分の姿を追っているうちに、涙がこぼれてきた。

「私、表情のつけ方もダンスもぜんぜんできてない。私が前にいると全体がダメに見えちゃう。2期生のフロントにいるの、場違いだな。ほかの子がフロントに立ったほうがいいんだ」

だが、彼女の個性は、人一倍泣き虫なのに誰よりも熱い気持ちを持っているということだった。自分に自信がなくても、ステージ前に円陣を組むたびに「私って、ひらがなけやきなんだ」という思いが込み上げてきて、笑顔でステージに立つことができた。

思い返せば、このアルバムの制作中も、自分たちの歌声が入った音源を聴いてはしょっちゅう感動していた。ツアー前のリハーサルで『車輪が軋むように君が泣く』を練習していたときは、一緒に歌っているメンバーの顔を見ると必ず泣けてくるので、演出家から「まだ早すぎる、感動禁止！」と言われたことまであった。

そんな彼女がこのツアー中に自信を取り戻すきっかけになったのも、やはり楽曲の力だった。

2期生の9人が歌う曲『最前列へ』。それは、アイドルとして入ってきたこの世界で自信を失い、「自分は後ろのほうがいい」と思っていた河田にもう一度前を向かせてくれるような曲だった。

だけど　ある日／僕は気づく／前の景色／見てないことを…／その先に／何がある？／全力で／背伸びしても／視線塞ぐ背中が／邪魔だ／最前列へ／最前列へ／初めて　意思を持ったよ／負けたくない

ツアーを通じてこの曲を何度も歌いながら、歌詞の意味を噛み締めているうちに、熱い気持ちがどんどん膨らんできた。それは、自分が最前列を目指そうというだけではなく、グループとしてももっと前に行きたいという思いだった。

このツアーのちょうど1年前、けやき坂46のオーディションの2次審査の日。彼女は審査員たちを前にしてこんなことを言った。

「私は、ひらがなけやきを強くしたいです」

そう口にしながら、自分の言葉に心を動かされ、涙が出そうになった。あのときの言葉は、けやき坂46が単独アルバムをリリースした今、河田陽菜の中でより強く響いていた。

ツアーは2日間の大阪公演、そして同じく2日間の愛知公演を終え、いよいよファイナルとなる千葉・幕張メッセ公演を迎えることになった。そこでは、またひとつうれしいサプライズが待っていた。

HINATAZAKA46 STORY

第29話 1年前とは違う涙

次のステージへと走り出す瞬間

2018年7月9日、10日の2日間にわたって『「走り出す瞬間」ツアー2018』のファイナル公演が開催された。

会場となった千葉・幕張メッセは、前年のツアーでもファイナル公演を行なった場所だった。さらに、2期生たちにとってはお披露目と「おもてなし会」の舞台になった思い出深い場所だった。

今回の公演では、それまでのツアー会場よりキャパシティが大きくなったことに合わせ、さまざまな点でステージプランや演出の変更が行なわれた。とりわけ、会場の中央に設置されたセンターステージでは、けやき坂46のアイドル性を前面に押し出した演出が採用された。

ユニット曲『猫の名前』では、〝猫耳〟のカチューシャをつけた2期生の4人がセンターステージに立ち、360度を囲むファンに笑顔でアピールした。さらに残りの5人の2期生もトロッコに乗って会場を回り、客席を盛り上げた。

ステージの上で完成されたパフォーマンスを見せるだけではなく、こうして客席の近くでファンと目を合わせて踊り、観客の心をくすぐっていく。そうしたコミュニケーションによって会場と一体感を生み出すことも、このツアーを通してメンバーたちが学んでいったことだった。

そしてツアー最終日となる10日の公演では、アンコール明けにサプライズが用意されていた。学業のために休業していた影山優佳がステージに登場したのだ。

少し痩せて大人びた顔つきになった影山が、マイクを取って話をした。

「ひらがな（けやき坂46）の大切なデビューのライブにこうして参加することができて、ほんとにうれしいです。（中略）今このステージに立って思ったことはひとつです。やっぱり私って、ひらがなが大好きなんだなって」

19人がひとりも欠けずにツアーを完走し、最後は影山も加わって20人でステージに立つことができた。ラストは全員で『NO WAR in the future』を披露。そして開演前にいつも行なっている円陣をステージ上で披露し、そのまま会場後方の出口まで全力で走っていった。

それは、ここからまた全力で次のステージへと向かう彼女たちの〝走り出す瞬間〟を表現したものだった。こうして、ツアーの見事なラストシーンを見届けた観客たちは、そのすぐ後に彼女たちのさらなる進化を目撃することになる。

3曲に命をかけて臨んだ「欅共和国」

ツアーファイナルからしばらくたった7月20日～22日の3日間、山梨・富士急ハイランドに隣接する野外会場・コニファーフォレストで「欅共和国2018」が開催された。昨年に引き続き、欅坂46／けやき坂46が共に出演して行なう野外ライブだった。

ステージは欅坂46メンバーによる「集団行動」と呼ばれるパフォーマンスで幕を開けた。梅雨明けの青空の下、放水機や特殊機材によって大量の水が客席にまかれ、昨年よりさらにハイテンションなパフォーマンスが繰り広げられた。

けやき坂46の出番はライブのちょうど折り返し点、日が傾いて夜に向かっていくというタイミングだった。1曲目は欅坂46と共に歌う『太陽は見上げる人を選ばない』。2期生たちにとっては、これが初めて欅坂46メンバーと一緒に踊る機会になった。

曲中、欅坂46とけやき坂46のメンバーがすれ違うシーンでは、金村美玖がけやき坂46側の先頭に立って歩いた。そのとき金村は、自分が欅坂46の世界に入っていくような不思議な感覚に包まれた。

「今、私、漢字さん（欅坂46）と同じステージに立ってるんだ！　こうやって一緒に歌ってると、自分も漢字さんになったみたいな不思議な気分になってく」

しかし、そこから後は、ツアーを経てひと回り大きくなった自分たちの力を見せる番だった。欅坂46のメンバーがステージを去った後、けやき坂46は3曲のオリジナル曲を披露。『期待していない自分』では、センターの佐々木美玲を筆頭にメンバー全員が全力疾走し、気力があふれるパフォーマンスを見せた。2曲目は野外ライブで観客と盛り上がるにはぴったりの『誰よりも高く跳べ！』。そして最後の『NO WAR in the future』では、間奏中に19人で大きな「ひ」の形のフォーメーションを完成させた。ステージ真上に設置したカメラがその模様をとらえたとき、あまりに完璧なメンバーたちの連携に会場からはどよめきが起こった。大団円を迎えたあのツアーファイナル公演がかすむほど、彼女たちのステージは進化していた。

実はこの3日間のライブ中、欅坂46がリハーサルをする間、けやき坂46のメンバーはこれらの曲の振り付けを何度も何度も確認し、改善を施していた。そしてステージに立つ直前、キャプテンの佐々木久美がメンバーに檄を飛ばした。

「今日は会場のお客さんに〝ひらがなけやきはすごい〟って思ってもらえるように、この3曲に命かけようね！　最後はぶっ倒れてもいいくらい全力でいこうね！」

メンバーたちからも「はい！」という力強い返事があった。その声には、自分たちのパフォーマンスを見せつけてやろうという強気な姿勢が表れていた。

昨年の「欅共和国2017」では、ステージで最後の挨拶をすることができず、「自分たちがいなくてもいいんだ」と泣きじゃくったメンバーたち。今年も最後まで舞台に立つことはできなかったが、ステージに向かう気持ちは昨年とはまったく違っていた。

気合いをみなぎらせるメンバーたちの顔を見ながら、佐々木美玲は思った。

「みんな、前はあんなにネガティブだったのに、今日はすごくポジティブになれてる。ツアーをやって自信がついたんだな」

結成された頃はネガティブで泣き虫の集まりだったけやき坂46が、2期生が入り、単独アルバムのツアーも成功させたことで、明らかに変わり始めていた。その変化がはっきり表れたのが、「欅共和国2018」での自信に満ちたパフォーマンスだった。

加藤史帆は、今年もステージを降りてから泣いた。ただ、その気持ちは「うちらも最後の挨拶したかったねぇ」と嘆いていた去年とはやはり違っていた。

「今年はひらがなのタオルを振ってくれるファンの方もたくさんいたし、全力で会場を盛り上げられた。いつか絶対、ひらがなだけで野外ライブができるようになるんだ」

熱く前向きな気持ちが涙になってあふれていた。

しかし、そんな加藤は、自分でもまったく予想していなかった試練を課せられることになる。

泣きながら迎えたＭＶ撮影

「欅共和国2018」の最終日、欅坂46の7thシングル『アンビバレント』が初披露された。さらに8月1日にはそのカップリング曲として収録されるけやき坂46のオリジナル曲『ハッピーオーラ』のＭＶが公開された。

けやき坂46のモットーである〝ハッピーオーラ〟をタイトルに冠したこの曲のセンターには、加藤史帆が指名された。彼女がグループのセンターを務めるのはこれが初めてだった。

「どうしよう、無理、できない……」

ポジションを告げられた瞬間、加藤は不安で涙をこぼした。もともと清楚な乃木坂46が大好きだった彼女は、アイドルらしくない自分がセンターになることなんて絶対にないと思っていたのだ。「私のせいでひらがなが嫌われたらどうしよう」と、マイナスな考えばかりが頭をよぎった。

加藤はこのMV撮影当日も嗚咽するほど泣いていた。そんな加藤に、後輩の小坂菜緒と渡邉美穂が言った。

「史帆さん、隣で私と美穂が支えるから大丈夫ですよ」

「そうですよ、としさん（加藤）はかわいいから自信持ってください。〝顔面最強〟ですから！」

今回のフォーメーションは、2期生のツートップともいえる小坂と渡邉が加藤の両脇を固め、その後ろに齊藤京子、佐々木美玲、柿崎芽実という1期生のセンター経験者が並ぶ布陣だった。いわば、けやき坂46の層の厚さを最大限に生かした陣形だった。

そして加藤史帆もアルバムのツアーを通じて十分にセンター適性を養っていたはずだった。アルバムの収録曲のなかで、彼女はユニット曲『ノックをするな！』のセンターとソロ曲『男友達だから』を任されていた。しかし、ツアー前は『ノック…』の振り付けもなかなか覚えられなかった上に、ソロ曲を歌うプレッシャーで毎日押し潰されそうになっていた。

そしてツアー初日、『男友達だから』のリハーサル中に加藤はステージ上で泣きだしてしまった。見かねたマネジャーから「もうワンコーラス、リハやろうか？」と聞かれたが、首を振った。リハーサルでさえひとりで歌うのが苦痛で仕方なかった。

しかし、そんな弱いところを見せられる彼女だからこそ、その隣にはいつも励ましてくれるメンバーたちがいた。一番の相棒・佐々木久美はどんなときも笑わせてくれたし、潮紗理菜はそっとお菓子を渡してなぐさめてくれた。ステージを降りた後、柿崎芽実が必ず「今日よかったよ」と感想を伝えてくれるのもありがたかった。

ツアー期間中は、何度かボイスレッスンも受けさせてもらった。最初は歌っている途中に息が切れて涙が出るほど苦しかったのに、いつの間にか安定して最後まで歌えるようになっていた。加藤はもういつセンターを任されてもおかしくない存在だった。

そんな彼女が泣きながら『ハッピーオーラ』のMV撮影をしていた現場に、意外な人がやって来た。欅坂46の長沢菜々香《ななこ》だった。前日、加藤から「センターなんて無理」「もうダメ」とLINEで泣き言を聞かされていた長沢が、差し入れのアイスを持って励ましに来たのだった。

加藤は長沢の写真を携帯の待ち受け画面にするほど、長沢のことをアイドルとして尊敬していた。そんな大好きな長沢の顔を見て、加藤に笑顔が戻ってきた。まるで、けやき坂46のファンが、けやき坂46のパフォーマンスを見て笑顔になれるように。

『ハッピーオーラ』は、いつでも全力で前向きなパフォーマンスによって人を笑顔にする、けやき坂46の魅力を表したような楽曲だった。

みんな　みんな／幸せになれるって／思い込まなきゃ　何も始まらない／ハッピーオーラの作り方／微笑んで！／Ｙｅａｈ Ｙｅａｈ　伝わるかい？／Ｙｅａｈ Ｙｅａｈ　楽しいかい？／大事なのは前向くこと／全力出して行こう　盛り上がれ！／Ｙｅａｈ Ｙｅａｈ　伝わるかい？／Ｙｅａｈ Ｙｅａｈ　感じるかい？／どんな時も光　満ち溢れる／ハッピー　ハッピーオーラ

こうして、新たなグループの代名詞ともいえる楽曲が生まれた。

さらに、次なる舞台作品への挑戦を通して、金村美玖、そして松田好花といったメンバーが大きく成長することになる。

ハッピーオーラ

Lyrics | 秋元康
Music & Arrangement | 池澤聡

今　緑の木々　風に吹かれ
波のように
今　好きな人に巡り会えて
心騒ぐ

太陽の真下で願う
世界中がしあわせになって欲しい
誰かの愛があればいい
君らしく僕らしく

微笑んで!
Yeah Yeah　伝わるかい?
Yeah Yeah　楽しいかい?
大事なのは前向くこと
全力出して行こう　盛り上がれ!
Yeah Yeah　伝わるかい?
Yeah Yeah　感じるかい?
どんな時も光　満ち溢れる
ハッピー　ハッピーオーラ

さあ　花は咲いて　甘く香り
恋を誘う
さあ　胸の奥の秘めた想い
いつか届け!

この空を見上げて祈る
地球上の争いがなくなるように
自分に何ができるのか
絶望を乗り越えて
生きるんだ
Yeah Yeah　大好きだよ
Yeah Yeah　わかるだろう
繋いだ手のその温もり
愛とは与えるもの　互いに…
Yeah Yeah　大好きだよ
Yeah Yeah　夢を見よう
いつの日にか　それが希望になる
ハッピー　ハッピーオーラ

みんな　みんな
幸せになれるって
思い込まなきゃ　何も始まらない
ハッピーオーラの作り方

微笑んで!
Yeah Yeah　伝わるかい?
Yeah Yeah　楽しいかい?
大事なのは前向くこと
全力出して行こう　盛り上がれ!
Yeah Yeah　伝わるかい?
Yeah Yeah　感じるかい?
どんな時も光　満ち溢れる
ハッピー　ハッピーオーラ

Yeah Yeah...

HINATA ZAKA 46 STORY

第30話 自分が変わること

不思議な雰囲気を漂わせる少女

2018年6月に発売されたデビューアルバム『走り出す瞬間』のリリース前後、けやき坂46は『CDTV』などいくつかの音楽番組に出演した。すべて深夜帯での放送だったが、アルバムのリード曲『期待していない自分』を地上波で披露する貴重な機会となった。

また、複数のアーティストが出演するライブイベント「LIVE MONSTER LIVE 2018」で、短い時間ながら長濱ねると1期生が久々の共演を果たした。さらに「SUNNY TRAIN REVUE 2018」「TOKYO IDOL FESTIVAL 2018」といった音楽フェスに出演し、ほかのアーティストも立つステージで経験を積んだ。

そして8月19日、六本木ヒルズで行なわれていた「コカ・コーラ SUMMER STATION 音楽LIVE」の最終日に出演。欅坂46／けやき坂46の由来となった実在する坂「けやき坂」

の目の前のステージで、連日行なわれたこのイベントの大トリを務めた。

ライブ終了後、2期生たちが楽屋で待っていると、1期生が大きなケーキを持って入ってきた。ちょうど1年前に加入した2期生の活動1周年を祝うささやかなサプライズだった。盛り上がった2期生たちは、オーディションの合格発表時と同じ順番に並んで記念写真を撮った。

宮田愛萌は、加入してからの日々を振り返りながら「この1年はすごく濃くて長かったはずなのに、なんか一瞬だった気がする」と思った。そう感じたのは、ライブ後の慌ただしい雰囲気のせいだけではなかった。

ちょうどこの日、「坂道合同オーディション」の最終審査が行なわれていた。近いうちに彼女たちの後輩になるメンバーもそこにいるはずだった。数日前から行なわれていた最終候補者たちによるSHOWROOM配信をマメにチェックしていた宮田は、オーディションの成り行きが気になって仕方なかったのだ。

今回のオーディションの応募総数は13万人弱。そのなかから最終審査に進んだ候補者は80名超。過去の〝坂道グループ〟のオーディションのみならず、あらゆる芸能系のオーディションと比べても桁違いの規模だった。

その最終候補者のなかに、長い髪を揺らしてゆっくりとお辞儀をする姿が印象的な少女がいた。

「私の好きな食べ物は、めんたいこ、イチゴ、トマト、お肉、辛いものなど、ほぼ赤いものです。でも赤い色はあまり好きではありません」

淡々と自己紹介をしているだけなのに、その場にいた審査員、マスコミ関係者たちが思わず笑ってしまった。

エントリーナンバー20番、上村《かみむら》ひなの。ほかの候補者に比べてどこか不思議な雰囲気を漂わせていたこの少女は、最後にこんなことを言った。

「大好きな坂道グループに入って、私の個性というか変わっているところを、輝きの方向に持っていきたいと思います。よろしくお願いします」

彼女がけやき坂46のメンバーと邂逅《かいこう》するのは、しばらく先のことである。

先輩からのメッセージ

8月24日から9月9日にかけて、舞台『マギアレコード　魔法少女まどか☆マギカ外伝』（以下『マギレコ』）が上演された。社会現象を起こしたともいわれる大ヒットアニメ『魔法少女まどか☆マギカ』のスピンオフ作品の舞台版だった。生身の役者がキャラクターに扮《ふん》して歌い、演じるという、いわゆる〝2.5次元〟系の舞台だった。

実はアルバムのツアー期間中、けやき坂46内でオーディションが行なわれており、そのなかから10名のメンバーが出演することになった。選ばれたメンバーのなかでも、2期生の金村美玖は人一倍この機会に胸を躍らせていた。

「この作品は絶対、絶対に頑張るんだ」

金村はけやき坂46に入るずっと前から2.5次元系舞台が好きで、さまざまな作品のDVDを見ていた。そもそも、物心ついた頃から母親の影響で舞台だけではなく音楽や絵といった芸術全般に親しんでいた。この『マギレコ』という舞台には、金村の好きなものがいくつも詰まっていた。

しかし心配なのは1期生との関係だった。けやき坂46に加入した当初、中学3年生だった金村は、ミーティングではしゃいでいて後からマネジャーに注意されたことがある。そのとき「ここは学校みたいに無邪気に遊んでちゃいけない場所なんだ」と理解しただけではなく、先輩たちの目を過剰に意識するようになってしまった。一度ネガティブになると、楽曲を歌うときのポジションなどいろんなことが気になり、いつも同期の丹生明里に慰めてもらっていた。

しかし、そんなネガティブな考え方が変わってきたのが、この『マギレコ』に取り組んでいた期間だった。この舞台では、原作の『魔法少女まどか☆マギカ』に登場するキャラクターを演じる金村ら5人が〝まどマギ〟チームと呼ばれていた。まどマギチームは台本の上でもほとんど同じシーンでの出演となるため、稽古も本番中もずっと一緒にいることになった。そのおかげで同じチームに所属する先輩の加藤史帆や齊藤京子との距離がぐっと縮まった。毎日たわいもないことで盛り上がったり、一緒に写真を撮って笑い合える仲にもなった。

ある日、楽屋に置いていた金村の台本に、手書きのメッセージが書き込まれていた。

「しほは金村のことが好きだよ。たぶん。」

伝聞形で書かれてはいたが、どう見ても加藤史帆本人の筆跡だった。前はあんなにビクビクしながら接していた1期生から「好きだよ」と告げられ、うれしさと恥ずかしさで金村の顔が赤くなった。

好きな2.5次元系舞台に立つことができた上に、以前なら考えられないほど先輩とも仲良くなれた。このときから、金村は自分の置かれた環境もポジティブにとらえられるようになる。

金村は8歳のとき、〝20歳の自分〟に向けて手紙を書いたことがあった。

「わたしのしょうらいのゆめは、2こあります。それは歌手とモデルです。12年ごのわたしは、この2つのゆめにむかっているとうれしいです」

今、けやき坂46のメンバーとしてステージで歌えるようになった。しかし、モデルの夢はまだ叶えられていなかった。

このときすでに、同期の小坂菜緒が『Ｓｅｖｅｎｔｅｅｎ』の専属モデルに就任していた。金村も小学生のときから読んでいた憧れの雑誌だった。ニュースでそのことを知ったときは「なんで私はダメなんだろう」とネガティブな感情に押し潰されそうになった。

しかし『マギレコ』を経た今は、まったく違う考え方ができるようになっていた。

「私がモデルのお仕事ができないのは、自分磨きが足りないからなんだ。今は着実にひとつひとつ頑張って、菜緒にも〝ライバルだ〟って思ってもらえるくらい、私もかわいくなるんだ」

自分の気持ちが変われば、見える景色も変わる。そして前を向く力も湧いてくる。

そんな気づきを得た金村同様、自分が変わることで前を向くことができたメンバーがいた。それが松田好花だった。

失敗しても前を向くヒロイン

『マギレコ』は、演技力や歌唱力もさることながら、キャラクターのビジュアルとの相性も重要だった。その点でハマる役がなく、オーディションには落ちたものの、審査員から高い評価を得ていたのが松田好花だった。松田は春に上演した舞台『あゆみ』でも好演し、関係者に強い印象を残していた。

そんな松田に大きな個人仕事の依頼がきた。手塚治虫の漫画を原作にした舞台『七色いんこ』のヒロイン役だった。

相手役は舞台経験が豊富な乃木坂46の伊藤純奈。ほかの出演者もみんなプロの役者ばかりというなかで、新人としては異例の抜擢だった。

なんでも器用にこなす上にしっかり者の松田は、2期生のなかではいつも頼りにされる存在だった。もともと好奇心が旺盛で、3歳の頃から習っていたバレエを軸に、和太鼓、タップダンス、バンド活動などいろんなことに挑戦してきた。けやき坂46のオーディションを受けたのも「私はどこまでいけるんだろう」と自分を試す気持ちからだった。

2期生にとってまだ2度目のステージだった武道館3daysの際も、リハーサル中に「これってどこでマイクを受け取ればいいんですか?」と段取りの盲点を指摘し、演出家を感心させたことがあった。周りから見れば、どんなこともやってのけてくれそうなメンバーだった。

しかし、本人の自己評価は決して高くなかった。

「私って突出した特技もないし、なんでも中途半端にしかできない人間なんだ」

『七色いんこ』の稽古に入ってからも、周りの役者たちの表現力に圧倒されて不安と心配が募るばかりだった。けやき坂46の活動と並行して舞台に取り組んでいた松田は、あるときはグループの活動のために稽古を休み、あるときは舞台のためにグループの活動に参加できないということもあった。

そんな不安を抱えたなか、番組の収録中に楽屋で泣きだしてしまったこともある。それも、ほとんど過呼吸のような激しい泣き方だった。舞台の稽古を休んで収録に参加していたものの、まだ殺陣の動きが体に入っていないことを考えると、急に怖くなったのだ。『マギレコ』のときに同じような経験をしていた佐々木美玲らが「その気持ちわかるよ、でも大丈夫だから」と慰めて、なんとかその場は収めた。

そんな松田が少しでも自分に自信を持てたのは、本番直前の通し稽古の日だった。衣装を着て舞台で演じると、「あ、やれるかも」という実感が湧いてきた。彼女の演技を見ていたスタッフからも「すごくいいよ」と褒められた。

この作品で彼女が演じたヒロインは、主役のいんこを追いかけてがむしゃらに突き進むというキャラクターだった。時にひとりで空回りをしては失敗し、それでも前を向くヒロインの姿は、この舞台に取り組む松田の姿そのものだった。

舞台『七色いんこ』は、10月4日から8日にかけて本番を上演。千秋楽の前日、松田はスタッフやキャスト全員に朝の4時までかかって手紙を書いた。自分を見守り、成長させてくれた人たちの顔を思い浮かべると、とめどなく思いがあふれてきて、泣きながらペンを走らせた。

彼女はもう、自分のことを中途半端な人間だとは思っていなかった。

「これから先、これ以上に大変なことってないんじゃないかな。舞台もひらがなの活動も乗り切った今は、もうなんでもできる気がする」

こうして、メンバーたちは個人の仕事で得たものをグループに持ち帰り、さらにけやき坂46のパフォーマンスを成長させていった。

やがて、グループを大きく変えることになるステージが訪れる。

第31話

グループ史上最高のパフォーマンス

アジア最大級の音楽授賞式

2018年9月から12月にかけて、けやき坂46が出演する企業CMが3本、立て続けにオンエアされた。

まず最初に流れた集英社「秋マン!!2018」のCMでは、加藤史帆がセンターで歌う『ハッピーオーラ』がタイアップ曲として採用された。そしてストライプインターナショナル「メチャカリ」のCMでは、小坂菜緒が初センターを務めた新曲『JOYFUL LOVE』が、カレーハウスCoCo壱番屋のCMでは同じく小坂センターの新曲『君に話しておきたいこと』が使用された。これらのCMやキャンペーンを通して、けやき坂46の存在はアイドルファン以外にも徐々に知られるようになっていった。

ライブの面においても、福岡県で行なわれた国内最大規模のファッションショー「TGC KI

TAKYUSHU2018」で、ゲストアーティストとしてパフォーマンスを披露。さらに、大手コンサートプロモーターであるホットスタッフ・プロモーションの設立40周年記念イベントとして、日本武道館でのきゃりーぱみゅぱみゅとの2マンライブが実現した。また、関西テレビ放送開局60周年を記念したライブイベントにも招聘《しょうへい》された。

この年の頭に武道館3days公演を成功させ、単独アルバムでもCD&配信の売り上げ2冠を達成したけやき坂46に、次の時代を担うホープとして業界の注目が集まっていた。

そんななか、グループは海外でパフォーマンスを披露するという貴重な機会に恵まれた。韓国で行なわれるアジア最大級の音楽授賞式「Mnet Asian Music Awards」(以下、「MAMA」)に出演することが決まったのだ。

各国の有望な新人アーティストを紹介するショーケース的なコーナーでの出演ではあったが、日本のアーティストが海外で開催される「MAMA」のステージに立つこと自体、数年ぶりのことだった。しかも、グループにとっては初の海外公演。子供の頃にインドネシアに住んでいた潮紗理菜や、イギリスにいた高瀬愛奈をはじめ、海外でライブをすることが夢だったというメンバーも多かっただけに、彼女たちは期待に胸を膨らませて日本を発《た》った。

しかし、初めての海外でのパフォーマンスを楽しもうとするこの姿勢が、グループにとってあだになったのだった。

『期待していない自分』の一曲にかけて

「ＭＡＭＡ」の本番が行なわれるのは12月10日。けやき坂46のメンバーたちはその前日に韓国入りし、一度リハーサルを終えた後は韓国グルメなどを楽しんだ。

しかし、このとき周りのメンバーの空気になじめず、ひとりもやもやとした気持ちを抱えていた者がいた。高木彩花だ。

Ｋ－ＰＯＰに詳しい高本は、あの「ＭＡＭＡ」に出られるのはもう二度とないかもしれないくらいの貴重な機会だということを理解していた。しかし、旅行気分で韓国を楽しみ、本番当日のリハもいつもどおりのテンションでこなしているメンバーたちを見て、ひとり孤独感を抱いた。

「私たちこんなにすごい場所に来てるっていうことを、みんなどうしてわかってくれないんだろう。リハの出来もよくなかったし、自分たちが『ＭＡＭＡ』でこんなパフォーマンスをしようとしてるのがほんとに悔しい」

楽屋でにぎやかに過ごしているメンバーたちを見て、高本はその場にいたたまれなくなり、外に出てひとりで泣いていた。

この日のステージに危機感を抱いていたのは高本だけではなかった。高本と同じようにＫ－ＰＯＰが好きな佐々木久美も、日本にいたときからメンバーたちに口酸っぱく言い続けていた。

「私たちが『ＭＡＭＡ』に呼ばれるのは、本当にすごいことなんだよ？　せっかくそんなところで踊らせてもらうのに、生半可な気持ちでやって、〝日本のアイドルはこんなもんか〟って思われてもいいの？」

ステージに向けて心をひとつにできていないメンバーたちに、キャプテンとして焦りを感じていた。

そんな彼女たちの気持ちがやっと伝わったのは、カメラ割りも含めた本番さながらのリハーサルを終えたときだった。メンバーたちは、自分たちの踊る映像を見返して初めて、いかにこのステージにふさわしくない気持ちで臨んでいたのかを知ったのだった。

「みんな、これじゃ勝てないよ。もっと真剣になってみようよ」

スタッフがまじめな顔で言った。周りを見ると、どのアーティストも鬼気迫るような真剣な表情でリハーサルに取り組んでいた。舞台裏でも、浮ついた様子の人間は誰ひとりいなかった。ステージを降りてからの立ち居振る舞いもキビキビしており、ほかのアーティストやスタッフに対して深々とお辞儀をする姿には、徹底したプロ意識を感じた。

時に素人っぽいアマチュアリズムも肯定される日本の芸能界とは違い、韓国のショービズは完成されたプロフェッショナリズムが求められる世界だった。その徹底的な実力主義と競争社会の縮図が、有力アーティストのひしめくこの「MAMA」のステージだった。ここに来て初めて、多くのメンバーは日本との文化の違いを実感し、強いショックを受けた。

幸い、本番のステージまではまだかなり時間があった。とにかくやれることをやるべく、メンバーたちは振り付けの確認に取りかかった。

　この日歌うのは『期待していない自分』一曲のみ。アルバムのツアーからずっと踊ってきたこの曲も、あらためて見るといくらでも直すべき箇所が見つかった。より完璧にそろったパフォーマンスにするため、上を見上げるところは真上を、下を見るところは真下を、といったように意識を徹底し、メンバー同士でチェックした。

　さらに、カメラ割りに合わせていくつかのグループに分かれ、ワンカットずつ細かく動きを確認した。いつも優しく井口眞緒に接している潮紗理菜も、「今日は真剣にやろう」と言って井口や2期生を集め、何度も練習した。もう誰ひとりとして雑談などしていなかった。

　そんななか、センターを務める佐々木美玲は、今まで感じたことのない大きなプレッシャーに押し潰されそうになっていた。

振り付けの〝型〟を壊した瞬間

　韓国のステージはさまざまな点で日本とは慣習が異なっていた。まず、ステージ上にそれぞれの立ち位置を表す〝バミリ〟がなかった。そして床はいつも日本で踊っているステージとは違ってかなり滑りやすかった。応急処置として靴底に滑り止めを貼ったが、実際のステージではメンバーそれぞれが滑らないように注意して踊るしかなかった。さらに、現地スタッフに韓国語で急《せ》かされ、ステージに走って向かうことになったりと、メンバーたちが戸惑う場面はいくつもあった。

そんな状況のなかでも集中してステージに臨もうとするメンバーたちを見て、佐々木美玲はセンターに立つことが怖くなってきた。今まで、誰がセンターになっても温かく受け入れてきたけやき坂46というグループのなかで、美玲もセンターのプレッシャーを感じずに踊ることができていた。しかし、これだけメンバーが真剣に取り組んでいる今日という日だけは、真ん中に立つ自分が失敗することは絶対に許されない……。そう思うと、不安で涙があふれてきた。

実は本番前、この『期待していない自分』のある箇所の振り付けについて、美玲は同行したダンサーに相談をしていた。

「間奏で私がひとりで立ってるところ、今までどおりにやったほうがいいですか？」

この曲の振り付けには、間奏中に美玲がひとり佇《たたず》むというシーンがあった。それは、自分に自信がないために動きだせない曲の中の主人公の姿を表現したものだった。しかし「MAMA」のステージを前にして、美玲は今までとは何かを変える必要があると感じたのだった。

このとき日本にいた振付師のTAKAHIROは、この質問を受けて「そこは振り付けの〝型〟じゃなく、自分の思ったとおりにやろう」と答えた。

実は、TAKAHIROにとってこの美玲の言葉はずっと待っていたものだった。いつも与えられた枠の中に収まってしまいがちな美玲が、振り付けを壊して自分の感情をさらけ出すことができれば、ものすごい表現が生まれるはずだという確信があった。

そして迎えた本番。けやき坂46のメンバーたちのパフォーマンスは今までのものとはまったく違っていた。顔の角度から手先の表現に至るまでが完璧にそろっていただけではなく、曲の中で描かれる物語を全員の目で表現していた。

やがて間奏のシーンに至ると、周りのメンバーが走りだすなか、美玲はひとり頭を抱えて苦しそうな表情でもだえた。それは、このステージでセンターを務めるプレッシャーに押し潰されそうになっていた自分の気持ちを、そのまま全身で表したものだった。

そしてラストの大サビの直前、目を見開いて前を向いた美玲は、そのままステージを全力疾走した。彼女が初めて、振り付けの型を壊して感情を爆発させた瞬間だった。

そこからのメンバーたちのパフォーマンスは圧巻だった。全員がにらみつけるような鋭いまなざしで髪を振り乱して踊る。それは、〝けやき坂46らしさ〟といったグループの型までも壊して、感情そのものをステージにぶつけるような表現だった。

パフォーマンス後、佐々木久美はグループを代表して韓国語でスピーチを行なった。たった一曲だけの披露だったが、初めて経験することばかりの長い一日だった。パフォーマンス中の記憶はほとんど残っていなかったが、なぜかステージ上で感じたことだけは強く脳裏に焼きついていた。

「今日は確実に全員の気持ちがこのステージに向けられてた。こんなにひらがな（けやき坂46）がひとつになったことって、今までなかったな」

グループ史上最高のパフォーマンスができたという達成感と、プレッシャーからの解放感で、メンバーたちの顔は晴れ晴れとしていた。
そしてこの翌日には、彼女たちは再び〝あの地〟に立っていたのだった。

HINATAZAKA46 STORY

第32話 背中を支えてくれた仲間たち

2期生も加わった『ひらがなけやき』

2018年12月11日から13日にかけて、けやき坂46の単独ライブ「ひらがなくりすます2018」が日本武道館で開催された。すでにこの年の頭に武道館3days公演を成功させていた彼女たちにとっては、2度目の3days公演だった。さらに、10月にもここできゃりーぱみゅぱみゅとの2マンライブを行なっていたので、けやき坂46は1年の間に計7日間、武道館のステージに立つという稀有《けう》な経験をすることになった。

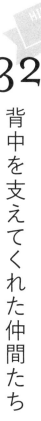

オープニングでは、舞台上に置かれた巨大なプレゼントボックスの中から次々とメンバーたちが現れ、笑顔で『ハッピーオーラ』を披露した。けやき坂46らしい明るく楽しいステージは、彼女たちがファンに贈るクリスマスプレゼントだった。

そして2曲目『ひらがなけやき』で、ファンはまた一歩先へ進んだけやき坂46の姿を見ることになる。それまで1期生だけで歌ってきたこのグループの始まりの歌を、2期生も合流して初めて全員で歌ったのだ。曲中、メンバーからメンバーへ受け渡された〝けやきの種〟が一本の大きな木になっていくという演出には、この1年の間にいくつもの苦難や喜びを分かち合って彼女たちがひとつになっていったというストーリーが込められていた。

3曲目の『僕たちは付き合っている』では、1期生の柿崎芽実がお姫さま役を、2期生の松田好花が王子役を務め、物語仕立てのステージを披露した。年始の武道館やアルバムツアーで試みた演劇的な演出を進化させた、けやき坂46ならではのパフォーマンスだった。

実は、今回のライブのリハーサルは韓国に渡る前にすべて済ませてあった。いつもなら会場で行なう本番前のリハも、事前に郊外のスタジオにセットを組んで行なった。12月11日の朝に韓国を発ち、帰国してそのまま武道館入りしなければならない彼女たちの切迫したスケジュールに対応するための特別措置だった。

しかし、海外でのプレッシャーを経験してきたばかりのメンバーたちにとって、久々のワンマンのステージは幸福感のあるものだった。

「ひらがな（けやき坂46）のことを好きなファンの方がこんなにいて、その前で歌えるのって、こんなに幸せなことだったんだ」

『ハッピーオーラ』をセンターで歌った加藤史帆は、サイリウムの光に包まれた武道館のステージの上で喜びを噛み締めていた。その気持ちは、急遽3days公演を任されて不安に押し潰されそうになっていた年始とはまったく違っていた。

前回は2曲しか歌わなかった2期生たちにとっても、そこはもう別の場所のようだった。富田鈴花は、ステージから見える景色が前とはまったく違っていることに驚いた。

「最初の武道館はあんなに広く感じたのに、今日は客席がすごく近く感じる。私たちとファンの方の距離感が、1年の間にこんなに近づいたんだ」

そしてこのライブでは2曲の新曲が初披露された。それぞれ企業CMのタイアップ曲として使用されていた『JOYFUL LOVE』と『君に話しておきたいこと』である。

センターを務めるのは2曲とも小坂菜緒。彼女にとってグループのセンターを務めるのはこれが初めてだった。しかも、この武道館公演では小坂が中心になってステージが動いていくという演出もあった。

そのため、小坂はこの時期、人生最大のプレッシャーに直面していた。

選ばれた者が抱いた孤独感

結成以来、けやき坂46の多くの楽曲の振り付けはダンサー／振付家のTAKAHIROが行なっていたが、この2曲は振付ユニット・CRE8BOY《クリエイトボーイ》が担当することになった。初めて振り入れを行なったとき、彼らから見たけやき坂46メンバーたちの印象は「静かでシャイ」というものだった。

センターの小坂菜緒も控えめで、楽曲の柔らかくハッピーな雰囲気の笑顔を表現するのに苦戦しているようだった。

小坂は加入当初から2期生のセンターに立ち、グループの中で初めてファッション誌の専属モデルにもなるなど、常に〝選ばれた者〟の立場を経験してきた。だからこそ、周りのメンバーが自分のことをどう思っているのかいつも気にしていた。『JOYFUL LOVE』でグループ全体のセンターに指名されてからは、その不安がいっそう強くなった。

「きっと、みんな私のことをよく思ってないんだ。1期さんだって、私がセンターをやることを認めてくれてないんだろうな」

自分が周りのメンバーから受け入れられていないと思うと、孤独感が深まるばかりだった。しかし、そんな小坂を支えてくれたのはメンバーたちだった。『JOYFUL LOVE』の振り入れの日、小坂が泣いているのを見た加藤史帆は、彼女を抱き寄せて腕に力を込めた。自分も『ハッピーオーラ』のときに感じたセンターの重圧を、この16歳の後輩が味わっていると思うと、そうせずにはいられなかったのだ。

振り返れば、小坂が泣いているときは必ず誰かが寄り添ってくれた。グループに加入した当初、同期の輪に入れず静かに涙を流していた彼女に、松田好花は「話聞いてあげるから、うちにおいで」と言って一晩中、付き合ってくれた。キャプテンの佐々木久美は「こさかな（小坂）はこさかなだから、周りは気にしなくてもいいんだよ」とアドバイスしてくれた。アルバムツアーの頃から仲が良くなった宮田愛萌や丹生明里には、数え切れないほど優しくしてもらった。

こうしてずっとメンバーたちが手を差し伸べてくれていたことに小坂自身がやっと気づいたのは、「ひらがなくりすます」のリハーサル中だった。武道館で自分のセンター曲を初披露するというプレッシャーに加え、ひとりだけ覚えることも多く、頭がパンクしそうになっていた。そんなとき、同じフロントとして隣に立つ渡邉美穂や柿崎芽実をはじめ、メンバーたちが次々と「大丈夫だよ」と声をかけてくれたのだ。

「みんな、こうやってずっと私の背中を支えてくれてたんだ。今まで、周りの人の気持ちをちゃんと受け入れてこなかったのは、私のほうだったんだ」

まだグループに加入する前、大阪のライブビューイング会場で初めてけやき坂46のライブを見たあの日。小坂は、いつも人の目を気にしてばかりで他人との関わりを閉ざしてしまう自分も、こんなグループに入れれば変われるのかもしれないと思った。あれから1年半がたって、小坂はやっと大切なことに気づいたのだった。

『JOYFUL LOVE』は、そんな人と人との関わりや、他人のぬくもりを小坂に教えてくれた曲だった。

どんな悲しみだって　そっと包み込んでしまうよ／理由《わけ》なんか言わなくても　すべてをわかってくれる／頬に落ちる涙は　温もりに乾かされるのだろう／僕も笑顔になれたら今より強くなれるね／JOYFUL WORLD／君に誘われた　wow wow／JOYFUL WORLD／美しい光

／ＪＯＹＦＵＬ　ＬＯＶＥ／これが恋なのか？　ｗｏｗ　ｗｏｗ／ＪＯＹＦＵＬ　ＬＯＶＥ／初めての世界　ｗｏｗ

この武道館3ｄａｙｓ公演を通して、小坂は日を追うごとに柔らかくハッピーな表情を浮かべられるようになっていった。そして最終日に『ＪＯＹＦＵＬ　ＬＯＶＥ』を披露したとき、小坂は胸の中で一心に祈っていた。

「どうか今日は成功しますように」

実は初日にこの曲を歌っているとき、客席の様子がいつもとは違うことに気づいた。2日目になると、その変化がはっきりわかった。客席でファンが振っているサイリウムが、ブロックごとに同じカラーで統一されつつあったのだ。これが完璧にそろえば、客席に7色の虹がかかっているように見えるはずだった。それは、〝色〟をテーマにしたこの曲の衣装や振り付けに合わせて、ファンが自主的に始めた応援方法だった。

そのプランは武道館公演中もＴｗｉｔｔｅｒなどを通してファンの間に広まっていき、最終日にはついに完全な7色の虹が完成した。けやき坂46とファンの絆がまたひとつ形になった瞬間だった。

ひとりきりでやって来た3期生

この武道館3ｄａｙｓ公演では、本編終了後のアンコールの時間に上村ひなのがステージに上がり、ファンに挨拶をした。上村は、この少し前にけやき坂46に所属することが発表されたばかりだった。

1期生、2期生たちが初めて彼女に会ったのも11月下旬のことだった。新しい後輩が挨拶に来ると聞いて、メンバーたちはある〝ドッキリ〟を企画した。「ハッピーオーラをモットーにしているはずのけやき坂46が、裏では仲が悪くてギスギスしている」という設定で、新メンバーの前でケンカを始めるという計画だった。

そのドッキリの模様はVTRにも収められ、武道館で流された。目の前でケンカをする先輩たちに、どうしていいかわからずおろおろする上村。彼女がネタバラシをされた後に安心して泣きだしてしまうと、今度は1・2期生たちが全員で囲んで、これでもかとかわいがり始めた。その模様からは、けやき坂46らしいハッピーな雰囲気があふれ出していた。

しかし、上村を迎えた先輩たちもまた、ドッキリの裏で動揺させられていた。けやき坂46に入ってくるのはふたりなのか3人なのか、まさか0人ということもあるんじゃないかとみんなで話し合っていたが、たったひとりだとは誰も予想していなかったのだ。やって来たのが上村ひとりだとわかったとき、計画もそっちのけで思わずメンバー同士で顔を見合わせてしまったくらいだった。

しかし、高本彩花は別の驚きも感じていた。

「あれ、ねるちゃん?」

上村の長い黒髪、そしてタレ気味の目元が、かつてけやき坂46のメンバーだった長濱ねるにそっくりだったのだ。先輩たちを前にひとりで挨拶をする姿も、まるで欅坂46の番組に長濱が初めて登場した場面を再現しているかのようだった。

そしてこの日から、たったひとりの3期生の物語が始まることになる。

一方、「ひらがなくりすます」のラストは、いつものようにキャプテンの佐々木久美が締めた。

「私たちひらがなけやきは、まだまだこんなところで終わりません。来年は皆さんが想像する以上のひらがなけやきになって、もっともっと全速力で坂を駆け上っていきます！」

彼女たちけやき坂46が次のステージへと踏み出す日は、すぐそこに迫っていた。

JOYFUL LOVE

Lyrics | 秋元康
Music | 前迫潤哉、Dr.Lilcom
Arrangement | Dr.Lilcom

君が微笑むだけで何だって許せてしまうんだ
まるで木漏れ日のように温かい気持ちになれる

JOYFUL LOVE
これは恋なのか?　wowow
JOYFUL LOVE
初めての世界　wow

見つめた瞬間　ふいに言葉は邪魔になる
心はとっくに通じているかもしれない

誰も生きてれば嫌なこととか
傷つくこといくつもあるよ
だけど君と出会ってから変わった
俯《うつむ》くより顔を上げた方が人生は楽しいんだ

どんな悲しみだって　そっと包み込んでしまうよ
理由《わけ》なんか言わなくても　すべてをわかってくれる
君がしあわせならば　そう僕もしあわせな気がする
風が木々を揺らすように　笑顔は連鎖して行く

JOYFUL LOVE
愛はいつだって　wowow
JOYFUL LOVE
素晴らしい力　wow

本当のやさしさは　してあげることではなくて
何《なん》にもしなくても　穏やかになれることだろう

ずっと難しく考えていた
痛みからの立ち直り方
ある日　君を見てるうちに気づいた
今日のことはすぐ忘れた方が　明日《あす》また楽しくなる

そんな思いやりには　僕はどう返せばいいのか?
辛いことあった時は理屈じゃ解決しない
君が微笑むだけで何だって許せてしまうんだ
まるで木漏れ日のように温かい気持ちになれる

どんな悲しみだって　そっと包み込んでしまうよ
理由《わけ》なんか言わなくても　すべてをわかってくれる
頬に落ちる涙は　温もりに乾かされるのだろう
僕も笑顔になれたら今より強くなれるね

JOYFUL WORLD
君に誘われた　wow wow
JOYFUL WORLD
美しい光
JOYFUL LOVE
これが恋なのか?　wow wow
JOYFUL LOVE
初めての世界　wow

HINATA ZAKA 46 STORY

第33話 先輩からもらったもの

シングルデビューの意味

「ひらがなくりすます2018」の最終日終了後、武道館の楽屋でメンバー、スタッフだけの簡単な打ち上げが行なわれた。その席上で、ある発表があった。

「来年の3月に、シングルデビューすることが決まりました！」

メンバーたちはその言葉に沸き立つとともに、ほっとしていた。

実は以前、「うまくいけば来年春にシングルデビューすることが目標です」と聞かされていたものの、この日になってようやく正式な決定が伝えられたのだった。

この時点で1期生として2年半、活動してきた潮紗理菜は、予想以上に順調にシングルのリリースが決まったことに驚いていた。

「ひらがな（けやき坂46）の活動が始まったときは、単独でシングルを出せるなんて考えもしなかったな。でも、こうして本当にデビューできるなんて、信じられないくらいうれしい」

キャプテンの佐々木久美は、このシングルによってグループの立ち位置が大きく変わることを理解していた。

「今までは『欅坂46のなかの一チームです』って言ってたけど、これからは私たちも独立した一グループとして『坂道シリーズの一員です』って言えるようになるんだ」

けやき坂46としてはすでに6月にアルバムデビューを果たしていたが、彼女たちがシングルデビューに特別な思いを抱いていたのには理由があった。

現在の日本の音楽業界では、シングルの表題曲を軸にプロモーションが行なわれる傾向が強い。メディアではシングルのヒットチャートが注目され、歌番組でも主にシングルの表題曲が取り上げられる。こうした傾向は、好きな曲だけを聴ける音楽配信サービスの普及によってさらに強まっている。

実際、けやき坂46もアルバムデビューはしたものの、その収録曲は深夜帯の番組で数回披露しただけだった。何より、世間では彼女たちが〝単独デビュー〟を果たしたとはとらえられていなかった。シングルを世に送り出し、その楽曲が多くの人に認められてこそ、初めて独立した一グループとして認識してもらえるはずだった。

そんなけやき坂46にとって大きな一歩であるシングルデビューの発表に続いて、メンバーたちにとって思いがけないことも告げられた。１期生の４人が同時にファッション誌の専属モデルに就任するというのだ。しかも、加藤史帆が『ＣａｎＣａｍ』、佐々木久美が『Ｒａｙ』、佐々木美玲が『ｎｏｎ－ｎｏ』、そして高本彩花が『ＪＪ』と、いずれも人気誌ばかりだった。

本人たちも予想外のことだったが、そのなかでも高本はライブの余韻が吹き飛ぶほどの衝撃を受けた。

「まさかこんなに早く夢が叶うなんて……」

早くからモデル活動を期待されていた高本が、その目標をはっきり意識したのは、実はごく最近のことだった。9月にさいたまスーパーアリーナで行なわれた「東京ガールズコレクション」に初めて出演したとき、周りのモデルたちを見て感じるところがあったのだ。

「今まで洋服が好きで、なんとなくモデルさんに憧れてたけど、実際のプロの方は歩き方も見た目も私とぜんぜん違う。私ももっともっと頑張って、いつかあんなふうに歩きたい」

彼女たちの大先輩の乃木坂46では、白石麻衣や西野七瀬がモデルとして活躍することによって、グループのファンの裾野が広がったという実績があった。すでに『Ｓｅｖｅｎｔｅｅｎ』で活躍していた小坂菜緒を含め、けやき坂46からモデルになった5人も、これから各誌で活動することによってグループを大きくする役割が期待された。

「これからは、あなたたちがひらがなけやきを引っ張っていくという気持ちで頑張ってください」

スタッフからそう言われて、高本はあらためて気を引き締めたのだった。

さらに、齊藤京子がグループで初めてラジオにレギュラー出演することも発表された。シングルデビューだけではなく、個人での活動にもはずみがついたことは、グループがまたひとつ大きくなったことを示していた。この日の報告にメンバーたちは盛り上がった。

その様子を見ながら、2期生の濱岸ひよりはただ感謝の思いを抱いていた。

「ひらがなでシングルデビューできて、こんなに個人仕事も増えるなんて、今まで1期さんが頑張ってきたおかげだな。私たちが武道館のステージで歌ったりできてるのも、1期さんのおかげだと思うとありがたいな」

濱岸にとって、1期生は単なるグループの先輩という以上の存在だった。彼女がつらい時期にも折れず、ここまで活動を続けることができたのは、1期生たちがいたからこそだったからだ。

グループが居心地いい場所になった理由

濱岸ひよりがけやき坂46のメンバーになったのは中学3年生のときだった。当時グループ最年少だった濱岸は、同期のなかでも妹のような存在だった。地元の福岡から上京して活動を始めた当初は、子供の頃から習っていたバレエへの未練とホームシックからよく泣いていた。

ダンスのレッスンでも、バレエのクセが抜けなくてうまくカウントが取れず、人一倍苦戦していた。

「私、なんでこんなに何もできないんだろう。自分がほかのメンバーよりも劣りすぎてて、みんなと一緒にいるのが申し訳ない」

初めてポジションが発表された日も大泣きした。そのとき濱岸が与えられたポジションは、後列の一番端だった。自分が評価されていないと思うと不安が募って、もうグループを辞めたいとさえ思った。

しかしそんな濱岸を笑顔にしてくれたのは1期生だった。濱岸が泣きながらメイクルームに戻ると、佐々木久美が声をかけてくれた。

「ホームページに出てるひよたん(濱岸)の写真、すっごいかわいかったよ。もっと笑って、笑って!」

このとき久美は濱岸とまだほとんど話をしたことがなかったが、公式サイトに掲載されていた濱岸のアーティスト写真の感想を伝えて、元気づけてくれたのだった。

その後も、久美や高本が事あるごとに濱岸の話を聞いて慰めてくれた。そしてアルバムツアーの頃からどんどん距離が縮まっていったのが、佐々木美玲だった。

美玲は普段から手料理を作っては「これ食べなよ」と勧めてくれたり、濱岸や河田陽菜の誕生日会をサプライズで計画してくれたりした。濱岸にとっては、グループの先輩というよりも東京の母親のような存在だった。

こうした美玲やほかの1期生たちのサポートのおかげで、いつの間にかけやき坂46というグループは濱岸にとって一番居心地のいい場所になっていった。

そんな濱岸が、周りから見ても明らかに変わったのは、3期生の上村ひなのが加入したときだった。

上村が初めて先輩たちと一緒に活動したのは「ひらがなくりすます２０１８」だった。その際、濱岸は楽屋で硬くなっている上村の手を取って、ケータリングが置いてある場所に連れていき、「これいっぱい食べていいんだよ」と勧めてあげた。それを見た美玲が声をかけると、濱岸はうれしそうに言った。

「みーぱんさん（美玲）のまねしてるんです」

それは、美玲が濱岸にいつもやってあげていたことだった。実は濱岸は、上村が正式にけやき坂46に入ってくる前から周りのメンバーたちに宣言していた。

「ひよたんね、後輩ができたら絶対に優しくしてあげるの。１期さんにしてもらったみたいに」

先輩からしてもらったことを、今度は後輩に返していく。グループのなかで妹のような存在だった濱岸は、いつの間にか姉のように後輩の面倒を見てあげられる人間になっていた。

そして、以前は自分が何もかも劣っていると感じていたのに、この頃から自分の新たな特技、いいところを見つけようと思うようになった。

「なんでもネガティブに考えるのはもうやめよう。これからは、明るくポジティブになれるように努力しよう」

グループもシングルデビューに向けて走りだし、周りの環境が大きく変わっていくタイミングで、濱岸も大人への道を歩み始めたのだった。

シングルデビューを生配信で報告

２０１９年に入ると、いよいよデビューシングルの制作が始まった。ＣＤの特典として封入されるドキュメンタリー映像の撮影や、ユニット曲を含む収録曲の振り入れとＭＶ撮影、そしてジャケット撮影などを約1ヵ月の間に凝縮して行なった。メンバーたちにも、いよいよ自分たちのシングルがリリースされるという実感が湧いてきた。

制作と並行して、雑誌の撮影や番組収録などのプロモーション稼働も大量に行なわれていた。そんななか、ファンに向けてインターネットの生配信でシングルデビューの発表を行なうことになった。

2月11日14時、「ひらがなからのおしらせ」というタイトルで番組はスタートした。このとき出演したのはキャプテンの佐々木久美をはじめとするメンバー6人。その内容は伏せられていたが、このタイミングでの〝おしらせ〟に、多くのファンもシングルデビューの発表を期待していた。配信開始時点ですでに6万人の視聴者がその模様を見守っていた。

そして開始早々、3月27日にデビューシングルを発売することが発表され、中継は盛り上がった。さらに、ＣＭのタイアップ、デビューカウントダウンライブの開催、けやき坂46単独の公式サイト開設などの情報が次々と解禁された。配信を見ていたファンからも、「おめでとう」「ついにデビューだね」といった祝福のコメントが相次いだ。

しかし、この日の発表はそれだけでは終わらなかった。

「ということで、お送りしてきました『ひらがなからのおしらせ』、以上ですべての……」

そう言って予定どおり番組を締めようとしていた久美の動きが、突然止まった。彼女の元にスタッフから白い封筒が手渡されたのだ。一瞬周りのメンバーたちもあっけに取られて固まったが、すぐに悲鳴が上がった。誰もが「サプライズだ」と直感した。

HINATA ZAKA 46 STORY

第34話 ひらがなけやきに〝ありがとう〟

グループの新たな旅立ちに向けて

インターネット上で生配信された「ひらがなからのおしらせ」。無事にけやき坂46のシングルデビューも報告し、番組を終えようとしたそのとき、佐々木久美の手に白い封筒が渡された。台本にはなかった展開に、誰もが「サプライズだ」と直感した。

けやき坂46はこれまでに2度、サプライズ発表を経験したことがある。最初は2年前の代々木第一体育館で2期生の募集が告知されたとき、そして2度目は1年前の日本武道館で単独アルバムの制作が発表されたときだった。

サプライズはいつも思ってもみないタイミングでやって来る。しかも、今回の内容はメンバーによってまったく受け取り方が異なるような衝撃的なものだった。

メンバーたちは手紙に書かれていた指示のとおり、用意されたＶＴＲに目を通した。そこに映ったメッセージは……。

「新たなる旅立ちに向けて」

「けやき坂46　改名」

「新たな坂道の名前は――」

「日向坂《ひなたざか》46」

メンバーたちからいっそう大きな声が上がった。齊藤京子は腕を目いっぱいに広げてほかのメンバーに抱きつきながら、「やった、やった！」と喜んだ。実は、彼女はずっと以前から改名を意識していたのだった。

「本当に漢字さん（欅坂46）から独立するんだったら、グループ名も変えなくちゃいけないと思う。〝けやき〟っていう言葉がついてる限り、世間の人からは『本物の欅坂じゃないグループ』って思われるから。私たちが単独のグループとして今より大きくなるためには、改名は必要なことなんだ」

それは、子供の頃からアイドルの世界に憧れ、誰よりも客観的にグループを大きくすることを考えてきた齊藤らしい発想だった。シングルデビューが決まってからは、こんな自分の考え方を理解してくれる佐々木美玲と一緒に新しい名前を予想したりもしていた。

一方、久美や柿崎芽実は改名を素直に受け入れられなかった。このとき番組に出演していなかったメンバーも、同時刻に同じように手紙と映像で改名を知らされたが、多くのメンバーたちが戸惑いを隠せなかった。

潮紗理菜は、〝ひらがなけやき〟という名前が消えると思うと寂しさで涙が止まらなくなった。

「大好きな漢字さんと同じ〝けやき〟の名前で3年間頑張ってきて、やっとデビューできることになったのに、その時間が全部なかったことになっちゃうのかな……」

2期生にも複雑に思う気持ちがあった。先輩たちと一緒に生配信を行なっていた小坂菜緒は、これが喜ぶべきことなのか悲しむべきことなのか、自分でもうまく判断できなかった。

「日向坂っていうすてきな名前をもらって、これから新しい一歩を踏み出せると思うと、うれしいはず。でも、自分が憧れて入ってきたひらがなけやきっていう名前がなくなるのは、すごく悲しい。それに、3年間ひらがなとして活動してきた1期さんの気持ちを私は共有できないから、何も言える資格はないんだ……」

この日の番組終了後、ほとんどのメンバーが事務所に集まった。しかし、それぞれ改名の事実の受け止め方が違うことを感じ、お互いに少し気をつかいながら会話することになった。

まだ知らないことが自分を待っている

改名を発案したのは、グループの総合プロデューサーを務める秋元康だった。2018年の1年間を通して力をつけてきたけやき坂46が、欅坂46から独立して新しい一歩を踏み出すにあたって、世間に大きなインパクトを与えるべく〝シングルデビューと同時に改名〟を行なうことにしたのだ。

このとき、レコード会社のスタッフからは「ひらがな坂46」などのアイデアも出たが、実在する地名にこだわる秋元は、東京都港区にある日向坂《ひゅうが》にちなんで「日向坂46」と命名した。思い切った改名こそがグループにとって最大の起爆剤になるはずだった。

事実、この改名のニュースは翌日のワイドショー、スポーツ紙で大きく取り上げられ、Yahoo！ニュースやLINE NEWSでもトップの扱いを受けた。「3年間活動してきたアイドルグループが、シングルデビューと同時に改名」という事実のインパクトは絶大で、たった一日にして「日向坂46」という名前が広く知れ渡った。

こうした世間の反応を肌で感じながら、2期生の富田鈴花は「私たちすごい世界に入っちゃったんだな」と不思議な心持ちがしていた。2年前、代々木第一体育館で2期生募集の発表に立ち会い、けやき坂46の2期生としてデビューした頃には、想像もしていなかったことが身の回りで起こっていた。

富田鈴花は子供のときからクラスのお笑い担当で、イベントになると張り切るようなにぎやかな性格だった。音楽が好きで軽音楽部でバンドも組んでいた。だが、実は人前で演奏を失敗するのが怖くて部の発表会も辞退したことがあった。

けやき坂46に入ってからはライブでラップパートなども任されるようになったが、いつも自分の出番が近づくと誰の話も耳に入ってこないくらい緊張した。本当は臆病で自分に自信がなかった。

そんな富田が、どんな活動も楽しんで取り組めるようになったのはシングルデビューが決まった頃からだった。彼女たちのデビューシングルでも振り付けを担当することになったCRE8BOYは、最後列の両端に立っている潮紗理菜と富田がパフォーマンスの〝大黒柱〟のような役割を果たしているように感じた。ふたりが誰よりも生き生きと踊っていたからだった。

実は、富田がこのポジションを前向きに楽しめるようになれたのは潮のおかげだった。グループに加入した頃、最後列端のポジションになって悩んでいた富田に、潮がこんなことを言った。

「私も『ひらがなけやき』のときは後ろの一番端だったから、鈴花ちゃんと一緒だね！　そこはお客さんからダンスがよく見えるポジションだから、ダンスを頑張ればいいよ」

その後、富田は『ＪＯＹＦＵＬ　ＬＯＶＥ』で潮とシンメトリーのポジションになり、潮のアドバイスどおりに前向きに取り組もうとするようになったのだった。

その頃にはけやき坂46のメンバーたちの個人仕事も少しずつ増えだしていた。同期の渡邉美穂がソロ写真集を出版、宮田愛萌が短編小説デビュー、１期生の４人が同時にファッション誌の専属モデルになるなど、それぞれが新たな分野で活躍するようになった。

そんな周りのメンバーたちを見て富田は思った。

「みんなグループの外でひとりで頑張ってるんだ。私にも、何かできることがあるのかな？」

グループに加入する前は、アイドルの仕事がこんなにも幅広いものだとは知らなかったし、自分に特別なことができる自信もなかった。しかし、シングルデビューを控え、想像もしていなかった変化が起こっている今なら、まだ知らない何かが自分を待っているんじゃないかと思えた。

「私に何ができるのかはまだわからないけど、これからはもっと視野を広げて、新しいことに挑戦してみよう」

かつて臆病で失敗を恐れてばかりいた富田は、グループが日向坂46に生まれ変わったこの時期、自分も変わろうとしていたのだった。

けやき坂46のラストライブ

2019年3月5日、6日の2日間、横浜アリーナで単独イベント「日向坂46 デビューカウントダウンライブ!!」が開催された。彼女たちにとって過去最大のステージであっただけでなく、日向坂46としての最初の一歩を記す重要な意味を持つライブだった。

しかし、会場に集ったファンはそこで予想していなかったものを目にすることになる。

開演直後、メインスクリーンに映し出されたのは長濱ねるが出演する映像だった。それは、3年前に1期生の募集が始まったときに放送されたCMだった。

「けやき坂46の長濱ねるです。今まで見たことのないアイドルグループになりたいです。思いが強い人に挑戦してほしいです」

続いて、スクリーンに「ひらがな最後のライブ」という文字が映し出された。そして、初めて『ひらがなけやき』を披露したときの映像をバックに、1期生たちが『ひらがなけやき』を歌い始めた。

日向坂46としてではなく、けやき坂46としてのラストライブが始まったのだった。

普段は誰よりも泣き虫な東村芽依は、登場時から泣きそうな気持ちを必死にこらえていた。しかし、一緒に歌うメンバーたちの声が震えていることに気づき、もう涙が抑えられなくなった。周りを見ると、すでにほとんどのメンバーが泣いていた。

実はこのけやき坂46ラストライブは、日向坂46への改名後にアップされた佐々木久美のブログをヒントにして構成されたものだった。ブログには久美のこんな思いがしたためられていた。

「改名されたことにより、私たちは新たな坂道グループとしてデビューさせていただくことになりました。これは本当に本当に嬉しいことです」

「でも急に日向坂46に変わってしまったので、最後に〝ひらがなけやき〟としてちゃんと挨拶したのがいつだったのかも覚えていないのです」

そこには、改名を受け入れたいという気持ちと、いまだ断ち切れないけやき坂46という名前への思いが正直につづられていた。そんなメンバーたちの思いをくんで、この最後のステージが用意されたのだった。

メンバーたちはあごから滴るほどの涙を流しながら『ひらがなけやき』を歌ったが、誰も涙を拭おうとはせず、ずっと笑顔でパフォーマンスしていた。実はこの日の開演前、彼女たちはけやき坂46でやってきた円陣と、新しく作った日向坂46の円陣のふたつを行なった。その際、久美がメンバーにこんなことを言った。

「今日はひらがなけやきとして歌う最後の日だから、ひらがなけやきに〝ありがとう〟っていう気持ちと、日向坂に〝よろしく〟っていう気持ちを持って頑張りましょう」

1期生にとってはすべての始まりだった『ひらがなけやき』も、今日で最後の披露になるかもしれない。そんな日だからこそ、涙ではなく笑顔で感謝の気持ちを伝えたい――。

こうして、けやき坂46の3年間の歴史をたどる、本当に最後のライブが幕を開けた。

HINATAZAKA46 STORY

第35話 日向坂46

あのとき感じていた風や空気、におい

『ひらがなけやき』で幕を開けたけやき坂46のラストライブは、『誰よりも高く跳べ!』『僕たちは付き合っている』『永遠の白線』と、けやき坂46のオリジナル曲を発表順に披露していった。なかでも、2017年の夏を象徴する『永遠の白線』を歌っているとき、佐々木久美は当時の気持ちを思い出して胸が苦しくなった。

「あの頃は、ひらがな(けやき坂46)の未来が見えないまま2期生のオーディションも始まって、ずっと頭が混乱してた。漢字さんのツアー(欅坂46全国ツアー2017「真っ白なものは汚したくなる」)で全国を回ってたときも、メンバーの気持ちがバラバラになりかけて、いろいろ悩みながらこの曲を歌ってたな」

当時の衣装を着てステージに立つと、あのとき感じていた風や空気、においまでもが蘇《よみがえ》ってくる

ようだった。

続いて披露した『それでも歩いてる』では、セットとして並べられた12脚の椅子のうち一脚にスポットライトが当てられた。誰も座っていないその椅子を見て、齊藤京子は体が震えた。

「ながる（長濱ねる）の椅子だ。ひらがなには、ながるがいたんだ」

この曲は、長濱ねるが欅坂46専任となり、けやき坂46を離れた直後に初めて1期生の11人だけで歌った曲だった。メンバーが〃ねるちゃんの椅子〃と呼んでいた誰も座っていない椅子には、けやき坂46にかつて長濱ねるがいたという記憶と、彼女への感謝の気持ちが込められていた。

齊藤は「けやき坂46が今より大きくなるためには、改名が必要なんだ」とずっと思っていたが、これでいよいよけやき坂46という名前を卒業するのだと思うと、愛着と寂しさで涙が出そうになった。しかし、ラストは並べられた椅子を笑顔で跳び越えてこの曲を締めた。

そして1期生たちがステージから走り去った後、派手なダンストラックとともに2期生の9人が登場し、乃木坂46の『おいでシャンプー』を披露した。２０１８年初頭の武道館３ｄａｙｓ公演の初日に、彼女たちがこの曲をパフォーマンスしたときと、まったく同じ流れが再現されていた。

初めて2期生だけでステージに立ったあのときは、9人とも必死で顔がひきつっていた。だが、たった1年と少ししかたっていないにもかかわらず、今は大勢のファンの前でパフォーマンスができる喜びと自信で、弾《はじ》けるような笑顔を見せていた。けやき坂46がグループとしてパワーアップし、２０１８年を通じて大きく躍進できたのは、彼女たちの成長によるところが大きかった。

実はこのライブの期間、濱岸ひよりは体調がすぐれなかった。スタッフからは「休んだほうがいいんじゃないか？」と言われたが、大事なステージに穴をあけるのがいやで、無理をおして初日だけは出演した。

その本番直前、立っているのもつらくて下を向いていた濱岸を、河田陽菜が「大丈夫だから」と言って抱き締めた。濱岸は河田の意外な行動に驚きながらも、ステージに立つ勇気をもらえた気がした。泣き虫でいつも同期から慰められる側だった河田も、けやき坂46の一員として過ごしてきた時間のなかで、見違えるほど成長していた。

その後、再び1期生も加わって『期待していない自分』『ハッピーオーラ』といったけやき坂46時代を代表する曲をパフォーマンスした。そして最後に一列に並び、全員で挨拶を行なった。

「以上、私たち、ひらがなけやきざか46でした」

これはけやき坂46というグループへの別れの挨拶であるとともに、改名以来ずっと気にかかっていた「ひらがなけやきを好きになってくれたファンの方に、ひらがなけやきとして最後の挨拶がしたい」というメンバーの思いをくんだ演出だった。

そして彼女たちがステージを降りた後、場内は暗転。VTRが流れていた巨大なスクリーンが左右に開くと、その奥から「日向坂46」という文字が現れた。

ここから、日向坂46としての初ライブが始まったのだった。その1曲目に披露されたのは、1stシングルの表題曲『キュン』だった。

直前に差し替えられた表題曲

ここで時間を少し遡《さかのぼ》る。日向坂46の1stシングルの制作が始まったとき、実は表題曲には別の曲が予定されていた。すでにレコーディングを終え、MVまで完成していた。

しかし、総合プロデューサーの秋元康から「もう一度、曲を考えたい」という意向がもたらされた。そして新しく上がってきた曲が『キュン』だった。

通常の制作スケジュールに照らせば、表題曲の差し替えはもう間に合わない段階だった。しかし、1stシングルにふさわしいキャッチーさがあり、かつ日向坂46の持つハッピーオーラをこれほど見事に表現した曲はなかった。レコード会社のスタッフは「この曲で絶対にやりきります」と秋元に応えた。

そこから衣装制作、振り付け、レコーディング、MV撮影などがすさまじい勢いで行なわれた。そんなクリエーションにかけるスタッフの命がけの情熱で作られたのが、この『キュン』という曲だった。

富田鈴花は、この曲の制作を通して初めて日向坂46というグループ名を前向きに受け入れることができた。

「この曲、今までにない感じがしてすごく好き。明るくて、ときめきがあって、〝これが日向坂〟っていう感じがする。私たち、ほんとに日向坂46になったんだな」

日向坂46の1stシングル『キュン』。それは、突然の恋の訪れのように、ここに新しいグループが誕生した瞬間を印象づける曲だった。

きっと言ってみたってピンと来ないさ／僕が勝手にキュンとしただけ／こうやって人は恋に落ちるのか／始まる瞬間／君のその仕草に萌えちゃって／あっという間に虜《とりこ》になった／静電気みたいにほんの一瞬で／ビリビリしたよ／何もなかったようにさりげなく／遠い場所から見守っていよう／そんな思いさえ気づいていない／余計に君を抱きしめたくなった／キュンキュンキュン　キュンどうして　キュンキュンキュン　キュンどうして／I just fall in love with you／キュンキュンキュン切ない　キュンキュンキュン切ない／You know, I can't stop loving you

この曲のセンターを務めたのは、2期生の小坂菜緒。すでに『JOYFUL　LOVE』などでグループの中心に立っていたものの、1stシングルの表題曲を歌うというプレッシャーは今までのそれとは比較にならなかった。「グループを大きくするために、ここで絶対に失敗できないんだ。私は完璧にやらなきゃいけないんだ」、そう思えば思うほど怖くなった。

デビューを前にして不安な気持ちになっていたとき、楽屋でメンバーの誰かがこんなことを言っているのを聞いた。

「不安なのは自分だけじゃなくて、みんなも同じ気持ちだと思ったら、楽になれた」

このシングルから3期生の上村ひなのが加入し、日向坂46は21人のグループとして出発することになった。このメンバーたちと出会い、一緒に走っているということが、今までになく心強く感じられた。

そして日向坂46としての初ライブで『キュン』を披露する直前、小坂は隣にいた齊藤京子から背中をポンポンと叩かれた。緊張で固まっていた小坂は、この先輩の掌《てのひら》の感触に安心して、気分が軽くなった。

しかし齊藤のほうは、小坂の緊張をほぐそうとして背中を叩いたのではなかった。齊藤は、ずっと前からセンターとしての小坂に絶大な信頼をおいていた。彼女の背中に手を添えたのは、ここから日向坂46として一緒に歩いていく仲間への挨拶のつもりだった。

「センター、これからよろしくね。ついていくよ」

この日のライブで『キュン』を歌ったとき、小坂菜緒は今までのもやもやが吹っ切れたような爽快な気分を味わった。それは、心の奥のほうにあった彼女のハッピーオーラを、この曲が引き出してくれたからかもしれなかった。

ライブは、1stシングル収録曲を中心に、この日のために書き下ろされた新曲『日向坂』や、1期生と2期生が初めて一緒に歌った『NO WAR in the future』などを披露して進んでいった。

そして最後のMCで、柿崎芽実は笑顔で「〝これから日向坂として坂を駆け上っていくぞ〟ってやる気が出たライブでした」と感想を語った。

中学3年生で親元を離れてけやき坂46のメンバーになり、誰よりも〝ひらがな〟に愛着を持って活動してきた柿崎は、この2日間とも開演前からずっと号泣していた。しかし、胸のうちにはこんな思いがあった。

「日向坂46っていうすてきな名前をいただいたからには、胸を張って『日向坂46です』って言えるようになりたい」

その決意のとおり、このデビューカウントダウンライブのステージで、笑顔で日向坂46というグループ名を口にすることができたのだった。

そして最後は、みんなでそろって挨拶をした。

「以上、私たち、日向坂46でした」

過去から未来へ

ライブ終了後、ある人物が日向坂46の楽屋を訪れた。長濱ねるだった。

彼女もこの日のライブを客席から見守っていた。長濱は、ライブ中に泣きはらしたであろう目で、メンバーたちに「今日はすごく感動しました」と伝えた。そして少し上ずった声で続けた。

「それともうひとつ言うことがあって……。欅坂を卒業することになりました」

メンバーたちは突然の言葉に息をのんだ。すぐにあちこちからすすり泣く声が聞こえてきた。

長濱ねるは、この時すでに3年間在籍した欅坂46を卒業しようと決めていた。公式発表の前にその報告をしに来た長濱を、1期生たちが泣きながら取り囲むと、彼女は「ひらがなけやきを守ってくれてありがとうね」と言った。一番伝えたかったのは、この感謝の言葉だった。

かつて〝たったひとりのけやき坂46メンバー〟としてこの世界に入ってきた長濱にとって、日向坂46のデビューは、自分がアイドルでいた時間を肯定してくれるものだった。

「あぁ、私は確かにひらがなけやきっていうグループにいたんだ。そして私がいたひらがなけやきは、こんなにたくさんの人に愛されるグループになって、日向坂46としてデビューできたんだな。ずっとみんなに支えられてばかりだったけど、私がアイドルになった意味はここにあったんだ」

日向坂46の1stシングル『キュン』は、2019年3月27日にリリース。それまで欅坂46が保持していた女性アーティストのデビューシングル初週売り上げ記録を20万枚以上も上回り、初週だけで47万6000枚という驚異的な売り上げを達成した。

しかし、彼女たちにはけやき坂46として活動してきた経歴があるため、これはデビューシングルではなく、あくまで1stシングルという位置づけの記録になった。それはむしろ、けやき坂46の3年間の歴史に意味があったことが認められた証《あかし》だった。

日向坂46のなかにはけやき坂46の歴史があり、欅坂46や乃木坂46のDNAも受け継いでいる。後になって振り返れば恵まれていたように見えるかもしれないが、活動のなかでいつ倒れ、消え去ってもおかしくない数奇な道のりを歩んできた。その先の見えない不安のなかで、1期生は〝ハッピーオーラ〟という存在意義を見つけ、2期生は〝選ばれた者の責任〟を全うしてきた。そしてこれから、3期生の新たな物語が紡がれようとしている。

日向坂46ストーリーは、今始まったばかりだった。

キュン

Lyrics｜秋元康
Music & Arrangement｜野村陽一郎

キュンキュンキュン　キュンどうして
キュンキュンキュン　キュンどうして
I just fall in love with you
キュンキュンキュン切ない
キュンキュンキュン切ない
You know, I can't stop loving you

Sunday なぜなんて　Monday 聞かないで
Tuesday きっと　理解できないだろう
Wednesday 毎日　Thursday 見かけて
Friday 思い続けて来た Saturday

もっと　会いたい　なんて　不思議だ
きっと　僕は声を掛けられない
目と目　合うと　胸が締め付けられる

電車の窓　手鏡代わりに
春の制服　そっとチェックして
腕に巻いてた真っ黒なヘアゴムで
ポニーテールに髪を束ねた

「可愛い」

君のその仕草に萌えちゃって
あっという間に虜になった
静電気みたいにほんの一瞬で
ビリビリしたよ
何もなかったようにさりげなく
遠い場所から見守っていよう
そんな思いさえ気づいていない
余計に君を抱きしめたくなった

キュンキュンキュン　キュンしちゃった
キュンキュンキュン　キュンしちゃった
I just fall in love with you
キュンキュンキュン愛しい
キュンキュンキュン愛しい
You know, I can't stop loving you

そうさ　あの日から　ずっと　気になって
君のことで頭がいっぱいだ
夜が来ても　なかなか眠れないんだよ

電車の中に紛れ込んで来た
モンシロチョウが肩に留まった時
君は両手でそっと捕まえて
開けた窓から逃がしてあげた

「好きだよ」

僕にできることは何でもしよう
君のためなら何でもできる
真っ白な心　汚れないように
守ってあげたい
僕にできないことも何とかしよう
言ってくれたら力になるのに…
叶わぬ願いの独り言さ
好きというのは反射神経

そんなことでキュンとするの?
君に笑われちゃうね
思いがけないタイミングで
そう　ときめいた
この感情
息が止まる

きっと言ってみたってピンと来ないさ
僕が勝手にキュンとしただけ
こうやって人は恋に落ちるのか
始まる瞬間

君のその仕草に萌えちゃって
あっという間に虜になった
静電気みたいにほんの一瞬で
ビリビリしたよ
何もなかったようにさりげなく
遠い場所から見守っていよう
そんな思いさえ気づいていない
余計に君を抱きしめたくなった

キュンキュンキュン　キュンどうして
キュンキュンキュン　キュンどうして
I just fall in love with you
キュンキュンキュン切ない
キュンキュンキュン切ない
You know, I can't stop loving you

HINATA ZAKA 46 STORY

最終話　仲間の絆

デビュー直後の卒業

２０１９年３月27日に発売された日向坂46の１stシングル『キュン』は、発売初週の売り上げでオリコン１位を記録した後も数字を伸ばし続け、発売後６ヵ月以内に累計売り上げ60万枚に達するヒット作になった。メンバーたちが憧れていた『ミュージックステーション』をはじめ、主だった音楽番組にも軒並み出演。さらにＭＴＶジャパンが主催するミュージックビデオの祭典「ＭＴＶ ＶＭＡＪ２０１９」で、『キュン』が最優秀振り付け賞を受賞。〝キュンキュンダンス〟と呼ばれるサビの特徴的なダンスがショート動画アプリ『ＴｉｋＴｏｋ』などで流行した。

しかし単独デビュー作からこれだけの成功を収めただけに、スタッフサイドは新たなプレッシャーにさらされることになった。

「果たして次はもっといい作品を作れるんだろうか。これだけのヒットを出せるんだろうか。日向坂はものすごいストーリーを経てここまで来たけど、こうしていったん船出してしまったら、また〝大きなチャレンジ〟をしていかないとファンの方にも飽きられてしまう」

これまでは単独デビューを目指して走ってきたが、それが現実となった今、日向坂46には新たなテーマが必要だった。しかし、その新しいチャレンジに向かう前に、想像もしていなかった出来事が訪れた。

6月21日、1期生でセンター経験もあった柿崎芽実が卒業を発表。けやき坂46時代を通じて、グループの現役メンバーが卒業するのは初めてのことだった。しかもまだ17歳だった柿崎がデビュー直後に卒業するとは、一番近くにいたメンバーでさえ夢にも思わなかった。さらに、柿崎の卒業と同時に2期生の濱岸ひよりの休業も発表された。

すでに4月から活動を休んでいた柿崎は、8月に握手会で卒業セレモニーを行なって卒業。そのスピーチの壇上で、実はストーカー被害に悩んでいたことを告白した。

こうしてふたりの仲間が離れても、いったん動きだした船を止めることはできない。

7月17日、日向坂46は2ndシングル『ドレミソラシド』をリリース。前作にもまして軽快なアップテンポの曲で、夏らしい爽快感と壮大なスケールを感じさせる曲だった。

センターは前作に続き小坂菜緒、その両隣には同じく2期生の丹生明里と河田陽菜が立った。初めてグループの全体曲のフロントを任されることになった丹生と河田は、フォーメーションを発表されたときから不安で涙をこぼしてしまい、その泣き顔のまま振り入れを行なった。

シングルの表題曲を歌うフロントメンバーは、ステージの最前列でパフォーマンスするだけではなく、情報番組へのコメント出演や雑誌の取材対応などで常にグループの〝顔〟として振る舞わなければならない。日向坂46がメジャーアーティストの仲間入りを果たした今、彼女たちが感じるプレッシャーも大きくなっていた。

8月25日、日向坂46は横浜アリーナで開催された大型イベント「@JAM EXPO 2019」に出演。ハードスケジュールのなか、センターの小坂菜緒が体調を崩してしまい、急遽曲ごとに別のメンバーがセンターを務めることになった。

1曲目は2ndシングル表題曲『ドレミソラシド』。この曲をセンターとしてパフォーマンスすることになった丹生は、「ここにいないメンバーの分まで頑張ろう」と意気込むあまり、胸が張り裂けそうなくらいの緊張を感じていた。だが、振り付けのなかでメンバーのほうを向いて指揮者のように腕を振った際、彼女を囲むメンバーたちがたくさん笑いかけてくれた。歌いながら手を握って勇気づけてくれるメンバーもいた。

「菜緒はいつもこんなところに立ってるなんて、本当にすごい。でも、こんなに支えてくれるメンバーがいて、私は救われたな。今まで感じたことのなかった気持ちがあふれてきて、今日は世界が違って見えるような気がする」

この日は2ndシングルのカップリング曲『キツネ』を河田が、『キュン』を加藤史帆がセンターポジションに立って披露。河田はこの2ndシングルのプロモーション期間中、苦手だったコメント対応などを重ねていくうちに意識が変わってきた。

「この2ndの期間は、いろいろあったはずなのに、なぜかあっという間に過ぎたな。今まではしゃべるのも苦手で、『私に振らないで！』って思ってたけど、この2ndのおかげでもっと頑張ってコメントもパフォーマンスも成長していきたいって思えるようになれた気がする」

デビュー1年目は初めて経験することばかりだったが、若い日向坂46のメンバーたちは、乾いたスポンジのようにその経験を吸収していった。

一番楽しく感じられたライブ

この年の8月から9月にかけて、日向坂46はデビュー以来最も忙しい日々を送ることになった。ライブや歌番組への出演だけではなく、3rdシングルの制作や、ドラマの撮影も並行して行なわれた。目まぐるしい日々を送るなかで、誰よりも元気に現場を引っ張ってきた佐々木久美でさえ、家に帰ってもベッドに入る気力がないというほど疲れ果てていた。

「毎日忙しすぎて、もう何やってるのかわからないくらい。それだけいろんなことをさせていただいてるからこそ、ずっとベストなコンディションでいなきゃいけないのも、すごくプレッシャーに感じる。でも、そういうときこそ、現場でメンバーと会えるのが支えになるんだな。疲れてるときでもみんなとしゃべってると、楽しくなって元気が湧いてくる」

小坂菜緒は、デビュー以来センターとしてグループの最前線に立ちつつ、映画『恐怖人形』の主演やファッション誌の撮影など、ソロ活動でも休みなく稼働していた。そんな彼女も、この夏を通してメンバーとの距離をいっそう縮めた。

「グループに入った頃は、楽屋でもずっとひとりでいたのに、今はみんなと会って話すのがすごく楽しく感じる。自分でも知らなかったけれど、私はほんとは明るい子だったんだ。今は、みんなといるときの自分が本当の自分なんだなって思う」

そんな忙しいシーズンのクライマックスは、久々の単独ライブだった。9月26日、さいたまスーパーアリーナ（以下、SSA）で「日向坂46 3rdシングル発売記念ワンマンライブ」を開催。10月2日に控えていた3rdシングル『こんなに好きになっちゃっていいの？』の発売に先駆けて、グループ初のSSA公演を行なったのだった。

1曲目の『ドレミソラシド』をセンターステージでパフォーマンスしたメンバーたちは、2曲目の『ひらがなで恋したい』ではトロッコに乗り込み、跳びはねるようにして踊りながらSSAの広い会場を回った。ライブ中盤では新曲『こんなに好きになっちゃっていいの？』を初披露。それまでのシングルの元気で明るい曲調から一転、切ない恋心を歌い上げた曲で、パフォーマンスでは美しい群舞のなかにも感情があふれ出すような激しさが加えられていた。日向坂46のポテンシャルと表現者としての幅の広さを見せた、会心の一曲だった。

ライブは後半に入り、再びアップテンポな曲が立て続けに披露された。『ハッピーオーラ』では、加藤の「おひさま（日向坂46ファンの愛称）のみんなで幸せになるぞー！」という呼びかけを皮切りに、会場中にメンバーが散らばり、客席に向かってボール投げなどをしながら歌った。実はこの曲のパフォーマンス中は、メンバーたちは完全に〝フリー〟の状態で思い思いに観客とコミュニケーションを取っていた。こうして完全にフリーでパフォーマンスすることはグループとして初めての試みだったが、高本彩花は「これがライブだな」と感じた。

「今まで真剣にライブをつくってきて、逆に〝ライブが楽しい〟っていう感覚がわからなくなっちゃってた時期もあった。でも、今までで一番リハ時間も少なくて不安だったはずの今日のライブは、過去イチで楽しいな。今までライブを重ねてきた経験があるからこそ、こんなに楽しめるくらい成長できたんだ」

『ハッピーオーラ』の間奏では、上村ひなのがセンターステージにひとりで立ち、観客とコール＆レスポンスを行なった。前年末に合流した3期生の上村が、このけやき坂46時代の曲を歌うのは初めてのことだったが、その後の曲でも先輩たちと一緒にステージに立ち、大歓声に包まれながらライブを終えた。

しかし、このステージに至るまで、上村はほとんどパニック状態に陥っていた。

グループに感じた強い絆

上村ひなのは幼い頃から人見知りで、知らない子を前にすると恥ずかしくて頭からかばんをかぶってしまうような子供だった。ただ、アイドルをテーマにしたカードゲームが大好きで、幼稚園ではいつもアイドルになったつもりで踊っていた。

ひとりっ子だった上村は、頭のなかで物語を考えて遊ぶのが好きだった。想像のなかでアイドルグループを結成し、それぞれのメンバーの設定やユニットを考え、ノートに書き出すというのがお気に入りの遊び方だった。

小学校高学年にもなると、当時すでに国民的グループになっていた乃木坂46のファンになった。だが、アイドルの話で一緒に盛り上がれるような友達は学校にいなかった。周りの女子たちは仲のいい子だけで固まったり、時には誰かを仲間外れにしたりしていたが、上村にはそういう人間関係のあり方が理解できなかった。この頃から、自分の考え方や感じ方が周りの人とは少し違うことを意識するようになった。

「もし自分と同じ感覚を持ってる友達がいたら、どんな感じなんだろう。そんな親友が私にもいたら、もっと楽しいのかな」

やがて中学生になり、乃木坂46のライブDVDを見ているとき、ふと「〝歌う人の表現〟ってあるのかな」と思ったことがあった。それがなんなのかは具体的にわからなかったが、このときから自分もアイドルになることを意識し始めた。上村は欅坂46やけやき坂46も追いかけるようになり、母親に付き添ってもらって握手会にも通った。そんな彼女に母親が勧めてくれたのが「坂道合同オーディション」だった。

2018年に乃木坂46、欅坂46、けやき坂46の3グループが初めて合同で行なったこのオーディションで、最終審査を通過した合格者たちはいったん〝坂道研修生〟としてレッスンを受けることになった。その合格者のひとりだった上村も、ほかの同期生たちと一緒にレッスンの日々を送った。

この期間中、研修生たちは何度かスタッフと面談をして、どのグループに配属を希望しているのか聞かれた。このときまだ単独アルバムをリリースしたばかりで、人気も知名度もほかの2グループと大きく差があったけやき坂46の名前を挙げる研修生は、ほとんどいなかった。

そんななか、上村は合格したときからずっと「私は3グループとも100%好きなので、どこに行ってもいいです」と言っていた。しかも上村の「100%」には、それぞれちゃんとした理由があった。

一番最初に好きになった乃木坂46は、「明日の乃木坂を見るために生きよう」と思えるほど上村を支えてくれた存在だった。欅坂46は、『エキセントリック』という曲で「変わり者でいい」と歌っているように、人とは違うことに悩んできた自分に寄り添ってくれるような存在だった。そしてけやき坂46に彼女が感じていたのは、仲間を思う強い〝絆〟だった。

上村がそう思ったのは、あるドキュメンタリー映像を見たことがきっかけだった。2017年12月に行なわれたけやき坂46初の全国ツアーファイナル公演。その直前に骨折をしてライブに出れなくなった柿崎芽実は、ステージの裏でじっと同期のメンバーたちを見守っていた。そして最後にステージに上がったとき、涙交じりの声で「あらためて、みんなのことが大好きだなって思いました」と言った。その姿を見た上村は、そこにメンバー同士が支え合う強い絆の存在を感じた。それは、学校にも親友がいなかった上村が一番欲しかったものかもしれなかった。

そんな上村を、運営スタッフは〝たったひとりの3期生〟としてけやき坂46に配属することにした。当時のけやき坂46は、1期生と2期生が一丸となって単独デビューに向けて走りだしたという状況だった。そんななか、上村のようにおとなしくて礼儀正しい女の子だったら、ひとりでもむしろ先輩たちからかわいがってもらえるだろうと考えたのだ。何より、ダンスレッスンなどで見せる上村の総合的な表現力の高さと、言葉にはできないが〝持ってる〟と思わせる雰囲気は、グループに新たな化学反応をもたらしてくれそうだった。

２０１８年11月、上村ひなのはけやき坂46に加入。当時中学2年生だった。

「アイドルは〝同期の絆〟が大事だと思ってたのに、まさかひとりなんて……」

上村はたったひとりで先輩たちと活動をしていくことに不安を感じていた。しかし、メンバーたちの上村のかわいがりようは相当なものだった。メイクをしているときも食事をしているときも、一秒もひとりにさせてくれないくらいいつも先輩たちに囲まれた。実は上村がグループに合流する直前、佐々木久美がブログに「同期がいないのは大変なことも多いと思いますが、悲しい思いなんてする暇もないくらい私たちが可愛がってあげる予定です」と書いたとおり、メンバー全員がたったひとりの3期生に愛情をそそいだ。あるときは、金村美玖が自分も先輩たちとの関係に悩んでいたことを涙ながらに語った上で、「ひなのは私たちと同期だと思っていいからね」と言ってくれた。濱岸ひよりは現場で姉のように上村に付き添い、いろんなことを教えてくれた。学校のクラスと違ってみんな仲がよく、明るい楽屋にいると、上村は幸せな気持ちになるのだった。

上村はパフォーマンスの面でもグループに新鮮な空気をもたらした。2019年、けやき坂46から日向坂46に改名してリリースした1stシングルの表題曲『キュン』。振り付けを担当したCRE8BOYは、日向坂46から感じる弾むような元気さや、〝妹感〟をテーマにしてダンスをつくった。その日向坂46らしさを最も感じさせるのが、ほかならぬ上村だった。振り付けのなかで彼女が真ん中に立つシーンでは、自主練をしてきたのか、振り入れの翌日にはちゃんとできているという頼もしさも見せてくれた。何より、集中したときにスイッチが入ったように目つきが変わるところが印象的だった。

こうして、グループの一員として走り出した上村に、苦い現実が待っていた。

やっとわかった〝歌う人の表現〟

2019年3月に「日向坂46 デビューカウントダウンライブ!!」が行なわれた際、上村と柿崎芽実が楽屋でふたりきりになる瞬間があった。柿崎は、上村がけやき坂46に入りたいと思ったきっかけをつくってくれた人だった。その柿崎が上村の隣に座って、いろいろな話をしてくれた。たわいもないことばかりだったが、先輩の思いやりに触れ、これからもっと仲よくなりたいと思った。しかしその後、柿崎は卒業を発表した。

そして柿崎のいないまま、2ndシングルが制作されることになった。そのリリース前、日向坂46の冠番組『日向坂で会いましょう』の企画でヒット祈願を行なった。ドラゴンボートという手こぎの船に乗り込み、琵琶湖で15㎞を走破する企画だった。専門の選手でもこいだことがないという距離に、日没までの達成が危ぶまれたが、スタミナ自慢の日向坂46メンバーは何度も全員でダッシュをかけ、制限時間よりかなり前にゴールした。

しかし、目標を達成してますます元気になる先輩たちを見て、上村はどうしようもなく悲しくなった。

「皆さんこんなに元気なのに、私はもうつらくて、先輩方の足を引っ張って……。自分はなんてダメな人間なんだろう」

番組では、時間が空いたために急遽、地元で有名な神社にお参りに行くことになった。その移動中に上村がうつむいていることに気づいた濱岸が、声をかけてくれた。

「大丈夫？　つらかったらつらいって言っていいんだよ？　ため込んでたら、ひよたん（濱岸）みたいになっちゃうよ！」

このときすでに、体調不良のため濱岸は休業をすることが決まっていた。この日のヒット祈願がその休業前最後の活動だった。そんなときでも、濱岸は「ひよたんみたいになっちゃうよ！」と笑って言いながら、上村のことを気遣ってくれたのだった。

そして3rdシングルのリリース直前、1期生の井口眞緒が活動を自粛することになった。彼女が男性と街を歩いている写真がネットで拡散され、「私の軽率な行動でご迷惑をかけた」として自ら活動自粛を申し入れたのだった。井口は翌2020年2月、卒業を発表した。

実はグループ最年長だった井口と最年少の上村は、不思議と通じ合うところがあった。今まで誰に言っても理解されなかったような話も、井口なら「それ、わかる」と言って共感してくれることがあった。ふたりの会話を聞いていたほかのメンバーが、「ひなのの唯一の理解者は眞緒」と言うほど感性が似ていた。

3rdシングルの表題曲『こんなに好きになっちゃっていいの?』の振り入れをしたときは、ダンスがどうしても覚えられなくてひとり涙をこぼしていた上村に、井口が「眞緒も踊れないから。眞緒を見て元気を出して!」と言って励ました。そして上村を連れてダンスの先生の元に行き、一緒に個別レッスンを受けてくれた。そんな井口が突然、グループを離れた。

柿崎芽実、濱岸ひより、井口眞緒。なぜか上村にとって大切な人ばかりが遠くに行ってしまう――。

そんな状況でも、グループの活動が止まることはない。SSAで行なわれた「日向坂46 3rdシングル発売記念ワンマンライブ」で、上村は最大の壁にぶつかった。前年末に加入した上村は、それまでのライブでは日向坂46になってからの曲を2、3曲披露するだけだった。しかし、このSSA公演では10曲以上も参加することになった上に、『ハッピーオーラ』や『JOYFUL LOVE』

など、今までパフォーマンスしたことのないけやき坂46時代の楽曲も歌うことになったのだ。

「わからない、どうしよう……」

リハーサルでフォーメーション移動にまったくついていけず、パニックになっているうちに、「やっぱり私はダメなんだ」というネガティブな感情が頭をもたげてきた。足が止まり、涙がポロポロとこぼれた。

そんな上村に手を差し伸べてくれたのは、やはり先輩たちだった。『JOYFUL　LOVE』で柿崎が立っていたポジションに上村が入ったときは、同じフロントの小坂や渡邉美穂が手を取って移動してくれた。ほかの曲でも、その都度隣に立っていた先輩が懸命に上村のサポートをしてくれた。そうした支えがあって、上村はSSAのステージに立つことができたのだった。

この経験は、上村に仲間の絆を感じさせてくれるとともに、自信も与えてくれた。3ヵ月後の12月、千葉県の幕張メッセで「ひなくり2019」が行なわれたとき、上村はソロ曲『一番好きだとみんなに言っていた小説のタイトルを思い出せない』を2万人の観客の前で披露した。

最初にこの曲をもらったとき、上村はどう歌えば歌詞の意味を伝えられるのか、どんな表情をすればその世界観を表現できるのかひたすら悩んだ。しかし、全国握手会のミニライブで何度か歌っているうちに、緊張も不安も感じずにパフォーマンスできた瞬間があった。

「そうか、表情も歌い方も気にせずに、自分の思うままに歌えばいいんだ」

そして幕張メッセの大舞台で、手足をいっぱいに伸ばして踊り、限界まで声を張って歌う彼女の姿は、多くの観客の心を動かした。中学1年生のとき、乃木坂46のライブDVDを見て感じた〝歌う人の表現〟とは、上村にとっては、自分の心のままに歌うことにほかならなかった。

そしてこの日のステージで、来年の「ひなくり2020」を東京ドームで2日間にわたって開催することが発表されたのだった。

新たなチャレンジ

けやき坂46時代にリリースしたアルバム『走り出す瞬間』の収録曲のなかに、『約束の卵』という曲があった。「大きな卵」＝東京ドームを意識した曲だった。まだシングルデビューもしていなかった当時のけやき坂46のメンバーたちにとって、それは遠くてとても手が届きそうにないほど大きな夢だった。そして日向坂46としてデビューし、1年後にそこで公演をすることが発表された今でも、まだ多くのことを乗り越えなければ辿り着けそうにない場所に違いなかった。

しかし『約束の卵』は、そんな大きな夢に挑戦する者たちに勇気をくれる曲だった。


無理だと言うかい？／叶わないと言うかい？／捨てろと言うかい？／諦めろと言うかい？／夢を見なくちゃ生きてる意味ない／「明日こそは」って頑張れる／自分の足でゴールするって／ここで約束しよう／遠くの夢って／勇気をくれるんだ／一緒に歩いて／一緒に辿り着こう

いつもライブの最後に歌っていたこの曲が、東京ドーム公演が発表された後ではまったく違うもののように感じられた。「ひなくり2019」は、キャプテンの佐々木久美の言葉で締められた。

「今年、日向坂46に改名して、すごくいろいろなことがあって。楽しいことだけじゃなくて、悲しいこともあったし……。自分たちの力と皆さんの期待が見合っているのか、すごく不安な気持ちになることもあったんですけど、ほんとに私たち日向坂46は、皆さんに支えられていて、皆さんがいなければこんなにすてきな活動をすることはできなかったです。（中略）大好きなメンバーと大好きなおひさまの皆さんと、いつも支えてくださってるスタッフさんに、ほんとに感謝の気持ちを胸に……。これからもみんなで、突っ走っていこうね！」

久美がメンバーに向かって涙交じりに呼びかけると、「はい！」という元気な声が上がった。東京ドーム公演は、単独デビューを果たした日向坂46のメンバーたちがまた一致団結して目指すことのできる〝大きなチャレンジ〟のひとつだった。

そして日向坂46は、この年の末に『日本レコード大賞』と『NHK紅白歌合戦』に出演。4thシングルの制作もスタートした。

まだけやき坂46という名前で活動していた前年の年末、みんなで1年後の自分に向けて手紙を書いたことがあったが、佐々木美玲は携帯のメモ帳に「シングルデビューしたら、どうなってるのかな？　忙しくしてるのかな？」と書き込んだ。だが、その頃想像していた以上にデビュー初年はいろいろなことを経験した。美玲も夏の期間はつらくて家で泣いていたくらいだが、年末になるとそれ以上に忙しい日々が待っていた。

そして迎えた２０２０年、彼女は新たな思いに燃えていた。

「デビュー1年目は自分を守ることに精いっぱいだったけど、それを乗り越えた今は、気持ちが楽になったな。今年は、守りじゃなくて、戦いに行くぞ」

1月16日からはドラマ『ＤＡＳＡＤＡ《ダサダ》』の放送がスタート。これは前年夏に撮影していたドラマで、日向坂46になってからは初のグループ主演作だった。女子高生がファッションブランドを立ち上げ、夢を追うというこのドラマの内容にからめて、2月4日、5日には横浜アリーナで「日向坂46×ＤＡＳＡＤＡ　ＬＩＶＥ&ＦＡＳＨＩＯＮ　ＳＨＯＷ」を開催。メンバーがランウェイを歩くファッションショーとライブをミックスさせた、新しいスタイルのイベントだった。

このプロジェクトには東京ガールズコレクション実行委員会も協力しており、メンバーたちはオリジナルブランド「ＤＡＳＡＤＡ」の洋服を着て「東京ガールズコレクション」のステージにも出演。さらにＳＨＩＢＵＹＡ１０９に期間限定でショップをオープンさせた。かつてない形でのファッションとアイドルの融合は、デビュー2年目を迎えた日向坂46がさらに飛躍するための新たなチャレンジだった。

そして2月19日リリースの4thシングル『ソンナコトナイヨ』の活動から、休業していた濱岸ひよりが復帰。休業していた間、日向坂46の活動をあえて目に入れないようにしていた濱岸は、何度も「もう辞めよう」と思ったことがあった。しかしそのたびにメンバーたちから連絡をもらい、気持ちを引き戻された。

「私の居場所は、ここなんだな。もう一回頑張ってみようかな」

現場に復帰する日は緊張した。みんなとどう接していいのか不安だったが、メンバーたちは温かく迎え入れてくれて、久しぶりに会った気がしなかった。

実は前年の2019年5月、1期生たちはけやき坂46メンバーとしてこの世界に入って3年になることを記念して、食事会を開いたことがあった。そこには学業で休業中の影山や、活動を休んでいた柿崎芽実もいた。このときはまだ誰も柿崎が本当に卒業してしまうとは思っていなかったが、無二の親友の高瀬愛奈は、柿崎から「卒業したらやりたいことがたくさんある」という前向きな言葉を聞いて、そのときが来たら気持ちよく送り出してあげようと思った。3年の活動を通して人生で一番身近な存在になった柿崎が、自分の思うままに生きてくれることが一番の望みだった。

それぞれこの先進む道は違うかもしれないが、共に過ごしてきた時間と絆は永遠に失われない。そしてこれから日向坂46にどんな未来が待っているのか、誰にもわからない。けやき坂46、そして日向坂46と名前を変えて活動してきた彼女たちにとって、未来とはいつでも不確かなものだった。ただ「夢を諦めない心」だけが、彼女たちの未来をつくってきた。

それが日向坂46ストーリーだ。

けやき坂46時代

2015

8.21	欅坂46が結成される。長濱ねるは同日の最終審査を辞退
11.30	欅坂46の冠番組『欅って、書けない?』(テレビ東京)に長濱ねるが初登場 「けやき坂46」の発足と新メンバーの募集が発表される

2016

4.29-5.5	けやき坂46新メンバーオーディションの3次審査を通過した候補者18人による「SHOWROOM」個人配信が始まる
5.8	オーディションの最終審査を経て合格者11名が決定
8.10	欅坂46 2ndシングル『世界には愛しかない』発売 けやき坂46の初オリジナル曲『ひらがなけやき』が収録
8.13	名古屋のイベントホール・ポートメッセなごやで初握手会
10.17	メンバーによる「ひらがなおもてなし会」のチケット販売イベントを開催
10.28	初単独イベント「ひらがなおもてなし会」(赤坂BLITZ)を開催
11.30	欅坂46 3rdシングル『二人セゾン』発売。けやき坂46の『誰よりも高く跳べ!』が収録
12.14	『2016 FNS歌謡祭』(フジテレビ系)第2夜に乃木坂46と共に生出演し、『制服のマネキン』をパフォーマンス
12.24-25	「欅坂46初ワンマンライブ」(有明コロシアム)に出演

2017

3.21-22	「けやき坂46 1stワンマンライブ」(Zepp Tokyo)を開催。同公演中に、全国ツアーの開催も発表
4.5	欅坂46 4thシングル『不協和音』発売。けやき坂46の『僕たちは付き合っている』が収録
4.6	「欅坂46デビュー1周年記念ライブ」(代々木第一体育館)にて、けやき坂46メンバー追加オーディションの開催がサプライズ発表される
5.31	「けやき坂46　ひらがな全国ツアー2017」Zepp Namba(大阪)公演を開催
5.31	追加メンバーの募集を開始
7.6	「ひらがな全国ツアー2017」Zepp Nagoya(愛知)公演を開催

– SET LIST –

「ひらがな全国ツアー2017 FINAL」(幕張メッセ)

M1｜ひらがなけやき
M2｜語るなら未来を(欅坂46)
M3｜世界には愛しかない(欅坂46)
M4｜青空が違う(欅坂46) *12日
井口、潮、齊藤、佐々木美、高本
ここにない足跡(欅坂46) *13日
井口、潮、影山、高瀬、東村
M5｜僕たちの戦争(欅坂46) *12日
影山、加藤、佐々木久、佐々木美、東村
AM1:27(欅坂46) *13日
影山、佐々木美、東村
M6｜猫の名前
影山、加藤、佐々木久、東村 *12日
井口、加藤、佐々木久、高瀬 *13日
M7｜沈黙した恋人よ
潮、加藤、齊藤、佐々木久、高本
M8｜パフォーマンス&洋楽メドレー
タップダンス/ABC(The Jackson 5)
ドラムマーチ/
You Can't Hurry Love(Diana Ross)/
カラーガード/ポイ/
Hot Stuff(Donna Summer)
2期生自己PR
M9｜NO WAR in the future
M10｜それでも歩いてる
M11｜東京タワーはどこから見える?(欅坂46)
M12｜永遠の白線
M13｜手を繋いで帰ろうか(欅坂46)
M14｜誰よりも高く跳べ!
M15｜太陽は見上げる人を選ばない
EN1｜僕たちは付き合っている
EN2｜二人セゾン(欅坂46)
EN3｜W-KEYAKIZAKAの詩

– SET LIST –

「けやき坂46 1stワンマンライブ」(Zepp Tokyo)

M1｜ひらがなけやき
M2｜世界には愛しかない(欅坂46)
M3｜二人セゾン(欅坂46)
ダンストラック
M4｜青空が違う
井口、潮、加藤、佐々木久、高本
M5｜僕たちの戦争
柿崎、影山、佐々木美、高瀬、東村
エンタメコーナー(タップダンス)
M6｜手を繋いで帰ろうか
M7｜ABC(The Jackson5)
M8｜僕たちは付き合っている
M9｜サイレントマジョリティー(欅坂46)
M10｜誰よりも高く跳べ!
EN1｜W-KEYAKIZAKAの詩

7.19　欅坂46 1stアルバム『真っ白なものは汚したくなる』発売。けやき坂46の『沈黙した恋人よ』『永遠の白線』が収録
7.22–23　「欅共和国2017」(富士急ハイランド・コニファーフォレスト)に出演
8.2　欅坂46全国ツアー2017「真っ白なものは汚したくなる」に出演。全国6都市11公演を行なう
8.5　「TOKYO IDOL FESTIVAL 2017」に欅坂46と共に出演
8.13　けやき坂46メンバー追加オーディションの合格者9名が決定
9.24　長濱ねるがけやき坂46兼任解除、欅坂46専任となる
9.26　「ひらがな全国ツアー2017」Zepp Sapporo (北海道) 公演を開催
10.20　けやき坂46初主演ドラマ『Re:Mind』(テレビ東京系) の放送開始
10.25　欅坂46 5thシングル『風に吹かれても』発売。けやき坂46の『それでも歩いてる』『NO WAR in the future』が収録
11.6　「ひらがな全国ツアー2017」福岡サンパレスホール公演を開催
12.12–13　「ひらがな全国ツアー2017 FINAL」幕張メッセ公演を開催

2018

1.30–2.1　「ひらがなけやき日本武道館3DAYS!!」を開催。単独アルバムの発売がサプライズ発表される
2.12　2期生「おもてなし会」(幕張メッセ イベントホール) を開催
3.7　欅坂46 6thシングル『ガラスを割れ』発売。けやき坂46の『イマニミテイロ』『半分の記憶』が収録
3.10　「坂道合同新規メンバー募集オーディション」の開催を発表
4.9　けやき坂46初の冠番組『ひらがな推し』(テレビ東京) の放送が始まる
4.17　『KEYABINGO!4 ひらがなけやきって何?』(日本テレビ) が放送開始
4.20–5.6　けやき坂46初主演舞台『あゆみ』(AiiA 2.5 Theater tokyo) が上演
6.1　影山優佳が学業のため一時活動休止
6.3　佐々木久美がけやき坂46のキャプテンに就任
6.4-6　「走り出す瞬間ツアー2018」がパシフィコ横浜国立大ホールより開催される
6.13　「走り出す瞬間ツアー2018」東京国際フォーラム ホールA公演
6.20　けやき坂46のデビューアルバム『走り出す瞬間』を発売
6.27–28　「走り出す瞬間ツアー2018」フェスティバルホール (大阪) 公演
7.2–3　「走り出す瞬間ツアー2018」名古屋国際会議場 センチュリーホール公演

– SET LIST –
2期生「おもてなし会」
(幕張メッセ イベントホール)

M1 | ひらがなけやき
M2 | 僕たちは付き合っている
M3 | それでも歩いてる
M4 | 永遠の白線
M5 | おいでシャンプー (乃木坂46)
M6 | 誰よりも高く跳べ!
M7 | NO WAR in the future
EN1 | W-KEYAKIZAKAの詩

– SET LIST –
「ひらがなけやき日本武道館3DAYS!!」(武道館)

M1 | ひらがなけやき
M2 | 二人セゾン (欅坂46)
M3 | 僕たちは付き合っている
M4 | 語るなら未来を… (欅坂46)
M5 | 東京タワーはどこから見える? (欅坂46)
M6 | 少女には戻れない (欅坂46) *1月30日
　🎤潮、加藤、齊藤、佐々木久、佐々木美
　バレエと少年 (欅坂46) *1月31日
　🎤柿崎、影山、齊藤、佐々木美、高瀬、東村
　AM1:27 (欅坂46) *2月1日
　🎤柿崎、影山、佐々木美、東村
M7 | ここにない足跡 (欅坂46) *1月30日
　🎤柿崎、影山、高瀬、高本、東村
　僕たちの戦争 (欅坂46) *1月31日
　🎤井口、影山、佐々木美、高本、東村
　青空が違う (欅坂46) *2月1日
　🎤井口、潮、影山、佐々木美、高瀬、東村
M8 | 猫の名前
　🎤柿崎、加藤、佐々木久、高瀬
M9 | 沈黙した恋人よ
　🎤潮、加藤、齊藤、佐々木久、高本
M10 | 100年待てば
M11 | おいでシャンプー (乃木坂46) *1月30日
　君の名は希望 (乃木坂46) *1月31日
　制服のマネキン (乃木坂46) *2月1日
M12 | NO WAR in the future
M13 | それでも歩いてる
M14 | 永遠の白線
M15 | 手を繋いで帰ろうか (欅坂46)
M16 | 誰よりも高く跳べ!
M17 | 太陽は見上げる人を選ばない
EN1 | イマニミテイロ
EN2 | 世界には愛しかない (欅坂46)
EN3 | W-KEYAKIZAKAの詩
WEN1 | 誰よりも高く跳べ! *2月1日のみ

7.7　「LIVE MONSTER LIVE2018」に出演。七夕スペシャル企画として、長濱ねると一夜限りの共演が実現
7.9-10　「走り出す瞬間ツアー2018」が幕張メッセ公演でファイナルを迎える
7.20-22　「欅共和国2018」（富士急ハイランド・コニファーフォレスト）で欅坂46と共演
7.28　「SUNNY TRAIN REVUE 2018〜テレビがフェス作っちゃいました〜」（北海道・いわみざわ公園）に出演
8.3　「TOKYO IDOL FESTIVAL 2018」（お台場・青海地区）に出演
8.15　欅坂46 7thシングル『アンビバレント』発売。けやき坂46の『ハッピーオーラ』が収録
8.19　「コカ・コーラSUMMER STATION音楽LIVE」（六本木ヒルズアリーナ）に出演
8.19　「坂道合同新規メンバー募集オーディション」の最終審査が行なわれる
8.24-9.9　舞台『マギアレコード 魔法少女まどか☆マギカ外伝』（TBS赤坂ACTシアター）を上演
10.6　「takagi presents TGC KITAKYUSHU 2018 by TOKYO GIRLS COLLECTION」（福岡・西日本総合展示場新館）にライブ出演
10.26　ホットスタッフ・プロモーション40周年記念「MASAKA」（日本武道館）できゃりーぱみゅぱみゅと共演
11.24　大型音楽ライブイベント「Livejack SPECIAL 2018」（大阪城ホール）に出演
11.29　「坂道合同新規メンバー募集オーディション」の合格者の配属先が発表。けやき坂46には上村ひなのが3期生として配属される
12.10　アジア最大級の音楽授賞式「2018 Mnet Asian Music Awards（MAMA）」（韓国・東大門デザインプラザ）に出演。初めて海外でパフォーマンスを披露
12.10　日本武道館で「お見立て会」が開催。欅坂46の2期生と共に、けやき坂46の3期生1名が披露される
12.11-13　「ひらがなくりすます2018」（日本武道館）を開催

2.11　「ひらがなからのおしらせ」としてSHOWROOMで生配信を行なう。「日向坂46」への改名がサプライズ発表された

日向坂46時代

2.27　欅坂46 8thシングル『黒い羊』発売。けやき坂46名義で最後の作品となる『君に話しておきたいこと』『抱きしめてやる』が収録
3.5-6　「日向坂46 デビューカウントライブ!!」（横浜アリーナ）を開催
3.27　日向坂46 1stシングル『キュン』を発売。女性アーティストのデビューシングル初週売り上げ枚数歴代1位を記録する
4.8　冠番組『ひらがな推し』が『日向坂で会いましょう』にリニューアルし、放送開始

— SET LIST —

「走り出す瞬間ツアー2018」（幕張メッセ）

M1｜ひらがなで恋したい
M2｜おいで夏の境界線（1期生）
M3｜最前列へ（2期生）
M4｜こんな整列を誰がさせるのか？（1期生）
M5｜未熟な怒り（2期生）
M6｜キレイになりたい（小坂、丹生、渡邉）＊9日
線香花火が消えるまで（金村、富田、松田）＊10日
M7｜男友達だから（加藤）＊9日
わずかな光（佐々木美）＊10日
M8｜割れないシャボン玉（河田、濱岸、宮田）＊9日
夏色のミュール（井口、高瀬、東村）＊10日
M9｜三輪車に乗りたい（柿崎、佐々木美）＊9日
居心地悪く、大人になった（齊藤）＊10日
M10｜ノックをするな！（加藤、高瀬、東村、富田、渡邉）
M11｜ハロウィンのカボチャが割れた（潮、加藤、齊藤、佐々木久、高本）
M12｜猫の名前（金村、丹生、松田、宮田）
M13｜それでも歩いてる（1期生）
M14｜イマニミテイロ（1期生）
M15｜期待していない自分
M16｜永遠の白線（1期生）
M17｜半分の記憶（2期生）
M18｜誰よりも高く跳べ！（1期生）
M19｜NO WAR in the future
M20｜車輪が軋むように君が泣く
EN1｜ひらがなけやき（1期生）
EN2｜僕たちは付き合っている（1期生）
EN3｜約束の卵
WEN1｜NO WAR in the future ＊10日

4.19	『ミュージックステーション』(テレビ朝日系)に初出演
6.21	柿崎芽実が『キュン』の活動をもって卒業することを発表。合わせて、濱岸ひよりが体調不良による活動休止を発表
7.17	2ndシングル『ドレミソラシド』を発売
7.30	長濱ねる卒業イベント「ありがとうをめいっぱい伝える日」(幕張メッセ)が開催
7.31–8.11	新感覚ホラーアトラクション「ザンビ THE ROOM 最後の選択」に日向坂46のメンバーが出演
8.3	「TOKYO IDOL FESTIVAL 2019」に出演
8.11	柿崎芽実が吹上ホール(愛知)で卒業セレモニーを行ない卒業
8.25	「@JAM EXPO 2019」(横浜アリーナ)に出演
8.28	日向坂46 1st写真集『立ち漕ぎ』(新潮社)を発売
9.15	「KOYABU SONIC 2019」(インテックス大阪)に出演
9.18	「MTV VMAJ 2019」の最優秀振付け賞を『キュン』が受賞。日向坂46がMCを務めるイベントが開催された
9.21	「イナズマロックフェス2019」(滋賀)に出演
9.26	「日向坂46 3rdシングル発売記念ワンマンライブ」(さいたまスーパーアリーナ)を開催
10.2	3rdシングル『こんなに好きになっちゃっていいの?』を発売
10.6	「MBS音祭2019」(大阪城ホール)に出演
10.20	「LAGUNA MUSIC FES. 2019 Autumn Special」に出演
12.4	「Yahoo!検索大賞2019」のパーソンカテゴリ・アイドル部門賞を受賞
12.17–18	「ひなくり2019 〜17人のサンタクロースと空のクリスマス〜」(幕張メッセ)を開催
12.30	『輝く!第61回日本レコード大賞』(TBS系)で生中継された授賞式に初出演し、優秀作品賞にノミネートされた『ドレミソラシド』を披露
12.31	『キュン』で『第70回NHK紅白歌合戦』に初出場

2020

1.7	濱岸ひよりの活動再開を発表
1.16	ドラマ『DASADA』(日本テレビ)放送開始
2.4–5	「日向坂46×DASADA LIVE&FASHION SHOW」(横浜アリーナ)を開催
2.12	井口眞緒の卒業を発表
2.19	4thシングル『ソンナコトナイヨ』が発売
3.18	「春の全国アリーナツアー2020」を全国5ヵ所12公演で開催予定
12.6–7	東京ドームで「ひなくり2020」を開催予定

– SET LIST –

「日向坂46 デビューカウントライブ!!」(横浜アリーナ)

M1｜ひらがなけやき
M2｜誰よりも高く跳べ!
M3｜僕たちは付き合っている
M4｜永遠の白線
M5｜それでも歩いてる
M6｜おいでシャンプー
M7｜イマニミテイロ
M8｜ひらがなで恋したい
M9｜半分の記憶
M10｜期待していない自分
M11｜ハッピーオーラ
M12｜キュン
M13｜ときめき草
M14｜耳に落ちる涙
M15｜沈黙が愛なら
M16｜Footsteps
M17｜君に話しておきたいこと
M18｜抱きしめてやる
M19｜JOYFUL LOVE
M20｜日向坂
EN1｜キュン
EN2｜NO WAR in the future
EN3｜約束の卵

– SET LIST –

「ひらがなくりすます2018」(日本武道館)

M1｜ハッピーオーラ
M2｜ひらがなけやき
M3｜僕たちは付き合っている
M4｜割れないシャボン玉 *11日
ハロウィンのカボチャが割れた *12日
線香花火が消えるまで *13日
M5｜夏色のミュール *11日
キレイになりたい *12日
三輪車に乗りたい *13日
M6｜男友達だから *11日
居心地悪く、大人になった *12日のみ
沈黙した恋人よ *13日
M7｜わずかな光
M8｜未熟な怒り
M9｜ノックをするな!
M10｜こんな整列を誰がさせるのか?
M11｜君に話しておきたいこと
M12｜100年待てば
M13｜JOYFUL LOVE
M14｜期待していない自分
M15｜半分の記憶
M16｜誰よりも高く跳べ!
M17｜NO WAR in the future
M18｜ひらがなで恋したい
EN1｜最前列へ
EN2｜永遠の白線
EN3｜車輪が軋むように君が泣く
WEN1｜約束の卵 *13日

日向坂46 STAFF

TOTAL PRODUCER｜秋元康

PRODUCER｜秋元伸介、磯野久美子（Y&N Brothers Inc.）
ASSISTANT PRODUCER｜中根美里（Y&N Brothers Inc.）

ARTIST PRODUCER｜今野義雄（Seed&Flower LLC）
ARTIST MANAGER IN CHIEF｜茂木徹（Seed&Flower LLC）
ARTIST MANAGER｜江原慎太郎、安田朋代、富樫奈緒子、森槙一郎、岸敬介、及川健太、沖山紗、深澤優樺、福井美紀、合掌優菜、小島楓、平山拓海、落合綾香、阿比留萌乃、鳥居万純、田中美奈子、細谷ひなの、飯塚蘭

BOOK STAFF

著者｜西中賢治

ART DIRECTION&DESIGN｜加藤賢策／守谷めぐみ（LABORATORIES）
PHOTOGRAPHER｜LUCKMAN、荻原大志
STYLIST｜MELON（森事務所）
HAIR&MAKE-UP｜MAXSTAR
PROOFREADER｜みね工房
取材協力｜TAKAHIRO、野村裕紀、内片輝、赤澤ムック、CRE8BOY（山川雄紀／秋元類）、日向坂46スタッフ

SPECIAL THANKS｜秋元康事務所、Y&N Brothers Inc.
関根弘康、林将勝、篠本634／アオキユウ（short cut）、佐賀章広、大上陽一郎、村田穫、釣本知子、井上慶、国吉卓、中山真志、海野智、川崎真人、前川康之、松丸淳生、白石光、地代所哲也、室井基伸、福元庸介、菊池和紀、永井宏明、村田浩二、弓削敦、伊澤正明、五十嵐拓嵩

and おひさまのみなさま

BOOK EDITOR｜押野典史
EDITOR｜近藤康平

本書は『週刊プレイボーイ』2018年4月30日号から2019年9月30日–10月7日合併号に連載された『けやき坂46ストーリー』および『日向坂46ストーリー』に、加筆・修正を加えて構成したものです。

日向坂46ストーリー

2020年3月30日　第1刷発行

著者｜西中賢治
発行人｜安藤拓朗
編集人｜松丸淳生
発行所｜株式会社 集英社
〒101-8050
東京都千代田区一ツ橋2-5-10
編集部｜03-3230-6371
販売部（書店専用）｜03-3230-6393
読者係｜03-3230-6080
印刷・製本所｜凸版印刷株式会社

集英社ホームページアドレス http://www.shueisha.co.jp/

ISBN 978-4-08-790005-7 C0076
JASRAC 出 2001920-001